中国企业的数字化营销重构

胡左浩 等 著

清华大学出版社
北京

本书封面贴有清华大学出版社防伪标签，无标签者不得销售。
版权所有，侵权必究。举报：010-62782989，beiqinquan@tup.tsinghua.edu.cn。

图书在版编目（CIP）数据

中国企业的数字化营销重构 / 胡左浩等著. -- 北京 ：清华大学出版社，2025.4.
（清华汇智文库）. --ISBN 978-7-302-68994-2

Ⅰ．F279.23

中国国家版本馆 CIP 数据核字第 20253GE453 号

责任编辑：吴　雷
封面设计：汉风唐韵
责任校对：王荣静
责任印制：沈　露

出版发行：清华大学出版社
网　　址：https://www.tup.com.cn，https://www.wqxuetang.com
地　　址：北京清华大学学研大厦 A 座　　邮　编：100084
社 总 机：010-83470000　　邮　购：010-62786544
投稿与读者服务：010-62776969，c-service@tup.tsinghua.edu.cn
质量反馈：010-62772015，zhiliang@tup.tsinghua.edu.cn

印 装 者：三河市东方印刷有限公司
经　　销：全国新华书店
开　　本：170mm×230mm　　印　张：16.75　　字　数：281 千字
版　　次：2025 年 4 月第 1 版　　印　次：2025 年 4 月第 1 次印刷
定　　价：139.00 元

产品编号：107079-01

序

今天我们处在一个快速且深刻变革的时代。第四次工业革命的洪流正在推动人类社会进入"数字世界"。回顾工业革命的发展历程,就会发现每次工业革命不仅推动社会经济的大发展,而且也带来市场营销的深刻变革。以蒸汽机发明为标志的第一次工业革命实现了生产的机械化和产品质量的提升,并通过蒸汽火车及蒸汽轮船让商品通达世界各地;以电气化为标志的第二次工业革命带来了生产的规模化和自动化,并通过电话、收音机和电视带来营销沟通与商品传播上的效率革命,实现大量销售;以信息化为标志的第三次工业革命通过计算机和互联网不仅带来社会经济的深刻变革,而且推动市场营销更加关注客户需求、社会责任及客户关系;以数字化、智慧化为标志的第四次工业革命正在进行之中。新的数字技术从宏观层面推动经济向数智经济转型,提升资源配置的效率,实现可持续发展;从微观层面推动企业数字化转型,实现以数智化为特征的商业模式重构、运营系统优化及创新能力提升。

如今,站在数智化时代的路口,人工智能(AI)、物联网、区块链、云计算、大数据、边缘计算等技术的飞速发展推动"人文货场"的数字化,使得客户需求的洞察、引导和预测更加高效;同时,也使得商业竞争更加激烈及顾客行为"漂流化"。快速发展的"数字世界"既为企业持续发展提供了更多市场机会,又给企业未来经营带来空前的挑战。数字化时代的营销模式如何重构,不仅成为我国企业经营者最为关心的重大经营课题,也成为我国营销学者共同关心的前沿研究课题。

数字化时代营销模式重构实质上指在数字化时代营销如何从传统营销模式转向数字化营销模式。数字化营销就是数字驱动的精准营销。那么在数字化时代营销哪些应该变、哪些应该不变呢?笔者将其总结为"三变三不变"。"三变"是指:营销理念要变——树立驱动市场的营销理念,树立数字化的营销理念;营销模式要变——采取以"人文货场"为特征的新4C营销模式;营销组织要变——构建具有双元能力(ambidextrous capability)的生态协同组织。"三不变"是指：营销原点不变——以顾客价值创造为营销原点不变；营销理论和相关原理不变——消费者行为理论、组织间关系理论、定位理论等仍然有效；营销方法论不变——定性和定量分析方法不变，营销战略制定的步骤也基本不变。数字化营销模式应该具有五大特征：全链路用户触达、全数据客户洞察、全媒体社交裂变、全渠道协同整合及全生态价值共创。从传统营销模式向数字化营销模式转型的重点在于企业的营销理念转型、企业的营销模式转型及企业的营销组织转型；而从传统营销模式向数字化营销模式转型的难点表现在"两能力、一整合"，即如何构建数字化能力和营销专业能力及如何有效整合营销生态圈。

近些年，笔者对数字化时代中国企业的营销模式重构进行了深入的研究并形成丰富的研究成果。这些研究成果集结编撰成书，归结起来涉及以下四个方面的内容：①有关数字化时代营销重构的理论基础方面的研究。其涉及人文货场的新4C营销范式，驱动市场的新营销理念及数字化营销的双元能力重构。②有关数字化时代营销重构的核心内容方面的研究。其涉及人群洞察（customer，人的因素）——数字化时代的消费人群识别，内容营销（content，文的因素）——平台企业的品牌广告商业化，产品营销（commodity，货的因素）——数字化营销下的品牌破圈成长及渠道变革（context，场的因素）——数字化竞争环境下的全渠道模式。③有关数字化时代营销渠道重构方面的研究。其涉及多渠道零售模式下的跨渠道整合，数字化驱动下的政企业务营销渠道转型及数字化驱动下的消费业务营销渠道变革。④有关数字化时代营销重构的特定议题方面的研究。这些特定议题涉及数字化时代汽车品牌营销传播策划方法，中国新兴零售电商平台商业模式，数字化驱动加速国际化之道及互联网公益平台生态圈的价值创造与治理方式重构。

本书各章的主要内容和核心观点如下：第1章提出了数字化时代的营销新范式。数字化时代许多企业主要基于数字化技术对人、货、场三重因素及其逻辑关系进行了优化与重塑。然而，随着社交媒体的普及，对内容要素关注的缺失使得企业的营销逻辑与营销实践受到挑战。作为人货场模式的迭代升级版本，引入"文"（即内容），提出数字化时代的营销新范式——"人文货场"，即数字化时代的新4C营销模式。第2章讨论了数字化时代的营销理念。以金融行业为例，在对比分析"市场驱动"（market driven）和"驱动市场"（market driving）两种市场导向的基础上，从产品设计、渠道建设、风险控制、技术支撑和组织架构五个方面构建了驱动市场的零售银行运营体系。进一步，以微众银行（突破式变革）和民生银行（渐进式变革）为例，讨论了驱动市场的两种变革方式，为不同类型企业驱动市场变革方式的选取提供了有效参考。第 3 章明确了数字化时代营销重构能力，即双元能力。双元能力是指企业在权衡复杂情境时，同时具备协调两种相互冲突行为的能力，主要用于解决各种悖论问题，寻求平衡解决方案。通过 4 个案例，该章首先探究了双元能力如何基于目标相容、价值共创、资源整合和信息共享促进全渠道转型。在此基础上，明确了全渠道转型背景下双元能力演化方案的获取方式。第 4 章分析"人"——人群洞察：数字化时代的消费人群识别。消费者需求是商业活动的源头，消费需求的不断革新是推动消费升级和产业升级的原动力。基于消费升级的视角，从消费阶段和消费方式两个维度，将消费人群划分为城市新中产人群、新生代人群、下沉市场人群和银发一族人群四大类型。准确把握不同人群的个性特征和消费特征，对企业有针对性地进行前瞻性布局具有极为重要的意义。第 5 章分析"文"——内容营销：平台企业的品牌广告商业化。在面临重大业务转型的当下，平台企业如何找到特色业务发展方向、如何提高优质内容生产能力，是转型成功的关键。该章以大众点评为研究对象，并将中国互联网品牌广告业务三大主要营销模式（腾讯、抖音、小红书）作为借鉴和参考，在分析大众点评的目标客户、业务定位、竞争战略和营销策略的基础上，探究该平台品牌广告商业化进程。第 6 章分析"货"——产品营销：数字化营销下的品牌破圈成长。以希望树为例，深度解构了一个初创企业坚持品牌长期主义，通过平台与品牌共振完成从 0 到 1 品牌升维、从白牌到品牌突破的全过程。同时，基于数字化时代"人文货场"新营销模式，解读了该企业借力抖音平台，以数字营销实现品牌破圈成长的路径和方法，旨在为其他初创企业的数字化营销提供有益的理论依据及实践参考。第 7 章分析"场"——渠道变革：数字化竞争环境下的全渠道模式。我国食品企业在构建线上线下融合渠道时面临很大挑战。该章以良品铺子为例，分析其两阶段渠道变革模式。第一阶段，完善线下渠道模式，积极开展电商业务；第二阶段，数字化赋能渠道融合，提升消费者购物体验。从单一渠道到多渠道，再到渠道融合，良品铺子实现了线上线下"两条腿"的均衡发展。第 8 章讨论多渠道零售模式下的跨渠道整合。基于外部驱动因素和内部驱动因素，提出了多渠道零售驱动力模型，并以七匹狼和茵曼为研究对象，从产品品类、定价策略、促销方式、顾客服务、供应链、收益分配和组织架构等七个方面对跨渠道整合的内容进行详细分析。此外，跨渠道整合时两种不同导向（渠道分离导向和渠道融合导向）决定了企业在跨渠道整合方面的策略差异。第 9 章讨论数字化驱动下的政企业务营销渠道转型。在数字化时代加速到来的大背景下，中兴通讯政企业务亟须进行战略转型,打造更具竞争力的商业形态。围绕"三重聚焦",以"重点客户直销+渠道经营"为双通道,以"产品/方案竞争力+营销项目运作能力"为双驱动,以"1+2+4管理举措"进行落地,中兴通讯最终成为政企市场数字化转型方案引领者。第10章讨论数字化驱动下的消费业务营销渠道变革。该章以文具行业龙头企业晨光文具为研究对象,在分析晨光文具的外部环境和内部条件基础上,提出了该企业在数字化背景下的营销渠道策略。第11章在营销投资成本日益上涨的情况下讨论了数字化时代汽车品牌营销传播策划方法。当前基于业务操作层面的营销传播策划方法尚不能解决汽车厂商在开展营销投资决策时所面临的核心问题。基于此,该章以一汽大众为例,构建了多种营销传播策划方法,并从营销传播效果视角对品牌营销沟通效率提升的有效性和合理性进行检视。第12章讨论了中国新兴零售电商平台商业模式。根据平台交易主体不同,该章将零售电商类型划分为两类,选择每类的代表性平台(网易严选和拼多多),依托零售电商平台商业模式的分析框架,从外部环境、价值主张、关键业务、盈利模式和核心资源等方面进行深入分析,归纳不同电商运营模式下的重点业务环节及与之适配的关键因素。第13章涉及数字化驱动加速企业国际化进程研究议题。作为数字化时代崛起的新型企业,SHEIN展示了一个全新的天生国际化企业成长模式。该章以SHEIN为例,探究其如何从平台型渠道商发展为数字化技术平台,再成长为数字一体化生态平台的过程。通过初始布局、积累提效和爆发增长三个阶段,挖掘数字化在其国际化进程各阶段中所起的作用。第14章涉及互联网公益平台生态圈的价值创造与治理方式重构研究议题。互联网的共享性、开放性、交互性和多向连通性为基于平台的公益多边主体跨界合作提供了天然的技术支持。然而,互联网公益平台的迅猛发展对基于平台的互联网公益生态圈构建提出了要求。该章以腾讯公益平台为例,对互联网背景下平台型公益生态圈的内部结构、运行机制和治理机制进行了研究。从本书内容可以发现,本书既有数字化营销的理论和方法,又有数字化营销的前沿实践。

本书第1章由清华大学经济管理学院胡左浩教授和山东大学管理学院洪瑞阳助理教授撰写,该文基于作者发表在《清华管理评论》上的文章修改而来。第2章由胡左浩教授、青岛大学管理学院臧树伟教授和清华大学经管学院硕士毕业生、银行业信贷资产登记流转中心黄丹撰写,该文基于作者发表在《清华管理评论》上的文章修改而来。第3章由臧树伟教授、胡左浩教授、中国人民大学商学院讲师潘璇和北京第二外国语学院副教授孙倩敏撰写,该文基于作者发表在《南开管理评论》上的文章修改而来。第 4 章由胡左浩教授和中央民族大学樊亚凤副教授撰写，该文基于作者发表在《清华管理评论》上的文章修改而来。第 5 章由清华大学经管学院 MBA 毕业生、万达传媒营销策划中心总经理李瑾和胡左浩教授撰写。第 6 章由清华大学经管学院助理研究员杜雨轩、胡左浩教授，清华大学经管学院中国企业案例中心行政主任赵子倩和清华大学五道口金融学院助理研究员沈秋莲撰写，该文基于作者发表在《清华管理评论》上的文章修改而来。第 7 章由胡左浩教授和孙倩敏副教授撰写，该文基于作者发表在《清华管理评论》上的文章修改而来。第 8 章由胡左浩教授、清华大学经管学院硕士毕业生、华泰联合证券投资银行业务线副总监孙博、日本鹿儿岛国际大学康上贤淑教授和臧树伟教授撰写，该文基于作者发表在《鹿儿岛经济评论》上的文章修改而来。第 9 章由清华大学经管学院 EMBA 毕业生、中兴通讯高级副总裁朱永涛和胡左浩教授撰写。第 10 章由清华大学经管学院 EMBA 毕业生、晨光文具副总经理熊辉和胡左浩教授撰写。第 11 章由清华大学经管学院 MBA 毕业生、开普天下(北京)传媒广告总裁顾问曹以根和胡左浩教授撰写。第 12 章由胡左浩教授，康上贤淑教授，清华大学经管学院硕士毕业生、京东集团战略投资部代思含和洪瑞阳助理教授撰写，该文基于作者发表在《日本全球与地域研究》上的文章修改而来。第 13 章由杜雨轩助理研究员和胡左浩教授撰写，该文基于作者发表在《清华管理评论》的文章修改而来。第 14 章由樊亚凤副教授、胡左浩教授和洪瑞阳助理教授撰写，该文基于作者发表在《中国行政管理》上的文章修改而来。

　　清华大学经济管理学院助理研究员席悦博士在本书的编辑过程中提供了相关协助，清华大学出版社经管与人文社科分社刘志彬社长和吴雷编辑对本书出版提供了大力支持，另外，本书的出版还得到国家自然科学基金项目（项目批准号：72372082）的资助，在此一并表示衷心的感谢！

胡左浩
清华大学经济管理学院市场营销系教授
2025 年 1 月 28 日于清华经管李华楼

目录

第1篇 数字化时代营销重构的理论基础

第1章 数字化时代的营销新范式——人文货场 … 2
1.1 人货场模式出现的背景条件 … 2
1.2 人货场模式的具体内容与逻辑关系 … 3
1.3 人货场模式的局限性与"文"的引入 … 6
1.4 数字化时代的新4C营销模式：人文货场 … 9
1.5 人文货场模式成功的三大保障 … 13
结语 … 14

第2章 数字化时代的营销理念——是市场驱动还是驱动市场 … 15
2.1 驱动市场与市场驱动 … 15
2.2 构建驱动市场的零售银行运营体系 … 17
2.3 零售银行驱动市场变革的两种方式 … 19
结语 … 25

第3章 数字化时代营销重构能力——双元能力 … 26
3.1 双元能力与渠道整合 … 26
3.2 案例选择及数据处理 … 31
3.3 双元能力促进全渠道转型的关键因素 … 35
3.4 全渠道转型背景下双元能力演化方案 … 38
3.5 全渠道转型背景下双元能力获取方式 … 40
结语 … 45

第2篇 数字化时代营销重构的核心内容

第4章 人——人群洞察：数字化时代的消费人群识别 … 48
4.1 基于消费升级视角的消费人群划分 … 48

4.2 城市新中产人群及其消费特征分析 …… 49
4.3 新生代人群及其消费特征分析 …… 51
4.4 下沉市场人群及其消费特征分析 …… 53
4.5 银发一族及其消费特征分析 …… 55
结语 …… 56

第 5 章 文——内容营销：平台企业的品牌广告商业化 …… 57

5.1 中国互联网品牌广告业务行业现状 …… 57
5.2 大众点评发展历程及品牌广告业务营销状况分析 …… 62
5.3 大众点评品牌广告业务 SWOT 分析 …… 66
5.4 大众点评品牌广告业务的营销战略 …… 69
5.5 大众点评品牌广告业务的营销策略 …… 74
结语 …… 78

第 6 章 货——产品营销：数字化营销下的品牌破圈成长 …… 79

6.1 希望树品牌缘起及发展历程 …… 79
6.2 初创品牌的制胜路径 …… 81
6.3 品牌数字化营销的变革与机遇 …… 88
结语 …… 90

第 7 章 场——渠道变革：数字化竞争环境下的全渠道模式 …… 91

7.1 良品铺子缘起及发展历程 …… 91
7.2 两阶段渠道变革 …… 93
7.3 渠道变革的模式与机遇 …… 98
结语 …… 99

第 3 篇 数字化时代营销渠道重构

第 8 章 多渠道零售模式下的跨渠道整合 …… 102

8.1 多渠道零售驱动力 …… 102
8.2 多渠道零售模式下跨渠道整合 …… 105
8.3 案例选取标准与案例背景介绍 …… 107
8.4 案例企业跨渠道整合分析 …… 109
8.5 跨渠道整合的两种导向 …… 115
结语 …… 116

第 9 章　数字化驱动下的政企业务营销渠道转型 … 117
9.1　中国 ICT 行业政企市场现状与发展趋势分析 … 118
9.2　中兴通讯政企业务营销渠道现状分析 … 122
9.3　中兴通讯政企业务营销渠道的 SWOT 分析 … 126
9.4　中兴通讯政企业务营销渠道转型战略 … 130
结语 … 141

第 10 章　数字化驱动下的消费业务营销渠道变革 … 142
10.1　文具行业发展现状及发展趋势 … 142
10.2　晨光文具营销渠道现状 … 146
10.3　文具行业竞争分析 … 150
10.4　晨光文具 SWOT 分析 … 153
10.5　晨光文具营销渠道策略 … 157
结语 … 168

第 4 篇　数字化时代营销重构的特定议题

第 11 章　数字化时代汽车品牌营销传播策划方法 … 170
11.1　营销传播策划演变趋势 … 171
11.2　汽车行业的营销传播策划模式 … 172
11.3　一汽-大众的营销传播策划方法 … 174
结语 … 197

第 12 章　中国新兴零售电商平台商业模式 … 198
12.1　新兴零售电商平台商业模式的分析框架和核心要素 … 199
12.2　案例研究设计 … 201
12.3　案例分析和结论 … 202
结语 … 211

第 13 章　数字化驱动加速企业国际化进程 … 212
13.1　SHEIN 的国际化发展阶段 … 213
13.2　数智破局：SHEIN 快速国际化对企业的启示 … 222
结语 … 223

第 14 章　互联网公益平台生态圈的价值创造与治理方式重构 … 224
14.1　生态圈与公益生态圈 … 224

14.2　案例选择及数据处理 …………………………………… 227
14.3　平台型公益生态圈的内部结构 …………………………… 238
14.4　平台型公益生态圈的运行机制 …………………………… 240
14.5　平台型公益生态圈的治理机制 …………………………… 243
结语 …………………………………………………………………… 245
参考文献 ……………………………………………………………… 247
附录　缩略语列表 …………………………………………………… 252

第1篇

数字化时代营销重构的理论基础

第1章

数字化时代的营销新范式——人文货场

时移世异,通时合变。企业的营销模式总是随时代变迁而不断变化。数字化技术催生出的新理念、新业态、新模式给商业世界带来了广泛而深刻的影响。在消费升级的新形势下,企业的营销模式正经历着一场新的数字化变革,数字技术与商业的深度融合持续推动着企业营销模式的迭代与重构,引发其对数字时代新营销模式的探索。

在新零售背景下,许多企业基于数字化技术重点对人(customer)、货(commodity)、场(context)三重因素及其逻辑关系进行了优化与重塑,形成了被称为"人货场"的营销模式。然而,社交媒体的普及使得营销中的内容要素作用突显,导致人货场营销模式的固有短板——对内容要素关注的缺失显现出来,因此企业的营销逻辑与营销实践受到挑战。作为人货场模式的迭代升级版本,本章引入"文"(即内容,content),提出数字化时代的营销新范式——"人文货场",即数字化时代的新 4C 营销模式。它从品牌(品牌资产—品牌收入)和顾客(获得顾客—维持顾客)两个维度,从触达与吸引、转化与购买、满意与分享、再购与升级四个相互递进的环节,完整诠释了数字化时代企业的全链路营销闭环。

1.1 人货场模式出现的背景条件

人货场模式是新零售背景下孕育出的营销模式,它的出现,离不开经济发展、政策支持、文化变迁、技术发展等因素的共同催化。在经济新常态下,消费升级给增长趋缓、线上线下冲突不断加剧的零售行业带来了新的增长动力,促进了传统零售向新零售的变革与转型。国家陆续出台的促进企业数字化建设、推动线上线下融合发展等多项政策意见,也为新零售的发展提供了政策保障。经济与政策的支持为企业通过人货场营销模式的变革、适应新零售发展趋势提供了土壤。

顾客的生活方式、消费习惯等社会文化的变迁,拉动了新零售背景下营销模式的创新升级,促进了人货场模式的形成。一方面,顾客越来越重视生活品质与消费体验,除满足自己的个性化产品需求外,他们渴望通过不同场景下的消费体验满足社交、兴趣、娱乐等精神需求。另一方面,随着数字化程度的提高,消费者的购买行为呈现出跨渠道、碎片化、移动化等新特征。这些变化共同促进了以顾客体验为中心的人货场模式的形成与发展。

与此同时,云计算、大数据、物联网、人工智能等技术的发展,构筑了强有力的数字技术驱动力,为人货场营销模式提供了底层技术支持。技术的发展使顾客在线上、线下不同场景中的活动数据化。企业能够对顾客在购买过程中不同触点的数据进行采集、研判与应用,通过动态反馈实现全顾客生命周期的精准营销,有效提升顾客体验。同时,这些技术实现了商品、订单、库存、会员等数据的互联互通,使产品的设计、采购、制造、流通、交付、服务等过程运转更高效。

以上这些因素共同促进了新零售的发展,推动着人、货、场三重因素及其逻辑关系的优化重塑,数字化背景下的人货场营销模式应运而生。

1.2 人货场模式的具体内容与逻辑关系

在零售业的发展历程中,人、货、场一直是不同零售业态与零售模式的核心要素。数字化时代人、货、场要素的革新及三者间逻辑关系的不断迭代促进了营销模式的创新与变革。

1.2.1 人货场模式的具体内容

人即顾客。无论是传统零售还是新零售,顾客价值创造都是企业营销活动的原点。但在传统零售环境中,顾客信息有限且相对割裂,顾客画像相对模糊,给企业准确把握、预测和满足顾客需求带来了挑战。数字化技术实现了顾客全生命周期、全购买链路及全场景信息的数据化,顾客与企业、顾客与顾客之间的网状互联关系也越发紧密。顾客信息的数字化为顾客身份的识别、行为偏好的准确预测、顾客需求的精准满足、顾客全生命周期的动态管理提供了可能。企业的营销人员也可基于千人千面的个性化数据为顾客提供有针对性的服务,提升顾客体验与满意度。在数字化时代,顾客画像更立体、更真实,企业对顾客行为的洞察也更具动态性、全面性和可预测性。

货即产品(包括服务和解决方案)。在数字化时代,企业产品的生产制造、顾客触达、仓储与配送等不同环节的数字化程度和智能化程度均有所提升,从而带来效率提升与成本优化,不断满足顾客日益增长的品质需求与服务体验需求。在生产制造环节,产品的数字化管理使企业能够基于顾客需求进行产品定制化设计与生产,反向推动供应链的迭代,使小批量、个性化、定制性生产成为可能,实现价值共创。在顾客触达环节,企业将顾客的动态反馈持续嵌入企业的货架管理、产品推介、产品价格制定与促销推广中,实现产品营销策略的动态优化。在仓储与配送环节,基于智能软硬件、大数据与物联网等技术,企业能够对产品仓储与物流配送进行精细化、可视化的实时动态管理,根据顾客地理位置提供仓储与配送的最优方案,在提升产品物流效率的同时优化顾客的购买体验。

场即场景,包括产品销售与使用场景。数字化技术推动了线下门店等传统销售场景的智能化升级。企业通过物联网传感器、电子价签等交互式顾客数字显示设备及AR(增强现实)、VR(虚拟现实)等技术,实现了门店智能化。AI设备、移动设备与可穿戴设备的运用,有效提高了店员的顾客洞察能力与即时服务能力。同时,基于数字化购物的门店装潢、顾客动线的升级,进一步提升了顾客的到店体验。这些数字化软硬件的介入最终实现了门店的智慧化升级。

智慧门店的普及也促进了线上、线下场景的融合。在传统的线下零售模式或纯线上电商模式中,顾客在线上、线下场景中的购买行为与数据信息相对割裂,难以形成统一的顾客身份识别,减少了不同场景下顾客价值的联动与共创。随着云计算、物联网等数字化技术的发展与移动设备等新零售基础设施的完善,顾客在线上、线下不同场景中的行为与数据逐渐联通,产品销售场景呈现出了多样化、碎片化、协同化及边界模糊化的特点。线上与线下场景的不断融合在提升企业运营效率的同时优化了顾客体验。

随着顾客对品质消费的追求及对购物的社交互动、兴趣表达等精神需求的提升,产品使用场景不断丰富。AR、VR等技术使顾客能够置身产品的真实使用场景,身临其境地体验产品。在数字化时代,企业能够通过AR、VR技术开展基于产品使用场景的营销,吸引并教育顾客,促进顾客转换与成交。

1.2.2　人货场模式的逻辑关系

在人货场营销模式中,数字化驱动着企业进行客群洞察、产品吸引和场景吸引,实现人、货、场的匹配,并最终实现企业运营效率与顾客体验的双效提升,如图1.1所示。

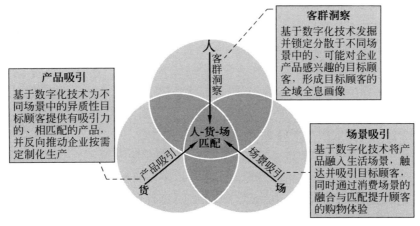

图1.1 人货场营销模式

基于人货场的营销首先需要进行精准的顾客洞察。消费升级与个性化需求的日益增长使顾客需求的异质化程度加大,不同的场景与产品对目标顾客的吸引存在差异。因而,企业通过客群洞察,发掘、吸引、锁定目标顾客变得尤为重要。在数字化时代,企业能够对线上/线下、公域/私域等不同场景中顾客的日志数据(如访问、浏览、搜索、点击、加购等数据)、属性数据(如顾客的年龄、性别、会员信息及地理位置等数据)、交易数据(如购买时段、到访门店、价格偏好、品牌偏好、客单价、复购率等数据)及社交数据(如平台偏好、内容偏好、关系网络、活跃度等数据)进行采集、整合和分析。在分析全域数据可视化的基础上,企业通过精准识别并动态锁定那些分散于不同场景中的、与企业产品和品牌定位相一致的目标顾客,形成清晰的目标顾客画像,实现对目标顾客的深度洞察与精细化管理。

多元场景下的顾客全息画像为企业产品与品牌策略的动态更新提供了依据,企业基于数字化技术构建产品吸引力,吸引不同场景中的目标顾客。具体来说,企业根据顾客画像提供的目标顾客属性特质、需求特点及场景偏好,通过精准推送为不同的目标顾客提供与之相匹配的产品。根据他们的需求特点与渠道偏好,引导目标顾客在线上商城(如淘宝、京东等)、本地生活App(如饿了么和美团等)、社交电商(如抖音等)上下单购买,或是引导他们前往门店进行体验和购买。

在顾客的购买过程中,线下 POS(销售终端、销售点)系统生成的订单信息、会员信息及顾客在各线上场景中的活动轨迹与行为数据将动态更新目标顾客画像,并将顾客的需求变化及时反馈给企业营销和供应链等相关部门。相关部门将反馈的顾客信息持续嵌入品类策略、产品线策略及具体的产品和品牌策略中,并根据这些不断更新的信息进行产品定位、产品设计、生产及价格策略的调整,反向推动供应链迭代,实现柔性化生产,通过小批量、多频次的产品定制化生产满足顾客的个性化需求。在这个过程中,企业线上、线下供应链的协同与融合不断深化,产品的吸引力不断增强,产品在不同场景、不同渠道中的周转效率与周转灵活性也随之提高。

除产品本身与顾客需求的匹配性外,场景也是影响顾客体验的重要因素。一方面,企业将产品沟通场景化,把产品融入目标顾客的生活场景,通过不断丰富和延伸产品的使用场景,吸引不同目标顾客并满足他们的产品需求。另一方面,多元消费场景的融合突破了顾客在单一场景、单一渠道下的购买模式。在传统的零售模式中,线下门店常以距离周边 3 千米~5 千米的客群为主,服务覆盖范围有限。纯电商模式又依赖本地或外地中心仓发货,配送时长最快也在一天以上。在新零售模式下,数字化技术促进了线上、线下销售场景的会员系统、产品系统、供应链系统、仓储物流系统的融合,实现了多元场景的联动。顾客可以在线上(如本地生活 App 或小程序)下单,通过"外卖"或"闪送"的形式当天送货上门。对于购买卷入度高或是依赖线下安装服务的产品,顾客也可以前往门店体验了解,通过线上下单送货上门。线上、线下场景的融合使得企业的营销活动突破了线下场景中货架空间有限性对顾客产品触达的限制,同时也降低了线上"盲选"给顾客带来的风险,极大地提升了顾客体验。

1.3 人货场模式的局限性与"文"的引入

1.3.1 人货场模式的局限性

上述人货场模式凸显了数字化驱动下的客群洞察、产品吸引和场景吸引对企业营销的重要性。然而,这一模式却存在着固有的不足,即对内容要素关注的缺失。内容是实现人、货、场连接的载体与媒介。在社交媒体普及的今天,内容要素的缺失会使人、货、场之间缺乏清晰、具体的交互策略,企业在人、货、场三重因素的运营及其逻辑关系的重构过程中将遇到阻碍,具体表现在以下几个方面。

首先，内容的缺失，使人货场模式在满足顾客多样性的需求与适应顾客的差异化的信息偏好时受阻。在人货场营销模式中，企业可以通过产品定制满足顾客对产品功能属性的个性化需求。然而，除基本的功能性需求外，在消费升级的趋势下，顾客更渴望通过产品消费满足社交互动、兴趣表达或是情绪体验等情感性需求，这些基于消费的精神需求往往存在较大的个体差异。内容的缺失，使消费的社交属性、兴趣表达属性等在人货场模式中难以体现。人货场模式在满足顾客的异质化的精神需求时受到了阻碍。

数字化时代的信息铺陈方式与顾客接触消费信息的方式深刻影响着顾客的信息偏好。一方面，目标顾客感兴趣的信息内容（如产品导向的信息、促销导向的信息、社交导向的信息等）、信息形式（如文字信息、图片信息、视频信息等）与传播方式（如人际传播、组织传播、大众传播等）千差万别。这不仅受顾客差异化需求的影响，同时也受顾客所处的购买过程阶段（如购前、购中、购后、复购等）、所处场景及产品自身特点的影响。另一方面，顾客与移动设备的黏性增强，"滑屏"与"点击"成为顾客接触消费信息的主要方式，海量的信息被呈现在几英寸（1英寸＝0.025 4米）的屏幕之中。内容要素的缺失向人货场模式下全链路精准营销提出了挑战，如何基于差异化的顾客信息偏好进行千人千面的个性化信息定制？信息推送怎样才能更好地被顾客接触并接受？这些都与内容要素相关。

其次，内容的缺失，使人货场模式在赋予产品社交性、趣味性、话题性、审美性等附加价值时遇到挑战。在人货场模式下，企业该如何赋予产品象征性属性？同时，产品在触达、购买、分享、复购等不同阶段的价值传递与即时转化机制并不清晰。产品如何有针对性地吸引并促进不同阶段目标顾客的转化？内容载体的缺乏，使企业缺乏清晰的、差异化的产品沟通策略与顾客转化策略，向企业在业绩增长的同时实现品牌价值和顾客价值的双效增长提出了挑战。

最后，内容的缺失，使人货场模式下场景链接受阻。如前文所述，企业基于数字化营销能力，将产品融入顾客日常生活场景，通过场景触达吸引顾客。当内容要素缺失时，企业产品的场景化沟通将遭遇阻碍。除此之外，随着在线购物平台等场景下的获客成本增加，精准营销的难度与成本也不断加大。在全场景融合的趋势下，人货场模式如何有效提升全域触达效率、互动效率、转化效率、推荐效率？如何基于多渠道、多场景协同为顾客提供立体、流畅的消费体验？内容要素的缺失无疑是上述问题的症结所在。

1.3.2 人货场模式中"文"的引入

"文"即内容,是顾客购买过程中与企业、品牌及产品的属性(如功能属性、形象属性)、利益(如功能利益、情感利益)、价值(如工具价值、终极价值)等相关的文字、声音、图片、视频等。它们以生动、多样的形式,通过人际、网络等传播路径向顾客传递信息,吸引顾客的注意力并保持顾客的兴趣,通过促进顾客互动参与实现价值共创,从而建立长期而稳定的顾客关系。

根据营销活动中内容创作者的不同,内容可被分为品牌生成内容(brand generated content,BGC)、专业者生成内容(professional generated content,PGC)和用户生成内容(user generated content,UGC)。

(1)BGC 是以企业和明星为创作主体,把企业、品牌、产品、服务等内容化,通过内容传播树立品牌形象、打造品牌声望。

(2)PGC 是指主播、达人、网红等关键意见领袖(key opinion leader,KOL)创作的有针对性的内容,通过其自身影响力实现营销效果的加成。

(3)UGC 是以品牌与产品的关键意见顾客(key opinion customer,KOC)和大众用户为创作主体,基于他们真实的购买和使用体验创作的内容,顾客通过内容互动增强体验感,并反向推动企业的顾客洞察。

随着人工智能技术的发展,内容还可划分出人工智能生成的内容(AI generated content,AGC)。

"文"的引入能有效打破前文所述的人货场模式存在的局限。

首先,企业、KOL、KOC 等可将企业文化、品牌故事、产品卖点、销售服务、消费理念等制作为目标顾客感兴趣的内容。通过将这些内容场景化、叙事化,赋予产品除功能性价值之外的话题性、审美性、社交性、趣味性、情感性及价值观等,满足不同阶段、不同顾客的产品使用、审美、社交、兴趣表达等需求。

其次,企业可基于媒介的多样性、分散性、移动性等特点开展内容营销,实现全链路顾客触达与千人千面的精准营销。企业通过顾客洞察,根据线下门店、短视频社交平台(如抖音等)、购物平台(如淘宝、京东等)、生活方式分享平台(如小红书等)、公众号等不同渠道及不同场景的受众特点,以短视频、直播、图文等形式,将内容推送给目标顾客。同时,企业基于顾客对产品的知晓、兴趣、欲望、行动、分享的不同阶段进行营销内容的个性化定制,通过在不同的阶段采用不同的沟通内容与沟通方式,实现千人千面的精准营销。

最后，企业可通过内容在顾客不同生活场景中实现产品、顾客的链接。基于 AR、VR 等技术的内容传播为顾客提供了沉浸式的互动体验，线上场景与线下场景的实时联动实现了线上、线下双向赋能。产品与顾客的跨场景链接让品牌与顾客的沟通互动更真实、更高效。同时，移动互联网的发展推动了抖音等社交电商及小红书等内容平台的兴起，这些场景中的社交属性与分享属性吸引了大量潜在顾客，企业基于平台开展有效的内容营销，能够实现从"公域"场景（如各大电商平台、线下卖场等）到"私域"场景（品牌号与 App、小程序等）的引流。最终，跨越不同场景，企业以碎片化、沉浸式的内容与顾客沟通，实现产品、顾客的链接，持续地建立并维护客户关系。

可见，人、货、场要素之间依赖内容要素进行链接，企业通过优质的内容能够实现人、货、场三要素之间的协同与联动，建立持久而稳定的客户关系。同时，数字化技术、移动互联网、AR 与 VR 技术的发展为"文"的引入提供了技术支持，而直播电商、短视频社交平台、生活方式分享平台的蓬勃发展使内容的共创、传播与分享成为可能。

1.4　数字化时代的新 4C 营销模式：人文货场

基于前文分析及数字化时代的营销特点，我们对人、文、货、场四重因素的逻辑关系进行重构，提出了人文货场营销模式（即数字化时代的新 4C 营销模式），如图 1.2 所示。考虑到企业开展营销活动旨在进行顾客价值创造，它既体现为整个购买过程中顾客价值的流转，也体现为基于顾客的品牌资产从建立、提升到变现，给企业带来切实的品牌收入的动态过程。因此，我们从品牌和顾客两个维度对数字化时代的人文货场营销模式进行解构。

数字化时代的人文货场模式是由触达与吸引、转化与购买、满意与分享、再购与升级四个递进的环节构成的全链路营销闭环。它基于全数据顾客画像，构建涵括 BGC、PGC 及 UGC 的一体化内容推广矩阵，并根据顾客购买阶段、所处场景、产品特点进行内容矩阵动态输出。这些营销内容通过全媒体社交裂变实现全链路顾客精准触达。基于人文货场模式的全链路营销闭环既是顾客需求的激发与管理链路，也是基于顾客的品牌资产的创建与管理链路，二者在数字化的驱动下协同，共同实现企业营销活动所期望的结果。

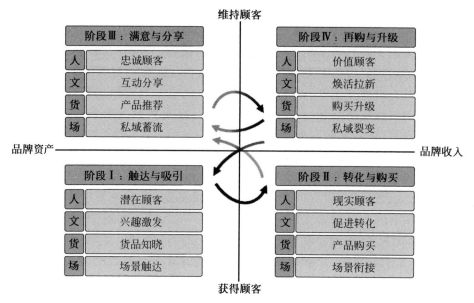

图1.2 人文货场营销模式

1.4.1 阶段Ⅰ：触达与吸引

在触达与吸引阶段，企业基于数字化技术进行全触点顾客洞察，识别出潜在顾客的全数据画像。在此基础上，企业根据潜在顾客的需求痛点与兴趣点、他们所处的具体场景及产品自身定位构建内容推广矩阵，实现全链路精准触达。在内容推广矩阵中，BGC以企业文化、企业社会责任、品牌理念、品牌形象等信息为主，对产品质量、产品信誉进行背书。企业通过BGC建立品牌与顾客的关联性，激活顾客认知。潜在顾客通过观看和阅读这些内容打动人、形式吸引人的信息推送，对品牌形象和产品特点有了初步了解。同时，PGC、UGC以产品信息、价格信息和促销信息为主，通过抖音等社交电商及小红书等内容平台，以直播互动、短视频、图文等丰富多样的形式进行产品展示，激发顾客的兴趣，吸引、教育、引导潜在顾客，实现潜在顾客的培育。

在这一阶段中，企业通过一体化的内容矩阵实现了潜在顾客、品牌形象及产品与使用场景之间的链接。根据短视频平台、直播平台、购物平台、生活方式分享平台、线下门店等不同场景的特点进行内容推送，实现全场景个性化内容触达。潜在顾客将以能够吸引他们注意力的方式接触到自己感兴趣的内容。在内容触达过程中，明星、KOL、KOC的自身影响力对品牌或产品进行了背书。同时，基于他们粉丝群的全媒体社交裂变实现了线上、线下全域触达，使目标顾客快速知晓品牌。多次触达后，随着品牌和产品曝光量的增加，潜在顾客逐步了解品牌，在品牌知晓和兴趣牵引的作用下产生购买欲望，顾客认知份额不断增长，企业的品牌资产逐步建立。

1.4.2　阶段Ⅱ：转化与购买

在转化与购买阶段，对品牌和产品产生兴趣的顾客会通过搜索、互动、前往门店体验等方式进一步获取信息，从被动的内容触达转变为主动的信息收集，并产生购买倾向性行为（如"领取优惠券锁定福利""加入会员领取礼包""加入购物车"等）。与此同时，企业对内容矩阵进行持续更新与输出。通过图文、短视频、直播等内容的活化与传播，维持顾客连接与新鲜感。借助留言问答、直播沟通、线下问询等实时互动等方式加深顾客认知，在满足顾客社交互动需求的同时增强顾客的购买欲望，促使顾客产生购买行为，从潜在顾客转化为现实顾客。

在这一阶段中，企业借助平台技术实现了内容传播场景与销售场景的衔接，通过全渠道整合协同，提升了顾客的购买体验。在线上场景中，企业构建以兴趣为导向、以社交媒体为核心的顾客社群，通过兴趣聚合和顾客分类，为不同兴趣导向的顾客提供基于兴趣的服务（interest based service，IBS）。例如，基于顾客兴趣进行内容创作与推送，在顾客感兴趣、能够吸引潜在顾客的短视频、图文信息中添加购物车链接，通过渠道的即时衔接实现兴趣内容与购买渠道的双效触达。

除此之外，随着移动互联网的发展，直播电商成为新兴的全生态价值共创平台，大大提升了潜在顾客到现实顾客的转化效率。直播强化了主播与顾客的交互性，主播以生动、直观的方式进行产品展示与讲解，顾客在直播间通过弹幕就产品使用、价格促销、售后保障等问题与主播进行即时互动，既满足了顾客的个性化消费需求，也提升了顾客的购买体验。直播实现了主播产品展示与顾客产品购买的品销合一，缩短了顾客购买决策链路。短链决策的实现有效提升了人、货、场的匹配效率，促进了顾客转化。

在线下场景中，企业以门店为核心构建顾客社区，通过数字化技术开展基于位置的服务（location based service，LBS）。门店以附近社区顾客为主要服务对象，方便周边顾客到店体验购买。同时，购物App通过获取顾客地理位置信息，为顾客推荐较近的门店，方便顾客进行线上下单、线下提货，或通过本地生活App下单实现当天取货，或通过公众号蓄流，借助小程序引流到店面变现。

场景与渠道的整合协同与即时衔接缩短了顾客的购买链路,提升了顾客购买体验与企业营销整体运营效率。购买产品后的顾客从潜在顾客转变为现实顾客,现实顾客的不断增加推动着企业市场份额的增长,品牌资产也实现了从顾客心智资产到品牌销售收入的变现转化。

1.4.3　阶段Ⅲ:满意与分享

在满意与分享阶段,对购物体验和产品使用满意的顾客,企业通过会员奖励计划、顾客忠诚计划、在线售后服务等内容吸引顾客加入企业官微、公众号、小程序、视频号、App,以及抖音、小红书等内容社交平台的品牌号,实现公域到私域的引流。在"私域"场景内,企业可以以相对较低的流量费用,在任意时间、以任意频次直接触达目标顾客,提升企业营销活动的精准性与有效性。

同时,企业鼓励这些现实顾客在购物平台和内容平台上分享产品的购买与使用心得,通过口碑发布(即 UGC 创作)进行产品分享。相比于 BGC 和 PGC,UGC 更贴近真实的消费场景,其自发性、非结构性的特点更容易反映顾客真实的消费体验,成为潜在顾客进行购买决策时的重要参照线索。现实顾客通过口碑分享满足了自我表达与社会互动的需求,增强了与品牌的黏性,成为品牌的粉丝与忠实顾客,提升了忠诚份额,同时也通过口碑分享来有效触达他们自身关系网络辐射范围内的潜在顾客。

1.4.4　阶段Ⅳ:再购与升级

在再购与升级阶段,企业通过"宠粉福利""老客专享"及持续性的产品内容矩阵输出,维持并提升忠诚顾客与品牌的黏性,实现顾客终身价值(customer lifetime value,CLV)最大化。

企业通过内容与场景的协同和复用,或增加以需求迭代、社交互动、兴趣吸引为主的内容触达,有效激活沉睡老顾客,促进老顾客的更新购买、升级购买、交叉购买,提升老顾客的复购率和客单价,实现老顾客的"焕活"。老顾客的更新购买、升级购买与交叉购买同样历经人文货场营销模式的四阶段链路,复购满意的顾客将有效增加顾客份额(share of customer,SOC)。在后续的购买决策中,这部分顾客的购买过程相比于潜在新顾客的购买过程将大大缩短,进入满意—忠诚—推荐—复购的良性循环,给企业带来稳定的销售收入,成为企业的价值顾客。对于流失的老顾客,企业需要开展新一轮的人群洞察与触达,探明老顾客的流失方向。例如,流失的老顾客是否依旧购买本品类产品、是否依旧购买本公司产品、是否转移到了其他平台购买本公司产品,或是转而购买了其他企业的同类产品等,在精准洞察的基础上进行再次触达。

1.5 人文货场模式成功的三大保障

人文货场模式的成功离不开企业在战略理念、组织变革、能力构建等方面提供的保障。

1. 树立顾客导向的数字化战略理念

树立顾客导向的数字化战略理念,培育能够引领企业数字化转型、数字化经营的企业文化,是人文货场模式能够持久制胜的保障。顾客导向的数字化战略理念以顾客为中心,体现了企业对数字化转型的追求与目标,它影响着企业对未来发展的规划、对组织与团队建设的方向及对具体商业模式与营销模式的采纳。顾客导向的数字化战略理念对企业营销模式的数字化转型起到了引领作用,将数字化提升至战略理念的高度,对企业人文货场模式的运用、营销组织的数字化建设至关重要,它将助力企业实现持续的跨越式发展。

2. 进行组织的数字化变革

人文货场模式的成功离不开组织的数字化变革。基于数字化技术重新搭建企业组织,能够增强组织的柔性、灵活性、敏捷性及共享性,强化不同部门、不同流程的协同性,提高组织的数字化运营效率。这为人文货场模式的需求响应快速化、营销策略精细化、价值创造动态化提供了组织保障。其中,对于营销组织中的数字化变革,企业可建立专门的部门或团队进行内容运营,以适应人文货场模式下对客群管理、产品管理、场景运营的精细化、高频化、动态化的要求。专业内容团队的构建能够整合多维数据、融合多元场景,实现以顾客为导向的内容创作与管理,形成企业内生的、自我驱动的内容运营能力。

在此基础上,人文货场模式对企业的营销支持活动与业务流程提出了新的要求。营销业务流程的数字化能够提升人文货场模式中不同阶段、不同业务流程的畅通性与价值创造效率,在确保营销运营效率提升的同时有效控制营销运营成本。同时,营销计划、预算分配计划、销售政策等营销实施计划与行动方案的制订,保障了人文货场模式的可行性。

3. 构建基于数字化的能力体系

构建基于数字化的能力体系,进行"技术力""领导力""营销力"的革新,确保了企业能够基于人文货场模式、利用数字资源为顾客创造差异化和可持续的价值。其中，数字技术的变革与发展是推动人文货场模式发展的重要驱动力，对企业营销的数字化转型至关重要。企业需要构筑起能够持续追踪新技术、部署与运用新技术、开发或转化数字化技术的"技术力"，通过技术和商业模式的深度融合实现人文货场模式的发展与迭代。再者，构建基于数字化的领导力，才能引领企业营销向人文货场模式转型，探索业绩持续增长的长效路径。在数字化时代，信息渠道多、信息量大，领导者的洞察力、判断力、决策力对人文货场模式的成功尤为重要。构建基于数字化的领导力，才能从战略上引领、主导企业变革，在组织与文化上为企业注入新的生机，通过数字化人力资本的挖掘与赋能，为人文货场模式提供保障。

此外，通过进行数字化营销理念的普及，开展数字化营销技术运用培训，提升企业的数字化营销力，为人文货场模式的成功提供了营销能力的保障。企业可借助企业商学院、营销诊断室、企业达人孵化基地等内部赋能工具及第三方数字化赋能合作伙伴，提升营销人员的数字化营销能力。同时，通过设立激发员工创作、分享内容的机制，鼓励员工进行内容创作，为人文货场模式源源不断地注入活力。

结语

在数字化营销变革中，人文货场模式构筑了以顾客价值创造为核心、四位一体的新营销模式。本章深入分析了人文货场模式提出的背景与动机，诠释了人文货场营销模式的基本内容、内在逻辑与运用保障，以期在数字化时代助力企业营销模式的变革创新，构筑持续竞争力。

需要指出的是，人文货场模式不仅仅阐明了企业在数字化时代的新营销模式，更强调了企业在数字化经营竞争中须具备的营销道义。正如庄子所言，"以道驭术，术必成；离道之术，术必衰"。人文货场模式是建立在"人文"理念基础上的营销模式，即"人文的货场"——强调"货场"需要"人文"关怀，强调数字化营销需要兼顾社会责任和商业伦理。因此，数字化时代实施人文货场模式也要求企业将环境、社会、治理等因素纳入企业的营销决策，引领企业创造顾客价值、企业价值、生态价值与社会价值，实现数字化时代下的多方共赢。

第2章

数字化时代的营销理念——是市场驱动还是驱动市场

过去十数年间持续、快速发展的中国经济,稳定的存贷款利率差,以及良好的信用环境为银行创造了一个低风险、高收益的成长环境。在这一时期,银行的利润来源主要依靠对公业务,而零售业务仅仅作为一个补充,其在银行整体营收中的占比较低。但是随着国内经济进入新常态带来的对公业务增速放缓,银行的盈利压力开始陡然增加,大力发展零售业务已然成为行业发展的大趋势。

与此同时,随着国内互联网进程的不断加快,越来越多的传统行业开始发生深刻的变革,作为金融行业的核心,零售银行也未能幸免于难。一方面,随着线上渠道的完善和普及,网点数量和选址位置不再是银行间比拼的重点,为客户提供更为优质、便捷的服务成为银行取胜的关键;另一方面,随着互联网技术的不断发展,金融行业的技术驱动效应也越发明显,这对零售银行的运营模式提出了新的要求。面对如此严峻的挑战,如何寻求新的变革模式并借此重构企业竞争优势,成为摆在国内众多零售银行面前的一道难题。

2.1 驱动市场与市场驱动

市场导向被划分为两种不同的类型:市场驱动导向和驱动市场导向。

(1) 市场驱动导向属于被动性导向,认为顾客的需求和偏好是确定的,可以被顾客清楚表达,企业的主要任务是去理解和满足顾客的需求。

(2) 驱动市场导向属于主动性导向,认为顾客并不完全了解自己的需求,其需求是可以被引导和激发的,因此企业应该关心市场未来的方向,通过充分运用自身的不连续创新或由其培育主导的创新网络,将顾客引导到新的创新领域,进而实施顾客教育、引导顾客消费。

市场驱动导向和驱动市场导向在企业的发展过程中都发挥着至关重要的作用,两者之间的区别如表2.1所示。

表2.1 市场驱动导向与驱动市场导向对比分析

项目	市场驱动导向	驱动市场导向
不确定性	低	高
价值网络	利用现有的价值网络	构建新的价值网络
经验借鉴	可借鉴现有经验	无经验可循,在摸索中学习
战略实施	有较强的计划性	随机性较大
预期目标	满足顾客现有需求	教育顾客、引导需求

由表2.1可知,市场驱动导向着眼于当下,企业可以通过前期调研进行市场需求分析,因此承担的风险和不确定性较低;而驱动市场导向着眼于未来,企业不但需要对市场需求进行前瞻性预判,还需要推断其演进的方向和轨迹,因此承担的风险和不确定性较高。

市场驱动导向的任何商业活动都处在一个特定的价值网络中,强调企业在现有的价值网络内作出相应的调整和优化;而驱动市场导向则强调企业通过构建一个新的价值网络,进而实现对原有价值网络的替代。

市场驱动导向强调对旧的商业模式和业务流程进行升级改进,因此企业可以在一定程度上借鉴前期积累的知识和经验;而在驱动市场导向下,企业需要对旧的商业模式和业务流程进行完全替换,因此只能边摸索边学习。

在市场驱动导向下,企业的目标较为明确、流程相对稳定,因此企业在战略实施过程中通常有较强的计划性;而在驱动市场导向下,企业的目标较为模糊、流程变动性较大,因此企业在战略实施过程中的随机性也相对较大。

市场驱动导向认为顾客的需求和偏好是可以感知的,因此遵循这一导向的企业以满足顾客的现有需求为目标;而驱动市场导向则认为顾客的需求和偏好是无法预知的,因此遵循这一导向的企业更关注如何通过市场教育激发顾客购买欲望。

2.2 构建驱动市场的零售银行运营体系

在驱动市场导向下,零售银行运营体系主要由五个方面构成,如图 2.1 所示。

图 2.1 驱动市场的零售银行运营体系分析框架

1. 更个性化的产品设计

零售银行作为金融服务业的重要组成部分,贯穿始终的是"以客户为中心"的理念,无论竞争环境发生怎样的变化,抓住客户才是重中之重。在互联网和移动通信技术高度融合的今天,顾客的行为习惯发生了巨大的改变,对于银行服务的预期也变得更高,这使得相关产品/服务的评判标准不再遵循旧的传统,而是呈现出众多新特性。比如,传统零售银行产品/服务的评判标准通常会从价格是否优惠、手续办理是否便捷、产品使用是否简便、资金安全有没有得到切实保障等方面展开,但是随着消费环境的改变及银行业务竞争的日趋白热化,能否深入介入目标顾客的生活场景并通过行为偏好的甄别判定,为其提供更具个性化、差异化的产品和服务,成为新的评判标准。

2. 更多元化的渠道建设

渠道是连接顾客和企业的纽带,它既是企业营销活动的载体,也关乎企业的核心竞争力,因此渠道建设对于零售银行的发展具有非常重要的意义。谈到银行的渠道建设,首先想到的就是遍布全国的线下营业网点,因此零售银行过去多注重线下渠道的位置选址和数量扩张,但是随着网上银行、手机银行等新型渠道的兴起,消费者对于渠道的便利性提出了更多的要求。面对这一挑战,零售银行除了要加强线下营业网点的布局,还需要完善个人网银、移动客户端等线上渠道的用户体验,进而形成全方位、多层次的服务网络。

此外，零售银行还需要结合业务特点，对不同渠道的职能进行合理的定位，以此形成高效的服务能力，提升零售银行在新形势下的竞争优势。

3. 更专业化的风险控制

银行风险是指在银行经营过程中，由于不确定性因素的影响，银行实际收益偏离预期收益，从而导致遭受损失的可能性。随着经济全球化和金融改革的不断深入，零售银行所处的经营环境发生了巨大的改变，这对其风险控制能力提出了更高的要求。一方面，全球经济增速低迷使得企业经营越发困难，在这一环境下，大量小微企业出现了资金链断裂危机，这使得零售银行的信贷风险和流动性风险陡然上升，因此，增强对于潜在风险的预判能力和管控能力将成为零售银行正常开展业务的重要保证；另一方面，互联网技术对金融领域的不断渗透使得原有的金融体系发生了巨大的改变，如何在新的技术体系下建立权责分明的风险控制系统、形成良好的风险管理运行机制，将变得尤为重要。

4. 更精细化的技术支撑

在信息时代，数据已经变成一种重要的资源，零售银行在业务办理过程中所获得的大量用户数据也因此变得越来越有价值。早期，受制于技术瓶颈，零售银行很少长期规划和管理其所掌握的海量数据，而随着相关技术的不断发展成熟，如何借助有效的技术手段提取所需的信息，进而实现从数据到价值的转换，成为现如今零售银行亟须解决的难题。面对这一挑战，零售银行一方面需要加快金融服务创新的步伐，通过技术流程改进、IT（信息技术）系统更新构建更为完善的金融服务体系，拓展数据获取渠道；另一方面，零售银行还应将信息技术从业务支持层面上升到公司战略层面，借助云计算、大数据、人工智能、垂直搜索等新技术的应用实现数据的精细化管理，提升数据的转化价值。

5. 更扁平化的组织架构

组织架构是为企业战略服务的，其功能在于确保企业战略的顺利施行。零售银行由于服务的主要对象是个人或者小企业，因此存在业务较为分散、客户数量较多、同质化程度有限等问题，这导致其在新业务开展过程中通常会面临较大的阻力。而通过组织架构调整，零售银行不但可以把有限的资源集中到战略转型的重点方向，还可以对组织内的职务、责任、权利进行明确的界定，以此确保新业务的顺利展开。从现有情况来看，零售银行的组织架构调整主要采用总分行制、事业部制和矩阵制三种模式。其中，事业部制由于具有职责分明、独立运营、决策高效等优点，因而被众多零售银行采用。

2.3 零售银行驱动市场变革的两种方式

驱动市场变革的核心在于价值主张的不连续跳跃和独特价值网络的快速形成,从具体类型来看,驱动市场变革可以细分为突破式变革和渐进式变革两种方式。其中,突破式变革是一种剧烈的、快速的变革,其特点是通过对现有运营体系进行力度较大的冲击来实现最终的变革目标;渐进式变革则是一种温和的、渐进的变革,其强调在变革过程中采用相对平缓的变革策略来实现预设目标。为了更好地理解这两种变革方式,下面分别以微众银行和民生银行为例进行详细讨论。

2.3.1 突破式变革——微众银行

微众银行成立于2014年,是国内首家开业的互联网银行。有别于传统零售银行,微众银行既无营业网点,也无营业柜台,公司以"普惠金融"为宗旨,依托互联网平台向个人用户和小微企业用户提供差异化、有特色、优质便捷的金融服务。公司提供的产品主要包括消费金融类产品、财富管理类产品及平台金融类产品。其中,消费金融类产品微粒贷具有"无担保、无抵押、循环授信、随借随还"等特点;财富管理类产品强调通过优选适宜产品,为客户提供更加贴心的金融服务;平台金融类产品则通过资源的有效整合和优势互补,将微众银行的金融产品和多种应用服务深度融合在一起,进而优化用户体验、实现多方互利共赢。

作为新兴零售银行的典型代表,微众银行在驱动市场变革过程中采用了突破式的变革方案且获得了巨大的成功。截至2023年6月,微众银行个人会员用户数量已经超过3.9亿,其旗下主要产品微粒贷累计发放贷款也已超过3 600亿元。对此,结合前文分析框架,从产品设计、渠道建设、风险控制、技术支撑、组织架构五个方面进行详细讨论。

1. 产品设计

作为国内首家开业的互联网银行,微众银行致力于开展"普惠金融"服务。其产品服务的主要对象包括活跃在互联网上的学生群体、工薪阶层、自由职业者,以及符合国家政策导向的小微企业和初创企业。微众银行所提供的产品主要围绕消费金融、财富管理、平台金融等业务展开,并力求通过提供差异化、个性化、优质便捷的服务,全力打造"个存小贷"特色品牌。其中,消费金融类产品以微粒贷为主,其产品具有无抵押、无担保、随借随还、随时到账等特点,用户无须提供抵押和担保,也不需要提交任何纸质材料,只需要在接口界面简单操作便可获得所需贷款;财富管理类产品方面可提供活期、短期、定期三大类产品,并且采用与业内知名企业合作的模式;平台金融类产品同样采用与第三方平台合作的模式,通过业务互补将金融产品应用到相应的服务场景之中,提升用户体验。其合作对象包括提供物流服务的汇通天下、提供装修服务的土巴兔及提供二手车交易服务的优信二手车等。微众银行主要服务产品介绍见表2.2。

表2.2　微众银行主要服务产品介绍

服务产品	具 体 内 容
消费金融	微粒贷:循环授信、随借随还;快速到达客户指定账户;提供7×24小时服务
财富管理	活期:国金众赢货币
	短期:众安天天利、国华天天盈、申万宏源14、齐鲁稳固21、广发多添利21
	定期:方正金泉28、广证红棉84、国寿嘉年120、阳光年年盈
平台金融	汇通天下:物流平台
	土巴兔:线上装修平台
	优信二手车:二手车交易平台

2. 渠道建设

网络零售市场和移动支付技术的飞速发展,使得零售银行传统渠道的主导地位受到越来越多的挑战。中国人民银行发布的《2023年支付体系运行总体情况》的数据显示,2023年中国移动支付金额高达555.33万亿元,同比增长11.15%;而来自调研机构易观的数据则显示,国内移动客户端支付业务已经超过PC(个人计算机)端支付业务,成为线上第一大支付业务。在这一背景下,微众银行将渠道建设重点放在了线上市场,其业务办理也只能通过移动客户端,而PC端仅承担产品介绍及导流等职能。与此同时,为了避免缺少实体营业网点带来的弊端,微众银行还采取了多种举措用于提升顾客线上体验:一方面,通过取消贷款抵押、采用无纸化操作等措施简化流程、降低线上交易的复杂程度;另一方面,通过人脸识别、语音识别等新兴技术应用,降低顾客办理业务的时间成本,提高用户满意度。此外,微众银行还通过与第三方商家合作的方式充分发挥平台的外部效用,为顾客提供更多的产品优惠和便利。

3. 风险控制

由于没有线下实体网点，微众银行所提供的产品和服务都是基于信用担保的，这对其风险管理能力提出了巨大的挑战。但是，基于大股东腾讯的庞大用户基数以及大数据征信系统，微众银行不但可以最大限度分散风险，还可以对潜在风险甄别判定，将风险锁定在较小的范围之内。此外，为了强化风险识别和风险管控能力，微众银行还借助已有技术开发出包括社交评分模型、授信管理模型、欺诈侦测模型在内的多种风险管理模型。以顾客从微粒贷申请贷款为例，微众银行首先会根据社交评分模型对顾客的信用进行初步的分析和评定，然后结合授信管理模型进一步确定顾客的诚信等级和可授金额。在这一过程中，微众银行还借助欺诈侦测模型分析顾客的IP（网际互连协议）地址、所属区域、使用设备、交易行为等具体信息，通过比对顾客信息和欺诈样本之间的共性特征，预测欺诈行为发生的可能性。

4. 技术支撑

背靠腾讯集团，微众银行搭建了具有自主知识产权的技术平台，并且最早实现了去IOE架构[服务器提供商IBM（国际商业机器公司）、数据库软件提供商Oracle（甲骨文）、存储设备提供商EMC（易安信）]，在减少技术对外依赖的同时，提升了企业数据信息的安全性。根据微众银行副行长黄黎明的介绍，微众银行不但借助开源技术搭建了完全自主可控的分布式架构技术平台，还上线了多个核心系统和子系统，并且在新技术探索、应用的过程中申请了多项国家发明专利。此外，由于操作流程、渠道管理、风险控制等环节完全依托互联网技术，因此微众银行尤其重视大数据、云计算、人脸识别、语音识别等新兴技术在实际业务场景中的应用。比如，在人脸识别技术的帮助下，用户仅需打开移动设备的摄像头便可完成身份认证，整个过程仅需短暂的几秒钟，这不仅可以确保认证信息的真实性和可靠性，还简化了认证流程、提高了办事效率。

5. 组织架构

微众银行在创办之初搭建了消费金融事业部、小微企业事业部、信用卡事业部、同业及公司事业部、科技事业部等几大事业板块。其中，消费金融事业部主要负责开发推广互联网零售消费信贷产品；小微企业事业部主要负责小微企业主信贷业务；信用卡事业部主要负责与其他商业银行合作，进行信用卡相关业务办理；同业及公司事业部主要负责金融市场和同业投资业务；科技事业部主要负责银行运营系统的开发及维护。但是，随着微众银行各项业务的不断发展，其组织架构也发生了相应的变化。比如，由于无法开设Ⅰ类账户,微众银行逐渐将信用卡事业部归并到消费金融事业部。此外,为了更好地满足市场需求,微众银行还通过替换同业及公司事业部、小微企业事业部等举措确定了由消费金融、财富管理、平台金融三大事业部门构成的核心组织架构。

2.3.2　渐进式变革——民生银行

民生银行成立于1996年,是国内第一家由民间资本设立的全国性商业银行。在发展过程中,民生银行逐渐确定了"做民营企业的银行、小微企业的银行、高端客户的银行"的市场定位。2007年,民生银行在《五年发展纲要》中明确提出,要将发展重点转向小微企业金融服务且着手在长三角地区实施小微企业金融服务试点。随后,为了推进"大零售"战略的实施,民生银行还在小微业务升级调整的同时,积极布局小区金融战略,实现以小区客户需求为核心的个性化金融服务目标。此外,为了实现"特色化、批量化、专业化"发展目标,民生银行还对现有的管理体制进行了系统性的梳理和诊断,依托云计算、大数据等新兴技术深入挖掘客户需求,进而为其提供更加专业化的金融服务。

作为传统零售银行的典型代表,民生银行同样借助驱动市场的变革方式实现了企业的快速发展。但是,由于企业肩负的包袱过重、对原有的发展模式过于依赖,因此其在驱动市场变革的过程中采用了相对平缓的渐进式变革方案。对此,本节同样从以下几个方面展开讨论。

1. 产品设计

民生银行从创办之初就瞄准了小微企业的金融需求,长期以来一直坚持"做民营企业的银行、小微企业的银行、高端客户的银行"这一战略定位。民生银行所提供的产品/服务主要围绕个人金融、小微金融、信用卡、私人银行、网络金融等业务展开,并且力求通过资源的有效整合为中小企业客户和个人客户提供完善的金融解决方案。与此同时,为了推进"大零售"战略的实施,民生银行还在原有业务的基础上积极探索新的产品和服务,以此满足小微客户日益增长的金融需求。比如,为了应对新的技术变化和业务发展模式,民生银行于2015年推出了全新的线上一站式金融服务平台"小微之家",通过这一全新的服务平台,民生银行不但可以为小微企业客户在线提供各类金融产品和金融服务,还允许客户在无卡情况下通过手机、电脑、平板等多种智能终端登录,在提高办事效率的同时营造良好的用户体验。"小微之家"主要服务产品介绍见表2.3。

表 2.3 "小微之家"主要服务产品介绍

服务产品	具 体 内 容
贷款业务	信用类贷款：网乐贷 抵押类贷款：云抵押
收银业务	实体 POS 收银：乐收银 在线收银：移动乐收银
结算业务	代发工资、代收、代扣、代缴费
增值服务	保险服务、汽车服务、医疗服务等
管理服务	资金管理、财务管理等

2. 渠道建设

为了应对新技术、新模式带来的挑战，民生银行在加强线下实体营业网点布局的基础上，持续加大线上渠道投入力度，力求通过多渠道运营网络建设强化企业竞争优势。其中，在线下渠道建设方面，民生银行于 2013 年正式启动小区金融战略。在这一战略部署下，民生银行将居民社区作为业务开展的核心，通过传统零售、信用卡、直销银行等渠道，为小区客户提供个性化、定制化的金融产品和金融服务。而在线上渠道建设方面，随着互联网对人们日常生活的渗透越发凸显，民生银行也紧密围绕市场需求和客户痛点持续加大线上业务投入力度，不但建成了手机银行、网上银行、直销银行等多条线上渠道，还通过微信、微博等社交媒介组织多样化的交互活动和营销活动增强客户黏性。此外，为了进一步提升用户体验，民生银行还将丰富的线下资源与便捷的线上渠道进行结合，从而实现金融产品的场景化和生态化。

3. 风险控制

小微客户群体普遍具有数量庞大、分布面广、经营期短、信用记录不足、财务信息不规范等风险特征，这对银行的风险控制能力提出了较高要求。面对这一挑战，民生银行在风险管理委员会的统筹下，形成了以风控法则、组合管理、大数据征信为依托的风险管控体系，进而实现风险管理流程的标准化，避免大规模风险事件的发生。其中，风控法则是指民生银行在风险控制方面所遵循的三条基本原则，包括大数法则下的投资原则、价格覆盖风险的定价原则及批量交易原则。组合管理是指民生银行除了组建战略决策层（风险管理委员会）、业务管理层（金融风险管理部门）、业务执行层（各分行风险管理部门）三级风险管理组织架构外，还通过差异化授权、独立审批、标准化流程管理等措施降低潜在风险、提升风险应对速度。大数据征信则是指民生银行借助风险量化工具,实现从贷前调查、贷中审查到贷后管理、资产清收的风险全流程管理。

4. 技术支撑

随着移动互联网、云计算、大数据等新兴技术的不断涌现,零售银行的IT应对能力正面临越来越大的挑战。对此,民生银行不但通过IT设备升级、自建数据库、成立数据中心等方式建成了全球先进的数据信息平台,还借助革新信息搜索技术、推进组织间信息共享等方式实现了数据信息与组织运营间的无缝衔接。在这一过程中,民生银行逐渐完成了两大技术支撑体系——"阿拉丁"和"智能管家"的布局。其中,"阿拉丁"是民生银行于2013年开始建设的一个开放的企业级大数据云服务平台,其目的在于通过对全行各类数据的互联互通,打破了横亘在数据和数据使用者之间的障碍,进而形成开放的数据生态服务体系;而"智能管家"则是基于"阿拉丁"数据平台的客户关系管理系统,其目的在于运用大数据挖掘技术和生态圈建设理念,建设数字化、智能化的客户管理模式,进而推动公司业务向精细化管理模式转型,使民生银行客户关系管理进入智能化时代。

5. 组织架构

为了提升运营效率、降低沟通成本,民生银行自2007年起便开始在公司内部推行事业部制改革,并且通过成立地产、能源、交通、冶金四大金融事业部,将总行—分行—支行三级经营管理体制变更为事业部制一级经营管理体制。此后,随着战略转型计划——"凤凰计划"的提出,民生银行着手进行大事业部制改革。在这一战略部署下,民生银行组建了"总行事业部—分行事业部"的大事业部制运行机制。其中,总行事业部整合了原金融事业部、产品事业部、业务营销管理、中后台管理支持等相关机构职能,新成立战略规划、客户线、产品线、风险管理、资产管理、管理支持六大模块,负责公司战略布局、经营管理、风险管理等具体职能;分行事业部则整合了原金融事业部、产品事业部、业务营销管理、产品支持、风险管理等相关机构职能,具体负责当地公司的经营活动及金融风险管理。大事业部制改革推动民生银行逐渐形成了扁平化、柔性化的组织架构。

综上所述,在驱动市场变革的过程中,微众银行进行了突破式变革,民生银行则进行了渐进式变革。虽然两者采取的变革方式有所区别,但最终都实现了预设目标。驱动市场变革的两种方式对比见表2.4。

表 2.4 驱动市场变革的两种方式对比

项　　目	微　众　银　行	民　生　银　行
类型划分	新兴零售银行	传统零售银行
变革方式	突破式变革	渐进式变革
产品设计	通过差异化、个性化的产品和服务，打造特色品牌	在原有业务的基础上积极探索新的产品和服务
渠道建设	更重视新兴渠道建设（重点提供线上服务）	在原有渠道基础上构建多渠道网络，线上、线下齐头并进
风险控制	基于庞大用户群的大数据征信系统、风险管理模型	基于风控法则、组合管理、大数据征信的风险管理体系
技术支撑	关注互联网技术，强调对各类新兴技术的应用	在新旧技术结合的基础上，构建全新的技术体系
组织架构	以消费金融、财富管理、平台金融为核心的事业部制	基于"总行事业部—分行事业部"的大事业部制

结语

随着中国经济发展进入"新常态"，企业的发展也开始进入"新常态"。在这一背景下，利率市场化带来的盈利能力下降、经济下行带来的对公业务增长疲软、互联网金融发展带来的传统业务骤减等问题逐渐成为零售银行面临的新挑战。为了应对挑战，零售银行必须对原有的运营模式实施变革。

"驱动市场"的变革方案不仅可以帮助企业构建起全新的运营体系，还可以帮助其在激烈的市场竞争中获得可持续性的竞争优势。该变革方案需要从产品设计、渠道建设、风险控制、技术支撑、组织架构等方面进行综合考虑。微众银行和民生银行的变革案例表明，不同类型的企业在驱动市场变革方式选取方面会存在一定的差异，对于像微众银行这类"包袱"较轻的企业，其在变革过程中更倾向于选择激进的突破式变革方式；而对于像民生银行这类"包袱"较重的企业，其在变革过程中则更倾向于选择平缓的渐进式变革方式。但是，无论企业选取哪种变革方式，其在变革过程中都要勇于打破常规、甩掉"包袱"，才能更好地实施变革。

第3章

数字化时代营销重构能力——双元能力

随着数字化时代的到来,企业需要通过多种渠道与顾客互动实现客户体验的无缝对接。在全渠道背景下,技术的更新迭代及消费者购物习惯的改变使企业面临越来越多的挑战,"转型升级"成为企业获得持续发展和竞争优势的关键。本章选取不同案例样本,从双元能力视角探讨企业的全渠道转型问题。研究发现,双元能力对企业全渠道转型的影响主要体现在目标相容、价值共创、资源整合、信息共享四个方面;不同转型阶段对企业双元能力的要求也不尽相同。从单渠道到多渠道再到全渠道,企业双元能力实现了由同边(same-side)双元能力到低阶跨边(low cross-side)双元能力再到高阶跨边(high cross-side)双元能力的演变。此外,高阶跨边双元能力的形成主要取决于组织结构、技术投入、企业文化、高管行为、网络关系等因素。

3.1 双元能力与渠道整合

3.1.1 双元能力认知

双元能力是指企业在权衡复杂情境时,同时具备协调两种相互冲突行为的能力(Rothaermel & Alexandre,2009)。双元能力的形成和演化意味着企业由权衡管理(trade-off management)思维向悖论管理(paradox management)思维的转变(董小英等,2015),即企业从非此即彼的取舍选择转向探寻满足不同利益主体诉求的可行路径和方案。对于处在全渠道转型过程中的企业而言,其面临的困难和挑战主要源自不同职能部门之间、不同渠道成员之间由于竞争悖论(competition paradox)和开放悖论(openness paradox)而引发的对立冲突与矛盾。因此,双元能力消除悖论、寻求平衡解决方案的特性,能够为企业实施全渠道转型提供有力的支撑和帮助,包括实现内部不同职能部门之间目标和利益的一致性、外部不同渠道成员之间良好的合作伙伴关系,并对市场的多变需求作出快速反应等。

然而,由于双元能力理论和全渠道转型理论分属不同研究领域,鲜有学者探讨双元能力在企业全渠道转型过程中的作用机理、演化规律及获取方式等问题。此外,受先前技术发展水平所限,多数企业在全渠道转型方面并未达到均衡和稳定状态,这使得学者们早期很难通过归纳逻辑构建相关理论框架。而随着相关技术的不断成熟及全渠道转型在各商业领域的全面推进(Brynjolfsson et al.,2013),针对上述问题开展深入研究的条件已经具备。

对于双元能力的讨论源于在管理研究领域所遇到的各种"二元悖论"问题,如组织研究中集权与分权的悖论、创新研究中渐进与激进的悖论、战略研究中长期与短期的悖论等。March(1991)在研究中首次使用利用能力和探索能力来对双元能力进行描述。其中,**利用能力**是指企业依靠既有资源改善现有业务、流程和提高知识水平的行为,与筛选、改进、选择、实施等具体活动有关,强调对现有产品和服务进行拓展、对现有技术进行提升、对现有分销渠道进行改进,其本质是对现有惯例的适应和修改,是一种渐进式动态能力。**探索能力**是指企业脱离现有资源发现新业务、新流程、新知识的行为,它与搜索、发现、变异、试验等具体活动有关,强调开发新的客户和消费需求,提供新产品、新服务、新技术平台及新的分销渠道,其本质是对组织惯例的变革和升级,是一种颠覆性的动态能力。

结构双元视角(O'Reilly & Tushman,2008;Cao et al.,2009)讨论了企业是否可以通过分离组织内部结构单元,让某些业务单元专注于提高现有技术或产品性能,而另一些业务单元则专注于满足未来顾客和市场的需求等问题。相较于传统组织结构模式,新的组织结构平衡能够产生较大的协同效应,从而在一定程度上增强企业的竞争优势。**情境双元视角**(Güttel & Konlechner,2009;欧阳桃花等,2016)讨论了是否可以通过创造一种情境(规范、文化、惯例等)在整个业务单元内同时实现匹配性和适应性等问题。其中,匹配性是指为实现共同目标而实现的内在协调,适应性是指组织重新配置各项活动以应对外界变化的能力(O'Reilly & Tushman,2013)。研究发现,情境双元不但可以通过共同的文化、价值观、规范指导员工进行知识吸收和相互学习,还能够激发组织成员的主动性和创造性,提高组织发现和把握新机会的能力。此外,也有部分学者从**高管团队视角**(O'Reilly & Tushman,2011;Jansen et al.,2016)集中讨论了企业如何解决转型变革过程中的多重目标矛盾,减少不同利益主体之间的冲突,使各个组织单元做到目标相容和价值共创。

3.1.2 渠道整合认知

在新的时代背景下,企业要想获得可持续性的竞争优势,必须对线上和线下渠道类型尽可能多地进行组合与整合,以此满足顾客购物、娱乐和社交的综合体验需要(李飞,2013)。相较于多渠道(multi-channel)对渠道本身的侧重,全渠道更注重如何通过多种渠道实现客户体验的无缝对接。全渠道的特点主要体现在以下两个方面:一是实现了渠道和顾客之间的完全整合与交互;二是实现了不同渠道数据之间的整合与应用(Mirsch et al.,2016)。因此,在全渠道背景下,渠道的协同程度和整合程度更高,用户体验和渠道绩效也都实现了最优化。

随着全渠道时代的到来,企业将面临巨大的变革压力。结合线上渠道和线下渠道的全渠道体系在顾客获得与维护、产品服务与体验、目标市场覆盖、竞争优势维持等方面展现出巨大的优势和潜力(Rigby,2011;Verhoef et al.,2015),已然成为未来发展的主流和趋势。但由于线上渠道与线下渠道的覆盖性和成本差异,以及线上、线下渠道不同职能部门之间严重的业务重叠(Du et al.,2018)等现象,企业在全渠道转型过程中将产生不可避免的冲突和矛盾。如何协调这些冲突和矛盾,是企业能否成功转型并获得竞争优势的关键。随着全渠道转型工作的开展和落地,企业为了营造线上、线下无差别购物体验,不仅要在组织内部进行资源整合和信息共享,还要对合作伙伴进行资源整合和信息共享(Mirsch et al.,2016;王晓锋,2018)。在这一背景下,如何确保各参与主体在开放网络中的合法权益,同时实现组织内外不同资源和信息之间的深度融合与共享,是企业面临的又一困难和挑战。研究表明,有效的整合策略是企业实现全渠道转型升级的基础和关键。比如,基于渠道阶段、渠道类型、渠道代理等维度,Saghiri 等(2017)提出企业实施全渠道转型不但需要在促销活动、定价策略、产品信息、交易方式等方面进行变革,还需要在订单履行、客户服务和物流体系等方面进行深度思考。汪旭晖等(2018)则从资金投入、购物体验、数据流量支持等视角分析了企业全渠道转型升级的核心和关键,指出企业实施信息整合、服务整合、渠道整合的重要性。然而,上述策略既要做好企业内部不同职能部门之间的协调工作,也要做好企业外部不同渠道成员之间的协调工作,因此对企业现有能力提出了新要求(Du et al.,2018),而双元能力理论则为解决上述问题提供了可行的方案和途径。具体而言,企业渠道整合可以从内部整合和外部整合两个层面展开,但无论是内部整合还是外部整合,都需要借助有效的沟通机制和合作机制来实现(Zhang et al.,2008;Zhang et al.,2010)。

1. 内部整合方面

Menon(1999)研究指出,营销决策需要来自不同部门的人员互动沟通以协调好各种活动和职能。在不同部门间进行频繁的、正式的或非正式的沟通有利于企业制定有效的营销策略,而不同部门对营销战略目标制订和营销活动实施的分享也将减少处理跨部门矛盾的时间耗费、部门间的冲突以及降低决策实施时的不确定性。Schoenherr和Swink(2012)同样指出,不同部门间的持续沟通是企业内部信息顺畅的重要保障,特别是在不确定竞争环境下,企业不同职能部门之间可以通过建立有效的信息沟通机制提高决策效率、降低由各种不确定因素所导致的风险。Alper等(2000)则认为,处理部门冲突可以分为竞争与合作两种不同的策略,竞争策略是指通过强制与迁就方式,以牺牲一方利益为代价来处理冲突、实现组织内部的协调;合作策略则是指通过共享和合作的方式强调各方共同的利益与目标并实现双赢。相较于竞争策略,合作策略在冲突处理方面更有效力,更有利于团队取得良好的绩效。

2. 外部整合方面

不同渠道成员之间的沟通和合作主要体现在个人层面和组织层面。Wathne和Heide(2000)指出渠道参与者彼此之间进行频繁的人员接触、有效的培训和建立相应的激励机制,有助于实现文化和价值观的认同,进而促进双方目标的一致性。Nicholson等(2001)则通过定量分析证实,渠道中不同企业边界人员之间的相似性、共同的商业价值观及频繁的互动对他们之间的信任关系有显著的正向影响,有助于实现目标相容和利益一致性。Pan和Zang(2017)也证实了个人关系导向在渠道成员沟通和合作过程中所发挥的积极作用,包括渠道边界人员之间的个人关联及频繁的交互活动等,均有助于减少渠道成员之间的摩擦、提升双方的关系质量。庄贵军(2012)指出,组织层面的沟通和合作表现为双方积极参与产品营销规划、参与共同行动方案、进行信息交换等,不但能够促进交易双方实现一致的目标,还有助于彼此建立长期的合作关系。

3.1.3　双元能力与渠道整合的关系

在全渠道背景下,企业要想实现不同渠道之间的协调和统一,必须制定有效的整合策略(Saghiri et al.,2017;汪旭晖等,2018)。但是实施渠道整合是一项复杂且艰辛的任务,既要做好内部不同职能部门之间的协调工作,又要做好外部不同渠道成员之间的协调工作,因而会对企业的现有能力提出新的要求(Du et al.,2018)。而双元能力既强调企业对原有业务、流程、知识进行充分的开发和利用,也强调企业对各种新业务、新流程、新知识进行探索和尝试(March,1991),同时,双元能力还具备在复杂情境下协调冲突行为的能力(Rothaermel & Alexandre,2009),因此能够帮助企业更好地实施渠道整合。

Du等(2018)指出,通过构建双元能力,企业可以突破新渠道拓展过程中的资源稀缺桎梏,为线上、线下不同职能部门间的资源分享、整合提供基础。Hill和Birkinshaw(2014)则在研究新业务单元如何更好地实现生存这一问题时发现,通过构建双元能力,新的业务单元可以与其他部门建立更好的合作关系,促进技术、人员、资本的快速流动,以此提高新业务单元存活下来的概率。欧阳桃花等(2016)也发现,通过培育多层级协作的双元能力可以在组织基层营造有效的合作氛围,从而使原有部门和新成立部门在保证自身职能的同时实现"异花授粉"。此外,也有学者重点探讨双元能力对外部整合的影响。如Prange和Schlegelmilch(2009)在研究中指出,企业通过利用能力可以更好地挖掘利基市场,满足已有客户产品升级换代的需求,而探索能力则可以对新市场、新需求更快地响应,通过整合渠道资源有效缩短新产品开发周期,降低新产品开发风险。Chi等(2017)将信息技术双元能力作为中介变量引入模型,证实了信息技术双元能力在渠道伙伴关系治理中的作用。Im和Rai(2008)则从知识共享视角证实了双元能力与外部整合之间的正向关联,发现利用式知识共享能力会正向影响渠道合作伙伴的短期信任,而探索式知识共享能力则会正向影响渠道合作伙伴的渠道认同,因此企业可以通过建立双元知识共享能力来改善和加强与渠道合作伙伴的关系。

虽然学者们的前期研究已经取得了阶段性的成果,但在以下几个方面仍存有一定的不足和缺陷:①情境关联方面,全渠道这一概念引起业界广泛关注的时间相对较短,因此目前围绕渠道转型的研究大多设定在多渠道情境下,然而,由于多渠道和全渠道在概念、机理、成因等方面存有较大差异(李飞,2013;Verhoef et al.,2015),因而部分研究结论在解释很多新兴现象方面存在扭曲和失真等问题;②理论整合方面,虽然部分学者从双元能力视角探讨企业全渠道转型问题(蒋忆培,2017),但受静态研究视角影响,这些研究并未在两者之间建立起动态的交互关系,对于全渠道转型过程中双元能力的演化规律和构建路径也缺乏针对性讨论;③内容深度方面,不同类型企业在资源禀赋、转型方式等方面存在一定差异,因此其在全渠道转型过程中遭遇过不同的疑难和困惑,但已有研究文献对于全渠道转型过程中企业该如何获取与之相匹配的双元能力这一关键问题缺少微观解构。

基于上述认知,本章构建了如图 3.1 所示的研究框架,借助典型案例,从作用机理、演化规律、获取方式三个方面对现有理论的不足进行必要的补充和完善,以此为中国企业开展全渠道转型提供理论依据和解释。

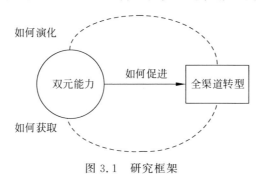

图 3.1　研究框架

具体而言,本章将从以下三条主线展开。

(1) 在双元能力和全渠道转型之间建立起第一条主线"如何促进",分析双元能力促进企业全渠道转型的核心和关键,提出目标相容、价值共创、资源整合、信息共享四个命题。

(2) 在双元能力和全渠道转型之间建立起第二条主线"如何演化",对全渠道转型背景下的双元能力"黑箱"进行解构,提出渐进式(incremental)双元能力演化方案(同边双元能力—低阶跨边双元能力—高阶跨边双元能力)、激进式(radical)双元能力演化方案(同边双元能力—高阶跨边双元能力)两个命题。

(3) 在双元能力和全渠道转型之间建立起第三条主线"如何获取",借助由果到因的逆向逻辑,提出组织结构、技术投入、企业文化、高管行为、网络关系五个命题。

最后,构建起双元能力促进企业全渠道转型的完整理论框架。

3.2　案例选择及数据处理

本章主要探索双元能力如何促进企业全渠道转型这一问题,因此采用案例研究方法。一方面,对案例的描述可以更好地还原事件发生的原始情境,从而对案例本身形成一个系统且全面的认知;另一方面,对案例深入剖析可以发现被传统研究方法所忽视的特殊细节,从而揭示隐藏于现象背后的复杂理论或规律。

1. 案例选择标准及案例介绍

(1) 案例典型性。案例企业属于业界标杆企业,极具代表性,且在资源禀赋、转型方式等方面存在一定的差异性,能够为本研究提供独特的价值和意义。

(2) 数据可获取性。案例企业经营时间相对较长且与外界沟通密切,便于调研访谈工作的开展及获取多样化的数据资料。

(3) 经验可拓展性。案例企业借助双元能力打通了线上、线下渠道,能够给用户带来全新的购物体验,其全渠道转型经验具有可复制、可推广等特性。

基于上述标准,本章从众多备选案例中选择了 4 家企业作为案例样本,分别编号为 A、B、C、D。案例企业简介如表 3.1 所示。

表 3.1 案例企业简介

项目	A 企业	B 企业	C 企业	D 企业
成立时间	2002 年	2008 年	1990 年	1998 年
企业属性	品牌企业	品牌企业	平台企业	平台企业
经营模式	类直营	类直营	直营	直营
转型方式	由下至上	由上至下	由下至上	由上至下
转型目标	全渠道打通	全渠道打通	全渠道打通	全渠道打通

在案例分析过程中,多样化的数据来源可以提高案例研究的信度和效度,本章借助三角测量法,从多个渠道完成数据资料的收集工作。其中,二手资料的收集主要是通过公司网站、上市年报、内部刊物等途径获取 4 家样本企业在全渠道转型方面的书面资料和音视频资料;借助谷歌学术、中国知网、百度文库等网站进行关键词检索,获取学者们针对 4 家企业进行的学术研究和观点;通过《商学院》《中国企业家》《中外管理》等期刊获取有关 4 家企业的专题报道及公司主要领导人公开发表的演讲和访谈记录;通过微博、微信、论坛、今日头条等 App 软件及时了解 4 家企业在全渠道转型方面的重大事件进展和报道。一手资料的收集主要通过实地走访、半结构化访谈等方式进行。访谈时间从 2016 年 12 月持续到 2018 年 6 月,总时长超过 1 500 分钟。其包括:访谈 A 企业总经理、市场主管、电商部门负责人共计 3 人次,针对 A 企业全渠道转型过程中的相关问题进行面对面沟通、交流;访谈 B 企业创始人、市场部门负责人、线下门店负责人共计 3 人次,询问 B 企业在线上、线下渠道整合、管理模式、能力建设等方面的经验;访谈 C 企业市场部门负责人、大区经

理、供应链合作伙伴共计 4 人次,向其请教企业在全渠道转型方面的经验;访谈 D 企业集团副总、市场部门负责人、战略部门负责人、技术部门负责人、供应链合作伙伴共计 7 人次,了解 D 企业在全渠道转型方面的战略布局和具体举措。

2. 数据编码

正式编码前,对已有文献的梳理和回顾有助于明确核心构念的内涵和测度标准,从而提高编码的有效性和合法性(李平和曹仰锋,2012)。因此,本章充分借鉴已有文献研究中的测度经验,与案例数据进行匹配;同时,还保持相对松散的概念类型,使核心构念或理论模型能够从案例数据中涌现出来。具体而言,本章发展的核心构念及测度维度如下。

(1) 双元能力。本章以"竞争悖论"和"开放悖论"为核心,以企业全渠道转型过程中不同职能部门之间、不同渠道成员之间的冲突和矛盾为切入点,借鉴 Rothaermel 和 Alexandre(2009)、彭新敏等(2017)在已有研究中构建的双元分析框架,从同边双元能力、跨边双元能力两个维度来测度双元能力。此外,结合研究情境,此处的"同边"和"跨边"特指企业能力是否跨越不同渠道边界,即同边双元能力旨在解决单一渠道发展阶段的渠道冲突和矛盾,跨边双元能力旨在解决多渠道/全渠道发展阶段的渠道冲突和矛盾。

(2) 关键因素。企业双元能力的形成和演变是一个动态过程。在这一过程中,来自组织内和组织间的多种因素发挥着重要作用。本章聚焦不同类型企业在全渠道转型过程中如何培育和获取上述能力,借鉴 O'Reilly 和 Tushman(2013)、Jansen 等(2016)、Simsek(2009)、沈鲸(2011)在已有研究中的经验并结合案例企业现状分析,从组织结构、技术投入、企业文化、高管行为、网络关系五个维度进行相关测度。

(3) 转型效果。全渠道转型是指企业通过多种渠道与顾客互动,以此实现客户体验的无缝对接(Rigby,2011)。本研究聚焦不同类型企业如何通过双元能力实现全渠道转型这一目标,借鉴李飞(2013)、Verhoef 等(2015)、汪旭晖等(2018)、蒋忆培(2017)在已有研究中的经验并结合案例企业现状分析,从目标相容、价值共创、资源整合、信息共享四个维度对企业的全渠道转型效果进行测度。

在此基础上,采用提取式数据编码和归类式数据编码相结合的方法对收集到的样本数据进行分析处理。数据编码的具体操作流程如下:①对收集到的原始数据进行前期处理。②对处理后的数据展开分析,剔除其中的重复数据和无效数据;对处理后的数据进行重点摘录和编码,最终获取一级条目库有效条目431条。③对编码后的一级条目按照双元能力、关键因素、转型效果进行划分,形成二级条目库。在此过程中,为保证最后获取编码数据的完备性和准确性,采用2人同时编码、1人辅助验证的编码方式。其中,编码一致的条目直接进入数据库,存有争议的条目需经团队成员(包括一位专家型学者及数位青年学者)讨论并与企业相关人员沟通后决定取舍。经此环节,获取双元能力条目91条、关键因素条目156条、转型效果条目184条。④按测度变量进行三级编码。其中,双元能力条目按同边双元能力、跨边双元能力两个维度进行编码;关键因素条目按组织结构、技术投入、企业文化、高管行为、网络关系5个维度进行编码;转型效果条目按目标相容、价值共创、资源整合、信息共享4个维度进行编码。此过程同样采用2人同时编码、1人辅助验证的编码方式来确保一致性。⑤结合研究需要,对编码后的结果以表格的形式予以陈列。核心构念、测度变量的编码条目统计如表3.2所示。

表3.2 核心构念、测度变量的编码条目统计

构念	测度变量	关键词表	编码条目 A	B	C	D	小计
双元能力	同边双元	协调单一渠道下的渠道矛盾和冲突	7	8	11	8	34
	跨边双元	协调多渠道/全渠道下的渠道矛盾和冲突	15	13	17	12	57
关键因素	组织结构	职能分工、管理层级、扁平化、灵活性	5	6	11	6	28
	技术投入	新兴技术、研发投入、技术差距、获取成本	8	7	13	10	38
	企业文化	价值理念、使命愿景、合作氛围、创新氛围	5	8	9	8	30
	高管行为	高层参与、高层推动、变革意识、风险承担	4	8	8	7	27
	网络关系	价值网络、生态体系、沟通频次、合作关系	6	6	11	10	33
转型效果	目标相容	冲突管理、目标统一、无差别购物体验	10	14	12	10	46
	价值共创	绩效考核、收益分配、打造利益共同体	8	13	9	8	38
	资源整合	内部合作、外部合作、资源交叉互补	9	10	10	15	44
	信息共享	协同管理、数据共享、供应链的柔性化	9	11	22	14	56

3.3 双元能力促进全渠道转型的关键因素

1. 目标相容

全渠道的核心在于线上、线下渠道为顾客提供无差别的购物体验(Rigby,2011;李飞,2013)。然而,由于线上渠道运营成本远低于线下渠道,企业通常会针对同款产品制定相对较低的零售价格,使线上渠道更容易吸引价格敏感型消费者。虽然线下渠道在成本控制、运营效率等方面具有一定的劣势,但在用户体验方面有着线上渠道无法比拟的优势,特别是在当前商品极度丰富、产品同质化较为严重的背景下,良好的购物体验将在消费者购买决策过程中发挥至关重要的作用(Verhoef et al.,2015;王晓锋,2018)。为了消除差异、提供无差别购物体验,企业需要在战略目标制订过程中兼顾线上渠道和线下渠道的特点,通过协调与平衡实现目标的相容性和一致性。

对此,A企业采取线上、线下品类一致、同款同价的经营策略,即线下实体店与线上旗舰店产品不仅同步上新,而且同款产品价格完全一致。除此之外,其还建立了跨渠道退换货响应机制,以此满足不同渠道消费群体的退换货需求。与A企业一样,B企业在全渠道转型过程中同样制定了线上、线下产品同款同价的经营策略。但考虑到线上渠道优势明显,B企业还允许线下渠道自由地进行货品搭配,并提供免费换新服务。在这一战略目标下,顾客购买决策完全取决于渠道偏好,较少受其他因素的干扰。C企业为了应对竞争环境变化,于2009年开通线上购物网站。考虑到跨渠道配送货及同款同价策略有助于发挥线下、线上不同渠道间的协同作用、提升用户体验,C企业不但允许顾客线上下单线下提货,还通过差价补贴、统一采购等措施实现线上、线下渠道价格的统一。D企业则通过新型便利店、无人超市等积极布局线下,同时根据不同渠道及地区消费者的购物习惯对其优势产品进行调整,通过提供统一的服务标准及管理模式,消除线上、线下差异,为顾客提供无差别购物体验。

2. 价值共创

在线上与线下融合的全渠道时代,多数企业为了构建新的渠道体系,会在原有的渠道管理部门之外设立全新的职能部门来对新扩充渠道进行管理(Du et al.,2018)。但由于不同职能部门之间存在着严重的业务重叠,其不可避免地会产生冲突和矛盾,从而增加企业全渠道转型的难度。这要求企业在绩效考核管理和利益分配机制设计方面,充分考虑线上、线下不同渠道职能部门之间的权益,通过协调与平衡实现不同利益主体的和谐相处。

对此,A企业线上旗舰店致力于展示商品、实现线上线下联动,线下门店则采用类直营模式实行统一管理、统一产品、统一价格、统一形象,通过标准化管理和利益共同体打造,促进线上渠道和线下渠道协同发展。B企业则巧妙地设计了线下二维码识别体系,顾客到店扫描相应的产品二维码后自动成为该店会员。日后该会员无论通过何种渠道购买商品,绑定店铺均可获得相应比例提成,确保了不同渠道之间利润分配的合理性。C企业在全渠道转型过程中为了减少利益冲突、解决线上线下左右互搏的问题,不再将线上渠道和线下渠道作为独立的利润核算中心,而是作为可以共享收益的两个客户终端。其规定线上渠道在各地区的销售额转化成对应大区的业绩,每个门店的业绩也都包含线上和线下两部分,订单无论是线上发货还是线下发货,销售额都按固定比例进行分配。D企业早期采用纯线上渠道运营模式且优势明显,因而在全渠道转型过程中充分考虑线下渠道在经验积累和资源获取方面的劣势,将线上、线下渠道作为统一的利润核算中心,通过变革考评体系和共生体系建设,实现线上、线下价值的贯通。

3. 资源整合

资源整合是指企业对不同资源进行识别与选择、汲取与配置、激活和有机融合,使其具有较强的柔性、条理性、系统性和价值性,创造出新资源的一个复杂的动态过程。对于处在全渠道转型中的企业,其资源整合的核心在于实现不同营销资源的有效协同(蒋忆培,2017),包括组织内部资源的协调和匹配、组织外部资源的开发和利用,以及内、外部资源之间的互通和融合,从而实现资源价值的最大化,提升企业的综合竞争力。

对此,A企业在全渠道转型过程中强调线上、线下不同渠道资源的协同引流,如线下购物扫二维码可享受线上优惠、不同渠道的会员积分可以互通、注册用户享受全渠道折扣福利等。此外,借助集中采购优势,A企业还将线上渠道的原料采购、成品运输及仓储资源并入线下,为线下渠道提供低成本的供应保障。B企业在全渠道转型过程中,不但通过广告宣传、明星代言等传统营销方式在消费者心中树立起鲜明的品牌形象,还借助微博、微信、贴吧等新媒体资源与消费者进行有效的沟通和互动,在产生情感共鸣的同时,为线上、线下一体化布局提供有力的支持。与此同时,B企业还与阿里巴巴、腾讯、京东等流量巨头开展合作,以此提升数据使能能力和渠道管理能力。C企业在上线电商平台之后,不但利用预售、团购、秒杀等线上特有营销手段来吸引线上消费者、挖掘线上优势,还积极协调线上、线下各类活动,通过举办会员到店活动、与第三方电商平台开展合作、与入驻商家联合打造营销方案等方式积聚流量和人气,进而实现营销资源的充分利用和交叉互补。D 企业在全渠道转型过程中,一方面基于线上、线下海量数据资源搭建起用户画像平台,实现对不同渠道消费群体的精准洞察和分析;另一方面借助平台解决方案将数据资源、内容资源、媒体资源全部打通,通过营销资源的高效匹配和多元组合,打造线上、线下高效协同的活动方案。

4. 信息共享

企业信息共享分为内部信息共享和外部信息共享。内部信息共享主要指不同职能部门间的横向信息交流与共用和不同管理层次上的纵向信息交流与共用。外部信息共享则是指企业与合作伙伴间的信息交流与共用,包括为了更好地实现供应链协同而进行的数据交换与传递(Im & Rai,2008)。对于处在全渠道转型中的企业,越来越多的信息积累和越来越多元的获取渠道虽然给其带来了便利,但也导致了数据传输延迟、信息共享不畅等问题的出现。因此,企业在信息共享机制设计方面需要对上述情况进行充分的权衡和考量,以此提升信息共享的效率。

为了实现这一目标,A 企业不但借助射频识别(RFID)技术打通线上、线下,实现消费数据的动态互通共享,还借助智能仓储系统实现生产、备货、运输、销售的高效结合,在提升不同地域、不同偏好、不同渠道顾客购物体验的同时,打造更加智慧和柔性的供应链系统。B 企业为了解决线上、线下难协调、供应链交货不准时等问题,提出了软硬件智能化升级、C2B(消费者到企业)反推订单量等举措。一方面,通过升级信息管理系统,实现线上销售数据到线下销售数据、供应商信息到企业数据信息的全覆盖。另一方面,通过 C2B 反向定制实现柔性化货品供给,在优化资源配置的同时,提升企业与渠道成员间的协同效率。C 企业在信息共享方面,首先根据线上渠道和线下渠道已有的消费数据把顾客细分为不同的族群、打上不同的标签,然后在内部建立起高效的订单响应系统和库存预警系统,将相关信息与上游供应商充分共享,从而实现对不同市场需求的快速响应。D 企业则通过营销生态构建、信息主体融合、数据智能跃迁等策略实现线上、线下不同信息间的融通。同时,其借助共享平台为渠道伙伴提供商品热度、购买场景、用户评价等信息,方便渠道伙伴对供应链体系进行优化,在实现成本控制和效率提升的同时,满足线上、线下渠道多变的需求。

3.4　全渠道转型背景下双元能力演化方案

渠道是产品从生产者向消费者转移时所经过的路径(李飞,2013)。按照通用分类标准,企业渠道大致可划分为单渠道、多渠道和全渠道三种类型。其中,单渠道是指企业采用单一渠道进行产品或服务的转移;多渠道是指企业采用多条不同渠道进行产品或服务的转移;全渠道则致力于对不同渠道和顾客接触点进行深度融合和协同,通过减少不同渠道之间的隔阂,实现顾客体验和渠道绩效的最优化。由于不同发展阶段对企业双元能力的要求不同,本节对全渠道转型过程中的企业双元能力演化机理和路径进行了详细讨论。

根据企业能力是否跨越不同渠道边界(Rothaermel & Alexandre,2009;彭新敏等,2017),本节将不同转型阶段的企业双元能力划分为同边双元能力、低阶跨边双元能力和高阶跨边双元能力。

1. 同边双元能力与企业全渠道转型过程中的单渠道阶段相对应

在这一阶段,企业只采用单一渠道进行产品或服务的转移,不存在跨渠道协同和整合等问题,因此无论是线下/线上企业还是品牌/平台企业,其双元能力构建的核心都在于通过悖论管理提升现有渠道效率,包括做好现有渠道职能部门和其他职能部门之间的协同,以及提高渠道成员之间的沟通效率和合作水平等。

2. 低阶跨边双元能力与企业全渠道转型过程中的多渠道阶段相对应

在这一阶段,企业构建了新的渠道体系并实现了不同渠道之间的部分整合。然而,由于在目标相容、价值共创、资源整合、信息共享等方面尚未实现完全的交互和融合,其对跨渠道整合的能力要求相对较低,企业双元能力构建的核心仍以提高原有渠道和现有渠道各自的效率为主,属于一种低阶跨边双元能力。

3. 高阶跨边双元能力与企业全渠道转型过程中的全渠道阶段相对应

在这一阶段,企业致力于消除不同渠道之间的隔阂,以此建立统一的品牌感知、自由转换通道及协同的管理系统。因此,企业需要构建更为高阶的跨边双元能力,包括实现不同渠道目标彼此相容的能力、不同利益主体价值共创的能力、不同营销资源有效整合的能力及不同数据信息交叉共享的能力等。

全渠道转型过程中双元能力演化路径如图3.2所示。

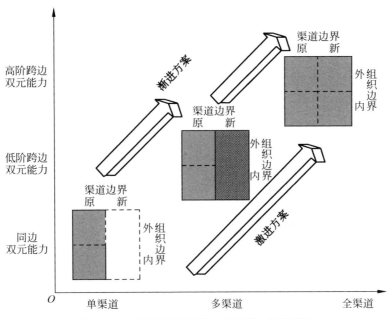

图 3.2　全渠道转型过程中双元能力演化路径

由于企业全渠道转型既可以通过"单渠道—多渠道—全渠道"的方式实现，也可以通过"单渠道—全渠道"的方式实现，因此企业在双元能力演化路径方面也呈现出一定的差异性。其中，在前者转型方式下，企业双元能力遵循"同边双元能力—低阶跨边双元能力—高阶跨边双元能力"的演化过程，属于渐进式双元能力演化方案。本章案例中，品牌企业 B 和平台企业 C 即采用这一方案。然而在后者转型方式下，企业越过低阶跨边双元能力构建阶段，直接实现了"同边双元能力—高阶跨边双元能力"的演化过程，因此属于激进式双元能力演化方案。本章案例中，品牌企业 A 和平台企业 D 即采用这一方案。

无论是渐进式双元能力演化方案，还是激进式双元能力演化方案，在促进企业全渠道转型方面均各有利弊。比如，虽然品牌企业 B 和平台企业 C 所采用的渐进式双元能力演化方案在促进企业全渠道转型过程中表现出方案易施行、资源需求低等优点，但同样存在着进度缓慢、周期过长等问题，导致企业无法对外界环境变化作出及时、有效的响应。而对品牌企业 A 和平台企业 D 而言，虽然采用激进式双元能力演化方案能够帮助企业较好地应对环境变化，但对企业的整体要求较高，同时也存在一定的失败风险。因此，在全渠道转型过程中,企业需要结合自身条件及资源状况,选取更为合理、更加匹配的双元能力构建方案。

3.5　全渠道转型背景下双元能力获取方式

双元能力的形成和演变与企业不同发展阶段的要求相匹配,从单渠道到多渠道再到全渠道,企业双元能力实现了由同边双元能力到低阶跨边双元能力再到高阶跨边双元能力的演变。其中,高阶跨边双元能力对企业全渠道转型的影响主要体现在目标相容、价值共创、资源整合、信息共享四个方面。基于上述认知,本节结合相关理论对4家企业的数据资料再次进行了分析,旨在探究不同类型企业究竟是如何获取并培育高阶跨边双元能力的。本节提炼的核心要素及对应的逻辑关系如下。

1. 组织结构

组织结构是组织在职、责、权方面形成的制度安排,是全体成员为实现组织战略目标而采取的一种分工协作体系,是确保企业各项职能正常运行的基础和关键。组织结构与双元能力之间存在着密切的关系。扁平化组织结构不但意味着减少管理层级、扩大管理幅度、弱化官僚等级意识,还要求企业以信息化为基础减少纵向分工和增加横向协作,因而可以提升不同组织单元之间的协同意识与水平(Kortmann,2012)。此外,扁平化组织结构还有助于提升双元能力中探索能力和利用能力之间的协调灵活性,确保两者在同一位置、同一情境下共存(Jansen et al.,2012)。

对于线下品牌企业A和线上品牌企业B而言,其在全渠道转型过程中均采用管理层级较少的运营模式。其中,线上渠道采用以自建商城、官方旗舰店为主的直营管理模式,线下渠道则通过直营管理和类直营管理模式确保较高的组织灵活性。上述措施不但有助于企业在全渠道转型过程中实现不同渠道目标和利益主体之间的协调统一,还有助于实现不同营销资源和数据信息之间的整合共享。对于线下平台企业C和线上平台企业D而言,其在全渠道转型过程中同样采取较少管理层级的扁平化组织结构,如C企业的"平台共享＋垂直协同"组织结构、D企业的"积木型"组织结构。这类扁平化组织结构不但可以满足线上、线下不同渠道客户的偏好和需求,还可确保较高的管理效率和较快的应变速度,从而在企业高阶跨边双元能力培育和获取过程中发挥重要的驱动作用。案例证据如表3.3所示。基于上述分析,得到命题P1。

P1:组织结构扁平化对企业高阶跨边双元能力的形成有积极作用。

表 3.3　案例证据

构念	测度	典型引据示意	关键词	结果
双元能力	同边双元	打通线上、线下，实现线下门店与线上平台的完美融合……通过协调与平衡，真正做到线上、线下无差异……O2O（线上到线下）发展的核心在于消除消费者线上、线下的购物体验瓶颈……通过场景联通、数据贯通、价值互通等方式，重新定义场景边界、产业边界、人企关系	渠道融合 消除差异 提升体验 消除边界	高阶跨边双元
	低阶跨边			
	高阶跨边			
关键因素	组织结构	实现扁平化管理，提升管理效率……扁平化组织结构，弱化管理层级……先后两次大规模调整组织结构，将线下、线上两大平台合二为一……组织需要变得更为灵活、敏捷，成为积木型的组织	扁平管理 减少层级 合二为一 灵活敏捷	扁平化
	技术投入	引进运输管理系统（TMS），对货物资源统筹规划……开发一个全网打通的会员系统，掌握所有用户的信息和订单……进一步整合线上、线下 IT 系统，从 SAP（企业管理解决方案）系统升级为 LES（物流执行系统）……通过上线云 CRM（客户关系管理）项目实现线上、线下用户的联动	技术引进 系统开发 技术升级 技术应用	高投入
	企业文化	打造粉丝社群，让粉丝积极参与，形成互动……避免再用原有的惯性思维去思考新模式、新业务……推行文化变革，以开放的思路实现线下、线上的融合，秉承开放共赢的心态，共创价值	粉丝社群 思维革新 文化革新 开放共赢	开放型
	高管行为	顶住压力，大胆实施全渠道转型……未来如果不拥有线上、线下两个渠道，将是非常危险的……发表署名文章，对变革趋势进行深入解读……设立战略管理部，亲自主抓重大项目执行情况	风险承担 危机意识 高层支持 亲自参与	高参与
	网络关系	双方将在线上、线下开展广泛的战略合作……共同打造合作共赢的生态圈……与阿里巴巴、腾讯、今日头条等流量巨头开展合作，与咪咕、饿了么等企业进行跨界联合……大家是一个相互依赖的生态，是一个相互协作的生态	战略合作 合作共赢 跨界联合 生态体系	强联结

2. 技术投入

随着新一代信息革命浪潮的到来,以大数据、云计算、人工智能、区块链为代表的新兴技术正越来越多地渗透到各个行业领域,缩短了行业技术的生命周期、加快了新技术在不同地域空间的扩散和外溢,并为企业高效地利用新知识、新工艺、新方法提供了便利。研究表明,技术投入与双元能力之间存在密切的关系。一方面,新技术的实施和应用可以降低企业作业成本、提升信息共享能力,从而实现较高的流程柔性和流程效率(赵付春等,2011)。另一方面,新技术的实施和应用还能够促进组织战略性和业务性学习,处理部门之间的分歧、及时发现并解决实施中的问题,从而促进企业在投资、流程和绩效等方面双元能力的构建(晏梦灵等,2016)。

对于线下品牌企业 A 和线上品牌企业 B 而言,两者均在全渠道转型过程中对相关技术进行了重要投资。比如,利用 RFID 技术追踪顾客购物行为;整合 IT 系统实现线上、线下消费信息的动态互通共享;发挥运输管理系统与仓储管理系统(WMS)的集成优势对货物资源进行统筹规划;借助 C2B 反向定制提升供应链的管控效率和柔性生产能力等。这些技术的广泛采纳和应用在企业获取高阶跨边双元能力的过程中发挥着重要的驱动作用。对于线下平台企业 C 和线上平台企业 D 而言,两者在高阶跨边双元能力构建方面所面临的技术挑战更大、要求更高。为此,C 企业构建了基于数据云、金融云、物流云的三大技术支撑平台,D 企业则形成了以宙斯、云鼎、云擎、云汇四大解决方案为核心的技术体系;与此同时,持续不断的技术创新为企业全渠道转型提供支撑和帮助。案例证据如表 3.3 所示。基于上述分析,得到命题 P2。

P2:高技术投入对企业高阶跨边双元能力的形成有积极作用。

3. 企业文化

企业任何商业活动都处在一个特定的价值网络之中,既包括企业对未来的畅想和对经营理念的思考,也包括企业在长期发展过程中形成的独特业务流程和治理模式。随着时间的推移,这一价值网络将逐渐趋于稳定并以文化的形式得以保存和延续(Christensen,1997)。企业文化与双元能力之间同样存在着密切的关系。研究表明,开放型的企业文化有助于组织内部营造良好的沟通合作氛围,鼓励组织成员分享经验、诀窍、构想等隐性知识(Cavaliere & Lombardi,2015);同时也有助于改变现有的学习路径及惯例,促进组织对相关资源进行整合和重构(谢康等,2016)。因此,企业文化在高阶跨边双元能力的培育和获取过程中发挥着重要作用。

线下品牌企业 A 和线上品牌企业 B 始终秉持开放的文化理念,因此在全渠道转型过程中,它们不仅注重打造线上、线下顺畅的信息沟通渠道、营造开放共享的合作氛围,还注重与顾客建立亲密的联系,通过创新粉丝文化和社群文化加快线上、线下渠道的融合互通。对于线下平台企业 C 和线上平台企业 D 而言,两者在全渠道转型过程中同样注重开放文化理念的引入和执行。一方面,充分发挥平台优势,通过搭建面向商家的开放平台,为线上、线下不同消费群体提供优质的产品和服务。另一方面,借助丰富的数据积累和领先的技术经验布局多元消费场景、提供优质消费内容、打造智慧赋能体系,在实现线上、线下资源有效整合和信息开放共享的同时,构建企业、顾客、商家多方共赢的健康生态。案例证据如表 3.3 所示。基于上述分析,得到命题 P3。

P3:开放型企业文化对企业高阶跨边双元能力的形成有积极作用。

4. 高管行为

企业转型不仅意味着价值网络的重构,还意味着组织权力的重新分配,因此能否获得高层管理者的认同和支持尤为重要。一方面,来自高层管理者的认同和支持可以形成统一的使命愿景与价值理念,避免转型变革过程中由于惯性依赖而导致的消极情绪和抵触心理(谢康等,2016)。另一方面,来自高层管理者的认同和支持还可以解决转型变革过程中的多重目标矛盾,减少不同利益主体之间的冲突,使各个组织单元做到目标相容和价值共创(O'Reilly & Tushman,2011;Jansen et al.,2016)。

对于企业而言,全渠道转型属于重大战略部署,其转型思路源自企业自上而下的顶层设计。因此,无论是线下/线上企业还是品牌/平台企业,转型过程中均获得高层管理者的大力支持。比如,在线下品牌企业 A 和线上品牌企业 B 全渠道转型过程中,高层管理者亲自参与转型方案的设计和讨论,并且借助微信、微博、直播平台等社交媒体与外界沟通转型思考和心得,通过持续不断的沟通和反馈汲取经验与灵感。而在线下平台企业 C 和线上平台企业 D 全渠道转型过程中,高层管理者不但勇于承担业绩和利润下滑的压力与非议,还通过变更战略规划、调整管理架构、重塑思维模式、推进转型试点等措施积极推进全渠道战略转型。与此同时,为了强化责任落实,两家企业还制定了部门高管对实施项目全权负责的问责机制。通过明确部门高管的具体职责分工,确保全渠道转型工作的顺利实施。案例证据如表 3.3 所示。基于上述分析,得到命题 P4。

P4:高层管理者的参与对企业高阶跨边双元能力的形成有积极作用。

5. 网络关系

网络关系是建立在不同利益主体之间的联结关系,是企业进行信息传递和资源获取的有效途径。研究表明,网络关系与双元能力之间存在着密切的关系。一方面,在高度动态和不确定的环境下,市场变化迅速、技术更迭加快,企业要想获得可持续性的竞争优势,就必须积极寻找新的市场机会,而密切的网络成员关系有助于信息和知识的共享(Im & Rai,2008),可以帮助企业及时识别潜在的获利机会。另一方面,密切的网络成员关系还有助于企业基于互补资源和异质资源建立长期的合作伙伴关系,企业的内部资源能够为企业获取双元能力提供支持和保障(Simsek,2009)。

对于线下品牌企业 A 和线上品牌企业 B 而言,由于缺少市场支配地位和多元竞争优势,两者在全渠道转型过程中显得较为被动。因此,A 企业和 B 企业不仅基于已有惯例与经验对内外部资源进行快速整合及重构,还与媒介平台、电商平台、技术平台等开展合作,提升企业数据使能能力和渠道整合能力,从而加快线上、线下不同渠道资源的融合。线下平台企业 C 和线上平台企业 D 则充分发挥平台优势和资源优势,为商家提供技术赋能、场景赋能和内容赋能,在提升用户体验和经营效率的同时,推进线上、线下一体化。此外,C 企业和 D 企业还携手合作伙伴共建可持续发展的生态系统,通过数据互通、场景联动、价值共享等措施实现消费需求的精准预测和购物场景的无缝切换,为顾客提供全渠道无差别的购物体验。案例证据如表 3.3 所示。基于上述分析,得到命题 P5。

P5:网络关系强联结对企业高阶跨边双元能力的形成有积极作用。

总体而言,本章构建了一个相对完整的双元能力促进企业全渠道转型理论框架,如图 3.3 所示。

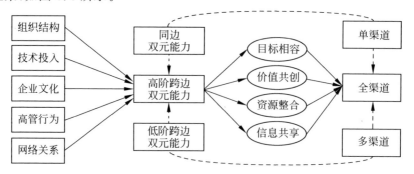

图 3.3 双元能力促进企业全渠道转型理论框架

结语

随着全渠道时代的到来，企业正面临越来越多的挑战，"转型升级"成为企业持续发展并获得竞争优势的关键。本章基于不同案例样本，从双元能力视角探讨企业全渠道转型问题。研究发现：①双元能力对企业全渠道转型的促进作用主要体现在目标相容、价值共创、资源整合、信息共享四个方面。其中，目标相容旨在帮助企业实现转型目标的相容性和一致性；价值共创旨在帮助企业实现转型过程中不同利益主体的和谐共处；资源整合旨在帮助企业实现转型过程中内外资源配置的最优化；信息共享旨在帮助企业实现转型过程中不同部门、不同组织间的信息互通与共用。②双元能力的形成和演变与企业不同转型阶段的要求相匹配，从单渠道到多渠道再到全渠道，企业双元能力实现了同边双元能力到低阶跨边双元能力再到高阶跨边双元能力的演变。此外，由于企业全渠道转型既可以通过"单渠道—多渠道—全渠道"方式实现，也可以通过"单渠道—全渠道"方式实现，因此企业在双元能力构建方面呈现出渐进式和激进式两条截然不同的路径，这要求企业结合自身条件及资源状况进行合理的权衡取舍。③无论是线下/线上企业还是品牌/平台企业，其高阶跨边双元能力的形成均受组织结构、技术投入、企业文化、高管行为、网络关系等因素的影响。虽然本章构建了一个相对完整的理论框架，但考虑到企业全渠道转型的长期性和持久性，仍需针对转型后期的各种新现象和新特征进行持续跟踪、研究。通过开展系统性理论研究，为处于转型之中的中国企业提供更多经验和借鉴。

第2篇

数字化时代营销重构的核心内容

第4章

人——人群洞察：数字化时代的消费人群识别

在中国经济进入新常态发展阶段的背景下，社会消费对经济发展的重要拉动作用逐步凸显。2023年社会消费品零售总额达471 495亿元，同比增长7.2%，拉动经济增长4.3个百分点，比上年提高3.1个百分点，对经济增长的贡献率是82.5%，提高43.1个百分点，已连续多年成为经济增长第一拉动力。同时，2021年至2023年消费总量增长率分别为12.5%、-0.2%、7%，随着增长态势，总体上逐步回落，因此，要想通过消费持续拉动中国经济快速发展，则需在更精细和更深层次的方向上挖掘中国消费市场潜力，不断推动未来消费市场的升级。

4.1 基于消费升级视角的消费人群划分

开发消费市场潜能和挖掘消费升级的机会可以从两方面入手，即"唤醒存量"和"引导增量"。

（1）"唤醒存量"是指唤醒过去忽略的、未给予充分关注的市场，开发并释放其消费潜能；在当前社会背景下，"唤醒存量"主要包括下沉市场人群和银发一族。这两个消费市场人群规模庞大，在过去由于没有得到较多的关注而发展缓慢。

（2）"引导增量"是指发现并发展增长迅速的新消费市场，用新产品和新消费方式引导消费者向更高层次的消费阶段转变。"引导增量"主要包括城市新中产人群和新生代人群。他们是在物质相对富足的环境下成长起来的两个新兴消费群体，他们衍生出的新消费潮流蕴藏着巨大的商业机会。

同时,还需要注意"存量市场"和"增量市场"所处的消费升级阶段。虽然中国的消费市场总体上已经告别"量的消费",开始从"质的消费"向"情感消费"转变,然而,中国幅员辽阔、人口众多,不同人群、不同区域的消费层次差别较大,所处的消费升级阶段也不同。在未来的消费升级中,对于"存量市场"包含的下沉市场人群和银发一族来说,他们主要处于从"量的消费"到"质的消费"的转变阶段,即在买得到和买得起的基础上,更加在意产品和服务的品质。对于"增量市场"所覆盖的城市新中产人群和新生代人群而言,他们主要处于"质的消费"向"情感消费"的转变阶段,即在满足了产品性能和质量需求的基础上,追求产品和服务带来的情绪体验与象征价值。

本章基于消费升级视角,从消费升级阶段和消费升级方式两个维度,锁定了城市新中产人群、新生代人群、下沉市场人群和银发一族四大消费群体,如图4.1所示。

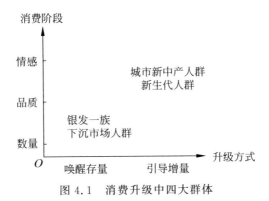

图 4.1　消费升级中四大群体

上述消费群体在地域分布上涵盖了农村与城市,在年龄上包含青年和老年,贯通了过去习惯和未来潮流,全面又精准地锁定了中国未来消费升级中最活跃的力量。企业应给予这几类人群足够的重视,只有洞察并满足这四大人群的消费需求和消费趋势,企业才能在新一轮消费升级中获得胜利。

4.2　城市新中产人群及其消费特征分析

1. 人群特征

在GDP(国内生产总值)高速增长和新经济崛起的背景下,"新中产"这一群体逐渐发展壮大,逐渐成为城市富裕起来的人群中最大的一个新兴细分阶层。城市新中产人群的鲜明特征,逐渐让他们成为城市消费力量的活跃代表,引导着城市消费升级的风潮。

城市新中产人群具有以下五个特征。

(1) 年龄大多在 26~45 岁之间,目前以 80 后为主流人群。绝大部分已婚,抚养 1~2 个小孩,有房、有车。

(2) 受过良好的高等教育。新中产人群涵盖大专、本科、硕士和博士,以本科为主,他们在进入社会之后通过自己的知识和专业特长实现了资本变现。

(3) 在财富水平上,根据福布斯《2018 年中国新兴中产阶层财富白皮书》的调查数据,新中产人群的家庭年可支配收入界定在 30 万元到 100 万元之间,40 万元以下居多。城市新中产人群对于事业前途极为关注,对自己未来的收入增长及所处行业和宏观经济发展前景都非常有信心。

(4) 地域分布上多集中于一、二线城市,以大城市为主。大城市无限的发展机会、较高的收入、丰富的教育及医疗资源和便捷的生活条件都在吸引着他们留下来打拼,努力通过自己的专业特长促成财富的积累和社会地位的提升。

(5) 在职业和行业分布上,城市新中产人群拥有稳定优质的工作,职业以白领为主,也包含一些新兴中小企业创业者,行业主要覆盖金融、科技、外贸、信息与通信技术(information and communications technology,ICT)和教育等。

城市新中产人群的快速增加将带来无限的消费潜力。因此,了解这群人的消费习惯和消费升级需求等,对于企业把握中国消费升级趋势,尤其是城市居民的消费升级有着极为重要的意义。

2. 消费特征

(1) 追求高品质消费。由于城市新中产人群教育程度较高,其对于生活品位具有一定的追求。高品质消费是这类人群最典型的消费特征。城市新中产人群对于高品质的追求,不仅体现在物质消费上,还体现在生活方式上。在购物时,他们注重消费高档轻奢的品类和品牌。在购买洗护、美妆、家纺、母婴、保健等商品时,他们喜欢购买国内高端品牌和外国知名品牌。同时,他们喜欢购买兼有科技感和设计感的智能家电,如空气净化器、净水器、蓝牙音箱、扫地机器人及各式厨房小家电等。正因如此,一些企业和品牌推出针对城市新中产人群的高品质产品与服务,取得了很好的营销效果。例如,卡萨帝酒柜,Dyson 吸尘器和吹风机、BOSS 音响等家居产品;Ole'、Blt 和 Great 等高端精品超市;野兽派、ROSEONLY 等小资有格调的花店等都获得了很好的反响。在休闲方式上,由于经济压力较小,城市新中产人群愿意在忙碌的工作之外花一部分时间和金钱在休闲活动上。根据福布斯中国的调查,

44%的城市新中产人选择一年旅行一次,26%的人半年旅行一次,而18%的人则表示只要有空就会去旅行。此外,在闲暇时间,城市新中产人群还喜欢看电影、演唱会、各类展览、运动健身等有助于丰富精神文化和提升自我的休闲方式。

(2) 理性务实的消费。大城市的生活压力、谋求更好发展机会的考虑、靠自身知识和技能获得的财富、健康的财富观等因素,使得城市新中产人群在消费行为方面表现出理性、务实的特征。他们拒绝奢侈、浪费和挥霍无度,奢侈品仅占有一定但不高的比例。他们一方面愿意为更好的消费体验、更高品质的商品和服务支付溢价;另一方面也注重价格与价值的匹配,在追求卓越体验的过程中关注性价比。因此,高品质和高性价比的品牌与商业模式受到城市新中产人群的喜爱。例如,高性价比品牌 UNIQLO 在中国的业务迅速拓展,门店数量从 2013 年的 225 家在 10 年之内快速增长到 2023 年的 1 031 家。类似地,近几年一些精选电商平台(如网易严选和小米有品等)也不断为消费者提供高品质、高性价比的产品和配送服务,以获得长足发展。

(3) 青睐新颖的消费体验。城市新中产人群对消费体验有着更高的追求,由于工作忙碌、生活节奏快,他们更加青睐便利、快捷、新颖的消费方式,并且注重消费带来的情感价值,易于接受互联网科技创新带来的新商业模式。盒马鲜生、便利蜂等新零售、新电商商业模式大受城市新中产人群的欢迎。例如,盒马鲜生立足满足顾客对于新鲜高端食材的需求,通过线下门店和线上 App 为顾客提供一站式购物体验。其涉及生鲜、餐饮休闲、电商和免费配送等全方位服务,带给用户耳目一新的消费体验,近年来取得了迅猛发展。

4.3 新生代人群及其消费特征分析

1. 人群特征

新生代人群主要是指生活在城市中的青少年,主要出生于 20 世纪 90 年代末和 21 世纪初,他们是未来消费升级中不可忽视的一股力量。新生代人群具有以下特征。

(1) 物质生活优越。他们出生于中国经济高速增长的时代,绝大部分为独生子女,父母给予他们优渥的成长环境。腾讯发布的《00 后研究报告》显示,"00 后"平均存款约为 1 840 元,高于"90 后"同一时期的平均存款 815 元,因而拥有更强的消费能力。家庭资源的丰富使得他们消费档次更高、消费能力更强,旅行经历也更丰富。

(2) 眼界开阔,观念多元化。他们从很小的年龄就开始接触并使用电子产品,这使得他们有更多机会接收海量的、多样的信息并接受新鲜事物,因此他们的观念也更具多元化和包容性。

(3) 独立性和自主性更强。腾讯报告数据显示,66%的"00后"调查对象表示很多决定都是由自己独立作出的,原因在于其在成长过程中无须过多考虑经济条件的限制,从而拥有了更大的财务自主权。由于较少地受到长辈或社会规范的影响,新生代人群在思想上更加独立,更善于自己做决策。

2. 消费特征

(1) 随心冲动,愿意为兴趣买单。由于新生代人群物质生活优越且自主性强,他们在消费决策时更加在乎自己是否喜欢,更大胆地追求自己喜欢的事物。根据埃森哲发布的《全球95后消费者调研中国洞察》,相比于"80后""90后","95后"的消费者更加冲动随心。腾讯报告数据显示,62%的"00后"调查者愿意为自己的兴趣花费时间和金钱。他们习惯于购买与二次元相关的商品和服务,如动漫展、动漫周边、动漫游戏等。新生代人群的兴趣更加多元化、更加细分。Cos圈、手账圈、汉服圈、绘圈、娃圈和宅舞圈等都是备受"00后"人群欢迎的兴趣圈子。

(2) 追求潮流,酷爱尝鲜。新生代人群成长于移动互联和社交媒体时代,天生接受新鲜事物,是潮流消费的引领者和主力军。例如,苏宁易购数据表明,该购物平台中"95后"消费人群在老爹鞋上的消费增长率达到274%,在潮玩手办上的消费增长率达到1 138%。与此同时,新生代人群喜欢的潮流品牌和产品十分广泛,无论是奢侈品大牌还是国货潮牌,他们都喜欢购买。正因如此,易观咨询认为新生代人群对潮流的追随也使得其品牌忠诚度更低。新生代人群对潮流的追随还体现在新颖的消费方式上。埃森哲报告显示,相比于"80后""90后","95后"更愿意体验零售商推出的新服务,如语音下单、定期购和精选订购等。同时,海淘也是他们酷爱的购物方式,目前他们已经成为洋码头、洋葱和考拉海购等跨境电商的主力军。

(3) 文化娱乐产品需求旺盛。不同于"80后"和"90后"把娱乐看作学习、工作之外的消遣,新生代人群出生于娱乐形式极其丰富的时代。对于他们而言,娱乐早已渗透到生活中,他们习惯于利用碎片化时间进行放松,使得娱乐和学习两不误。社交性是新生代人群选择线上娱乐产品的一大标准,新生代人群中独生子女占据相当比例,他们容易产生孤独感,更渴望社交陪伴。他们利用移动互联网的碎片时间参与到社交媒体活动中,如短视频Vlog、百度贴吧、QQ兴趣部落和各类恋爱社交App。除了线上的放松活动,线下看电影也是"00后"喜欢的娱乐方式。猫眼数据显示,19岁以下的"00后"观影人群大量出现,占到了新用户的18%。

4.4 下沉市场人群及其消费特征分析

1. 人群特征

下沉市场人群主要包含农村居民及三线以下的城镇居民。中国地域辽阔,三线以下县城和乡镇数量巨大,因此下沉市场人群规模庞大。商务部报告显示,下沉市场规模群体达6.7亿。此外,中国农村居民人均可支配收入增速明显高于城市居民。因此,下沉市场人群的市场价值日益凸显,市场潜力也将逐步释放。根据阿里巴巴财报数据,2023财年天猫淘宝的新增用户中超过70%来自下沉市场。国家统计局的数据表明,2023年农村网络零售额达到24 900亿元,同比增长14.7%,高于全国网络零售整体增速3.7个百分点。农民收入的持续增长和电商基础条件逐渐改善使下沉市场的消费活力得到极大释放。

2023年末,中国的城镇化比例已经达到66.16%。城镇化使从农村到城镇的人群的生活方式和消费方式发生了根本性变化。小镇青年群体是下沉市场活跃人群的代表,他们的消费方式和消费观念的革新能够在很大程度上引领下沉市场未来消费升级潮流,对其消费特征的分析有助于把握未来下沉市场的消费升级趋势。根据阿里妈妈发布的《下沉市场洞察报告》,小镇青年主要指的是工作、生活在县城和村镇的青年人群。他们有如下特征。

(1) 闲暇时间多。相比于一、二线城市的青年,小镇青年工作、生活的半径更小、花在通勤上的时间更短、工作节奏相对缓慢。根据《腾讯2019小镇新青年研究报告》的数据,64%的小镇青年每日工作时间少于8小时,因而具有较为完整的闲暇时间。

(2) 经济压力小。虽然小镇青年月收入低于5 000元,但是相比于一、二线城市的年轻人,他们有着更小的经济压力。《腾讯2019小镇新青年研究报告》显示,67%的小镇青年家庭中有车,83%拥有房产。相对低廉的生活成本和父母给予的全方位帮助减小了其经济压力,因而其具有较强的消费力。

(3) 年纪轻。小镇青年是下沉市场的青年群体,他们的年龄大多在19~39岁之间,心态年轻、乐于接受新鲜事物。

(4) 学历不低。《腾讯2019小镇新青年研究报告》显示,63%的小镇青年拥有大专及以上学历,其中部分人群在一、二线大城市有过生活经历,相比上一辈人,他们拥有更加多元化和前卫的消费观念。

2. 消费特征

(1) 商品品牌化,拒绝山寨品。供给方和购买方的双重改变促使下沉市场人群加速告别山寨产品,提倡品质消费。一方面,随着下沉市场消费力量的崛起,各大品牌在乡镇设有专卖店(如美的、海尔等家电专卖店),各大电商在农村开设线下店(如苏宁云零售、农村淘宝店、京东便利店等)。例如,以拼多多为代表的电商下沉举措增强了品牌在农村市场的渗透力。另一方面,随着居民收入的持续增加和消费观念的不断改变,下沉市场人群尤其是农村居民越来越愿意购买品牌化产品。名创优品在三、四线城市的"遍地开花"和拼多多在农村市场的巨大成功就是下沉市场人群对于品牌与品质要求的最好体现。在拼多多 App 上,农村消费者能以低廉的价格购买到品牌化产品,告别了以往购买山寨产品还没有保障的日子。正是由于准确把握了消费升级中三、四线城市和农村市场消费人群的消费心理与消费需求,越来越多的企业和品牌在下沉市场中获得了成功。在当前和未来一段时间之内,对于庞大的下沉市场(尤其是农村市场)而言,消费仍处于"量的消费"到"质的消费"的转变阶段,商品性价比、商品质量及品牌知名度都是消费者在未来消费升级中最在乎的因素。

(2) 消费方式向大城市看齐。在信息时代,生活在乡镇的人们也可以了解到大城市的消费信息,追求一线城市的现代生活方式。同时,在下沉市场中有一部分人有过在大城市生活或工作的经历,他们也带动着下沉市场消费者在吃、穿、用、住等方面向大城市看齐。例如,近两年美妆产品受到小镇女青年的青睐,同时她们还喜欢有关穿搭的时尚资讯。他们追求网红消费方式、喜欢网红打卡,旅行也开始受到小镇青年的追捧。

(3) 喜欢休闲和娱乐,开始注重享受生活。由于三线以下城市和农村的生活成本较低,年轻人的工作压力与经济压力相对较小,因而他们的生活幸福感也更高。在满足了数量消费需求之后,小镇青年在追求品质消费的同时也开始追求情感性消费,也将更多的闲暇时间花在享受生活上。以电影市场为例,根据小牛行业研究报告,2019 年至 2023 年,中国四线城市的票房占比从 24.0% 稳步增长至 27.3%。这一趋势反映了下沉市场在电影市场中的重要性日益凸显。2020 年,四线城市的票房占比甚至超过了传统的一线城市,达到 19.5%,而一线城市的票房占比降至 17.6%。2021 年,四线城市的票房达到了 58.89 亿元,成为仅次于二线城市的重要票仓。除了线下娱乐,线上娱乐也是下沉市场人群的主流休闲方式。腾讯研究数据显示,小镇青年的日均网上休闲时间达 4 小时,电影、线上购物、短视频和游戏是其主要的休闲方式。

4.5 银发一族及其消费特征分析

1. 人群特征

近几年,银发经济崛起,消费升级背景下银发群体的消费潜力将得到极大释放。2023年末,中国65岁及以上的人口占总人口的比例增加到了15.4%,而60岁及以上的人口占比则达到了21.1%,人数约达到2.98亿。这表明我国已经成为世界上老龄化程度最高的国家之一,并且老龄化程度还将继续加深。本节主要关注55岁到75岁之间的准老年和老年人群,我们称之为银发一族。这类人群身体状况和精神状态都处于活跃状态,消费和娱乐的意愿较为强烈,其个性特征和消费特征对企业而言有着较强的指导意义。银发一族具有以下特征。

(1) 经济和时间上的双重自由。相比工作忙碌、背负房贷的年轻人及生活条件艰苦的老一辈,如今的银发一族积累了较为充足的财富。同时,时间的充裕让老年人努力充实生活、摆脱孤独。例如,他们热衷出门旅游、报名老年大学、购买保健养生产品和服务等。

(2) 自我意识增强。当今老年人群中受高等教育的比例不断提升,他们逐渐摆脱对于晚辈的情感依赖,不把自己作为子女的附属品,开始积极关注自我、寻求自我价值。多地出现老年大学火爆的现象则是一个典型的例子。

(3) 触网意愿强烈。移动互联网时代的到来和智能手机的普及为老年人群打开了一扇新世界的大门,极大地释放了其个性潜能。根据第52次《中国互联网络发展状况统计报告》的数据,截至2023年6月,我国60岁及以上网民群体规模已达1.4亿。相应地,对网络世界的深度参与也让老年人群的生活消费观念更加多元化,对新鲜事物的接受意识更强。

2. 消费特征

在网络和科技发达的商业环境下,银发一族的基本消费需求早已得到满足,新的消费需求则不断涌现。当前,银发一族的消费升级主要体现为健康休闲产品与服务上的升级,也即他们对高品质的健康休闲产品和服务提出了更高的要求。在未来,银发一族的消费升级离不开健康、休闲和自我实现这三大需求。

(1) 健康需求。年龄的增长、身体的衰老和健康意识的增强,让老年人对健康的关注远超年轻人群,与健康、养生有关的产品和服务都对老年人群有着极大的吸引力。养生节目、营养品、保健品、家用医疗器械、智能电子化的保健器材等都是银发一族关注的产品和服务。此外，他们对看护和照料的需求也随着年龄增长而增加。因此，随着我国老年人口的增长，看护和照料服务的市场规模也将持续扩大。

（2）休闲需求。随着生活水平的提高，银发一族已经摆脱了曾经节衣缩食、勤俭节约的消费习惯，消费和享乐意识不断增强。他们愿意花费金钱和时间来做让自己快乐的事，如健身养生、各类兴趣班、旅游等。其中，旅游已经成为老年人群的一种固有需求。根据携程发布的《2023银发人群出游行为洞察》的数据，2023年我国老年人旅游人数占到全国旅游总人数的27.80%，老年人群成为仅次于中青年人群的第二大旅游人群。根据中投产业研究院对2023年至2027年中国老年旅游市场规模的预测，未来5年年均复合增长率约为14.39%，2027年将达到1.25万亿元。由此可以看出，在老年人消费升级的过程中，旅游市场是值得重点关注的市场。同时，带有社交娱乐属性的移动App，如快手、抖音、全民K歌、多多果园和美图秀秀等，也都成为老年人喜欢的线上娱乐工具。

（3）自我实现需求。在银发一族中，受高等教育人群的比例不断上升，这类人群对于独立自我和自我实现的需求都日趋强烈。在照顾家庭外，他们还会投入较多时间用于满足自我实现的需求。录制短视频成为网红达人，坚持跳广场舞，加入老年合唱团、舞蹈队和模特队，参加老年大学课程、报名各类兴趣学习班、做社工志愿者等，都是他们努力寻求自我满足并获得尊重的一种方式。相关企业应该进一步细分银发一族的精神需求，并有针对性地提供服务，从而推动银发一族的消费升级。

结语

在未来消费升级的过程中，企业最为核心的是关注消费升级中的"人"，即消费者。消费者需求是商业活动的源头，消费需求的不断革新是推动消费升级和产业升级的原动力。在新一轮的消费升级中，准确把握不同人群的个性特征和消费特征，对企业有针对性地进行前瞻性布局具有极为重要的意义。本章深入分析了目前中国消费升级中的四股活跃力量，即城市新中产人群、新生代人群、下沉市场人群和银发一族，揭示了每类人群鲜明的消费特征和发展趋势。企业应该从目标人群所处的消费群体及其消费特征出发，打造更加人性化的消费场景，提供更贴合其需求的商品、服务和解决方案，引领中国消费升级向着更精细和高层次的方向发展。

第5章

文——内容营销：平台企业的品牌广告商业化

随着互联网科技的兴起，中国O2O/本地生活行业经历了资本迅猛发展、竞争淘汰、精细化拓展和理性回归等不同发展阶段，孕育了美团、饿了么等多个行业的巨头。大环境变革引发的机遇及挑战对中国O2O行业中企业和平台方的进一步发展起到至关重要的作用，平台价值仍具有深度挖掘的潜力。

大众点评是美团点评集团旗下生活服务数字营销的大中台，依托生活服务领域的超级平台——美团，帮助品牌方/商家打造以消费者为核心、覆盖生活全场景的一体化整合体验式营销。

5.1 中国互联网品牌广告业务行业现状

5.1.1 互联网品牌广告的内涵

1. 概念和基本形式

互联网广告是以网站或互联网App等渠道为媒介，展示商品与服务的商业化广告。根据投放目的，互联网广告可分为互联网品牌广告和互联网效果广告。前者以品牌或产品曝光为主要沟通诉求，以提升品牌知名度为目的。广告效果多以曝光量、点击量、千人成本（CPM）及每次点击成本（CPC）作为衡量指标。后者以达成交易为目的，广告效果可用销量等维度衡量。互联网品牌广告按产品形式可分为开屏广告、信息流广告、横幅（banner）广告和视频广告等类型。

2. 品牌广告的主要目的

（1）品牌形象传播。以品牌或产品曝光为目的，提升品牌知名度、打造品牌良好形象是广告的主要诉求。其多见于品牌广告传播初期或新品上市传播阶段。

（2）消费者教育。广告作为品牌的一种营销行为，希望传达给消费者某种观点。通过深入的理念沟通，有效地进行目标人群品牌教育，培养品牌忠实粉丝。

（3）购买转化或品牌粉丝转化。"广告的一切为了销售。"购买或持续购买和交叉购买，是品牌广告宣传的终极目的。

然而，无论品牌广告基于何种传播目的、以什么形式体现，品牌对于广告覆盖度、可见度、记忆度和好感度的需求，广告从认知到销量的最短转化路径，都是广告主和媒体平台不断探究的课题。

5.1.2　行业主要营销模式及标杆企业

1. 全生态媒体模式：腾讯

1）腾讯品牌广告发展历程

腾讯互联网品牌广告部门于 2012 年成立，推出社交精准广告系统。2013 年，推出腾讯广告联盟，成立腾讯社交广告营销中心（广点通）。2014 年，腾讯推出视频广告；同年 2 月，广点通与微信合作，开放微信公众号底部广告位。2015 年 1 月，朋友圈广告上线，标志着微信广告开始变现；同年 4 月，腾讯社交与效果广告部成立。2018 年 10 月，原腾讯社交与效果广告部和原 OMG（网络媒体事业群）品牌广告部整合成"腾讯广告"，广告营销服务线（AMS）正式成立。

从腾讯广告多年的发展历程看出，成立之初业务板块分散、内部重视程度不够。客户在与腾讯对接广告合作时，需要联动腾讯内部多个部门沟通资源，执行过程烦琐。随着其广告部门的不断优化调整，致力于为品牌广告行业提供全链路解决方案的腾讯广告大团队已经形成。

2）腾讯品牌广告的定位

作为国内最大的互联网流量池，腾讯品牌广告定位是以消费者为中心，围绕社交，依托数据和技术能力打造个性化营销体验，帮助品牌实现个性化、差异化、数字化营销。

3）腾讯品牌广告营收情况

2023 年，腾讯的总收入达到 6 090.15 亿元人民币，同比增长 10%。其中,网络广告业务同比增长23%,达到1 015亿元人民币。这一增长主要得益于视频号及微信搜一搜的新广告库存,以及广告平台的持续升级。除了汽车行业,所有重点广告主行业在腾讯广告平台上的广告开支均有所增加,其中消费品、互联网服务及大健康行业的开支显著增加。

4) 腾讯品牌广告基本形式及特点

作为国内优秀的互联网品牌广告营销平台,腾讯拥有多款超级产品。用户数量和使用时长的横纵交叉,辅以不同的用户触达场景,使得腾讯品牌广告生态几乎可以覆盖所有中国网民。其具有以下特点。

(1) 场景多样化。腾讯品牌广告主要有社交广告(微信朋友圈、手机QQ)、新闻资讯广告(腾讯网)、搜索广告(QQ浏览器)、长视频广告(腾讯视频)、休闲娱乐广告(腾讯游戏、腾讯音乐)等。

(2) 形式多样化。腾讯品牌广告几乎涵盖互联网品牌广告所有形式。

2. 短视频媒体模式:抖音

1) 抖音品牌广告发展历程

近年来,中国互联网短视频行业发展迅猛。2023年12月,国家广播电视总局发展研究中心发布的《中国短视频发展研究报告(2023)》中指出,2023年中国短视频用户规模达到了10.12亿,用户渗透率达到了94.8%,成为互联网的第一大流量入口。在此过程中,抖音冲出重围、独占鳌头,奠定了其在短视频媒体领域的领军地位。

抖音从2017年诞生起就在布局商业化。同年9月,抖音筹划官方广告接单平台,标志其商业化全面开启。其通过上线电商,帮助平台入驻机构和红人实现商业变现。2018年7月,抖音官方品牌广告平台"星图"上线。它为品牌广告商提供符合达人/明星需求的广告交易服务,并从中收取费用。此外,抖音还推出了众多品牌广告产品,如电商小程序、Dou+推广等。自成立以来,抖音不断完善内容、互动和流量三方交互,通过不断革新升级推动平台与用户的连接,建立品牌和用户的强纽带,逐渐成为短视频品牌广告行业标杆企业。

2) 抖音品牌广告的定位

作为短视频社交平台,抖音旨在帮助大众用户表达自我,围绕"一个阵地,多个场景的方式"构建业务模式,整合平台互动、直播、搜索等功能,建立完整的营销体系,并且通过小程序、小店和电商等产品功能实现最终转化,助力企业提升经营效率。

3) 抖音品牌广告营收情况

抖音在2023年年度盘点中披露,平台GMV(商品交易总额)增幅超80%,预估达到2.7万亿元。QuestMobile数据显示,2023年9月短视频媒介广告收入占比45.2%,排名第一;从具体媒介来看,抖音广告收入占比29.1%,夺得头把交椅。

4) 抖音品牌广告基本形式及特点

抖音品牌广告商业化主要依赖信息流广告,信息流广告收入占年度广告营收八成以上。抖音广告主要有以下几类。

(1) 视频信息流中插入广告。原生信息流视频广告既是广告,也是优质的短视频内容。作为抖音品牌广告商业化流量基础,其受到品牌广告主的广泛认可。

(2) 定制站内挑战赛。它是由品牌广告主发起挑战赛主题,站内达人和网民可自发参与的线上互动形式。

(3) 直播带货。抖音模仿Instagram直播功能,用户可以观看已关注的直播内容。这种直播产品形式是抖音向品牌广告社交领域转型的重要布局。

(4) 品牌电商的流量入口。通过在短视频中购物车等形式的商品推荐进行变现,为品牌广告主的电商渠道进行流量导入。

抖音品牌广告商业化特点显著,也区别于其他媒体平台。

(1) 形式简单。抖音品牌广告以开屏及视频信息流为主,广告合作形式较简单。

(2) 开放性强。抖音从商业化布局初始阶段至今,一直保持着开放性的商业链条。购物车能够链接天猫、京东、抖音小店等多种电商渠道。相比其他内容平台,抖音为品牌广告主提供了完整的电商变现路径,为品牌营销创造更多可能。

(3) 全数据导向。品牌广告可以通过深度转换模型和大数据人群分析,配合品牌广告主素材的多端适配及人群交叉识别能力,帮助品牌广告主实现智能人群跟踪和投放策略分析。从大量的客群中,帮助品牌广告主找到最大化流量组合策略,提高品牌广告管理效率。

3. 社会化媒体模式:小红书

1) 小红书品牌广告发展历程

2013年6月,小红书在上海成立;2014年12月,"福利社"电商平台的正式上线,标志着其从社区升级为电商,完成商业闭环;2015年5月,小红书福利社销售额破2亿元;2018年10月,小红书用户达到1.5亿规模,品牌广告商业化产品及能力布局初现；2019年是小红书加速商业化的一年。同年1月，品牌广告合作平台正式上线，为品牌主及内容合作方提供在线商业化合作平台。同年3月，正式上线品牌号产品，实现从品牌营销到交易闭环全链条服务。2019年底内测直播平台，并在2020年初正式上线直播带货产品；2020年8月，小红书开通品牌视频号。路易威登（Louis Vuitton）等极具影响力的奢侈品牌纷纷入驻并发布直播首秀，小红书直播流量迅猛增长。目前，以兴趣消费、社区种草为核心的小红书广受年轻消费者的喜爱，其商业化模式也随其发展逐步成熟。

2）小红书品牌广告的定位

小红书作为中国最大的生活方式分享社区，历经多年的发展，已经逐渐成为流行趋势的定义者及内容创作的聚集地。无论是对用户消费决策的影响力，还是从多样化场景实现用户精准触达，其真实、可靠的内容及深度互动的创意玩法都是品牌广告合作价值的重要体现。

3）小红书品牌广告营收情况

2023年，小红书的营收达到了37亿美元，同比大幅增长85%，广告业务仍然是小红书的主要收入来源，但公司也在积极拓展电子商务领域，通过直播和短视频销售产品，实现流量变现。

4）小红书品牌广告基本形式及特点

作为社区营销的典型代表，小红书的品牌广告主要基于"企业号"。以"数据+内容+流量+交易"形成一站式闭环，品牌后台账号中可进行笔记发布、粉丝互动/私信、数据观测、商城绑定等基础操作。其重点营销产品为以下几种。

（1）展示广告：开屏，信息流（原生笔记、视频大卡片等）。

（2）搜索广告：火焰话题（定制话题或搜索结果页）、品牌专区、惊喜盒子、搜索彩蛋等。

（3）内容产品广告：以KOL内容、直播、创意商业话题页为代表。

相较其他媒体平台，小红书品牌广告呈现如下特点。

（1）行业属性明显。小红书是一个以女性用户居多的社区，其营销特征相较其他平台更为明显。截至目前，小红书品牌广告合作行业涵盖美容、时尚、娱乐、育儿等领域，辐射行业相当广泛。品牌广告主更倾向于以优质内容与消费者沟通，通过内容和用户关系网络实现产品卖点与品牌价值点的精准传递。

（2）广告形式较单一，以开屏、信息流、搜索广告及内容合作为主，且创新性、互动性相对较差。

（3）消费闭环影响力较弱。小红书品牌广告营销策略非常注重描述用户从内容种草到消费体验到口碑分享的影响力闭环，同时也在广告主的推动下不断开放达到闭环要求（如外链官网/天猫/小程序）。但从各方反馈来看，其闭环效果不明显，客户买单的核心价值仍归于达人内容带来的心智教育和消费决策引领。

5.2 大众点评发展历程及品牌广告业务营销状况分析

5.2.1 大众点评介绍

1. 发展历程

大众点评 App 于 2003 年 4 月上线，美团 App 于 2010 年 3 月上线；2015 年 10 月，两者合并为现今的美团点评集团。随后，大众点评平台品牌广告业务部成立，以生活方式营销（lifestyle marketing）作为品牌广告营销定位。通过对消费者行为轨迹分析获得数据，使消费者行为更饱满，便于品牌锁定目标人群的出现场景。在此过程中，大众点评做的是串联工作，把品牌诉求和场景串联，完成用户的捕捉和精度的提升。从平台角度打造营销链条，实现用户触达的同时与用户产生品牌共鸣，实现品牌营销规模化。

2016—2020 年，大众点评品牌广告进入高速发展期。首先，以"O2O 场景营销"作为平台定位，帮助品牌做用户沉淀。通过不断提供有价值的内容，使用户长期与品牌建立关系，是大众点评平台与品牌共同创造的价值基础。其次，通过线上、线下串联的营销模式，更深入有效地连接到真实的销售场景（如线上传播串联线下消费场景、美团外卖购买场景等），也是品牌认可平台品牌广告的重要原因。

进入 2021 年，历经 5 年的平台品牌广告飞速发展与沉淀，随之而来的问题也逐渐凸显。部门整体利润率及人效较低，并且以内容起家的本地生活平台受到行业其他竞媒（如小红书、抖音等）的影响。在如今互联网品牌广告行业背景下，大众点评平台如何转型、如何解决品牌商业化策略不清晰问题迫在眉睫。

2021 年初，公司实施架构大调整，成立信息流广告业务部，隶属于美团/点评事业部。负责售卖信息流广告资源及探索 KOL 资源商业合作，服务酒水饮料、日化、药品等品牌客户，满足与平台进行商业合作的需求。

2. 发展战略及核心价值观

大众点评作为集团旗下本地生活消费指南的平台，覆盖用户众多生活场景、提供全面可信的信息及消费评价、满足用户找店需求，并为其提供生活消费决策。

作为中国生活服务类电子商务平台，大众点评以"吃"为核心，辐射消费者更多生活领域。推动生活服务行业数字化升级一直是大众点评积极探索和实践的重要内容。自成立以来，尤其与大众点评合并后，其始终坚持以客户为中心，与合作伙伴发展共赢，创造更大的社会价值。

5.2.2 大众点评品牌广告业务营销现状分析

1. 大众点评品牌广告业务定位

2015—2020年，大众点评始终保持集团内的独立发展，随着中国互联网O2O大行业的演变，用户需求呈现多元化趋势，大众点评也逐渐从生活信息的在线探索平台转变成生活消费方式的内容分享平台。随着平台定位的改变，用户不仅可以继续在大众点评找店、写体验后评价、进行消费决策，还可以通过视频、直播等多种形式发布笔记，随时记录、分享自己的精彩生活。平台用户使用习惯的改变导致产品定位的调整。通过呈现更多与消费者生活息息相关的优秀内容，不断提升平台用户使用量、App打开频次和浏览时长等，从而增强平台用户黏性。

2021年以前，大众点评平台旨在通过线上线下一体化、数据驱动、个性化服务等，为品牌广告主提供生活服务领域的一体化营销服务。根据品牌广告主线上营销规划，结合线下活动、商户资源、美团闪购等销售渠道，为合作品牌提供基于细分生活场景的人群覆盖和深入传播服务。同时结合平台自有IP（知识产权），如"必吃榜""吃货节"等平台活动，串联广告主与商家，侧重以消费者为中心的生活全场景触达。

自2021年起，平台致力于以信息流形式呈现本地生活消费服务的内容，吸引用户通过"种草拔草"的形式主动分享生活知识，随之带来大众点评品牌广告业务以"生活服务平台内容生产者"为定位的调整。通过以信息流广告资源等为主要品牌广告业务合作形式及以KOL资源商业合作为基础，服务品牌客户，解决其与平台的商业合作需求。

然而，大众点评现今的营销策略方向与小红书和抖音在产品形式、服务内容、平台用户及品牌广告主群体上存在较强的竞争关系。

2. 主要需求分析

2021年以前，大众点评平台品牌广告合作呈现如下特点。

1) 主要需求行业

以2020年为例，与大众点评平台合作的主要行业为食品饮料类品牌客户，如可口可乐、伊利、亿滋等品牌，占比达44%。第二大需求行业以汽车广告主为主，如上汽通用集团、上汽大众、一汽丰田等主机厂客户，占比37%。其他合作较紧密的行业为医药健康、IT、3C（指计算机类、通信类和消费类电子产品）等。总体而言，行业辐射范围较广，年度合作广告主数量约为1 200个。

2) 主要营销目的

（1）纯品牌线上曝光。以广告主新品上市为例，旨在利用大众点评平台大数据及人群洞察等营销辅助手段有效覆盖目标消费群、传递产品利益点及品牌信息等，实现人群精准曝光。

（2）品牌活动曝光及目标潜客收集。以汽车行业、IT、3C行业需求为特点，通过平台线上广告合作有效筛选目标客群，并通过多次触达促进潜在客户线下到店试驾、到店体验产品及后续的销售转化。

（3）平台内实现购买闭环。以快消类、医药类客户需求为主，线上推广串联美团外卖或线下合作商户等渠道，目的在于打通美团点评平台内的销量转化。

（4）以平台IP合作背书为目的的大项目合作。通过借助大众点评平台自有IP影响力及行业公信力，以品牌活动赞助等形式，对自有内容进行深度结合或双方共创IP合作。广告主希望通过IP延伸品牌内涵，短时间内获得平台用户认可。

（5）跨界营销创造噱头。通过大众点评平台，品牌广告主串联合作方进行跨界合作。双方旨在通过高效匹配资源，打造更佳的品牌传播效应。

3) 需求体量

由于营销目的及手法、资源的多样性，从平台合作单一项目体量来看，单均营销费用在百万元量级以上，IP类营销合作项目达千万元量级，同一品牌客户合作复投率较高。

2021年起，大众点评平台品牌广告合作呈现如下特点。

1) 主要需求行业

由于大众点评的主要用户群体是寻找本地生活服务的消费者，其平台上的品牌广告合作还是主要集中在餐饮、娱乐、旅游等相关行业。

2) 主要营销目的

其以"内容营销"为主，表现为如下三方面。

(1）与"美食"相关的生活场景教育。其目的在于通过与大众点评平台的合作，将品牌产品融入与之匹配的生活场景中，通过达人口碑等合作方式触达目标受众。通过教育消费者心智，影响其购买决策，为品牌开启"种草拔草"的循环增长引擎。

（2）以"为线下合作商户导流"为目的的客情营销。大众点评平台涵盖线下680万活跃商家，看重此部分商户价值的品牌广告主通过与平台合作，为其线上、线下引流，从而开展客情营销。

（3）品牌自有线下活动的线上推广。品牌广告主通过自有线下活动规划，结合大众点评线上打造"虚拟店铺"。通过对线下活动及事件的预热报道，对线上人群进行活动信息的补充覆盖，为其线下活动引流。

3）需求体量

由于商业化合作方向收紧，单均合作营销费用约为50万元量级，且同一品牌客户复投率相对较低。相较于2020年，2021年自大众点评平台营销方向转变后，品牌合作减少、单项目体量降低、复投率降低等营销问题陆续出现。虽然通过半年的变革摸索，如减少高成本、低利润的合作形式及优化内部人员等，部门利润率大幅提升，但核心部门人员架构变动等内部因素也给平台转型带来巨大挑战。

作为以"吃"为核心的生活服务超级内容平台，大众点评的商业模式是否清晰，决定了平台品牌广告是否能被用户和市场接受。这些问题的解决有赖于对目前市场环境的深入认知，并结合公司战略方向，进行有效的优化调整。

此外，从广告代理机构的需求角度，2021年以前与大众点评品牌广告合作以覆盖吃喝玩乐等消费者生活场景、串联品牌"线上＋线下"的全域品牌营销为主。致力于为品牌客户提供从品牌曝光、人群精准传播到联动线下商户、结合平台自有营销IP活动的整合传播。比如线上品牌曝光串联线下消费场景、美团外卖的"到家"购买场景等。代理机构在服务品牌客户合作提案中也把大众点评定位为O2O平台进行合作策略包装。自调整平台品牌广告业务定位后，平台与代理机构合作的方向主要围绕"生活服务相关的内容提供者"，以信息流广告串联平台达人的内容"种草"，以品牌用户教育的方式切入合作；缩减了线下商户联动及平台自有IP的合作形式。其业务竞争者也逐渐扩大到抖音、小红书，甚至是新浪微博等社会化媒体平台。

从内容制作机构的需求角度，2021年架构调整前，大众点评平台内容合作不是品牌广告主营业务，达人内容品牌合作体量相对较小。随着广告业务方向调整，平台逐步建立起与市场上20多家头部机构紧密合作关系，包括建立相对完善的内容营销产品商业化SOP(标准作业程序)、机构优秀内容作者平台扶植计划,以及搭建品牌广告主与机构作者合作撮合平台——点星等,维护大众点评平台健康的内容生态、赋能用户体验的同时,为平台品牌广告业务商业化变现提供更加完善的渠道及业务制度流程保障。

从大众点评平台内部,即广告业务与平台核心业务的联动需求角度,大众点评品牌广告业务部门内部需求角色也发生较大改变。2021年架构调整前,美团点评集团其他核心业务部门均未有品牌广告商业化服务团队,所有品牌广告商业化出口均由点评品牌广告商业化部门负责。以美团外卖的闪购业务为例,2021年前与品牌广告主合作开展"商超便利"的促销活动,以医药行业客户为首的"美团买药"业务合作,或以联动美团骑手等周边内容为主的合作,均需要点评品牌广告业务部门撮合广告主与内部各核心业务团队。其商业化资源及服务售卖,从定价到项目执行,均由点评品牌广告业务部门承担。但自架构调整后,集团内各核心业务部门均成立单独的品牌客户服务团队。所有品牌广告主的合作洽谈及对接服务均由各业务团队自行提供。由此产生了相同品牌广告主和美团点评集团多业务团队服务的较复杂局面,如美团优选、快驴、美团外卖、大众点评等多团队多出口沟通。集团品牌广告业务与其他核心业务部门的联动效应急剧减少,各自营收各自核算,业务线之间联动合作可能性较低。与此同时,其他核心业务部门对原点评广告业务依赖程度也急剧降低。

5.3 大众点评品牌广告业务SWOT分析

5.3.1 业务优势分析

首先,历经多年的飞速发展与沉淀,大众点评品牌商业化团队积累了较多的客户资源和对美团点评平台高度认可的潜在客户群。与宝洁、可口可乐、伊利、蒙牛等知名品牌广告主及其他酒水饮料、日化、药品、3C等品牌客户建立长期稳定合作关系,为其满足与平台进行商业合作的需求。这些稳定合作的客群,为大众点评品牌广告商业化提供了最基本的业绩基础和价值。

其次,以信息流广告为基础的平台商业化在广告形式上较为原生,围绕以"吃"为主的场景与品牌广告主目标人群进行深入沟通、诠释品牌理念。从广告效果角度,广告点击率较高[信息流广告位CTR(点击通过率)均值为1%左右],而反观市场其他媒体环境下的广告资源,广告点击率均值仅为0.5%

左右(包括开屏、信息流、视频贴片、横幅等)。因此从广告投放效果的角度,合作广告主认可度较高。

再次,大众点评平台深耕消费者内容产出领域多年,截至2023年,平台累计95亿次真实记录用户点评笔记及评价。虽然一直以来,平台没有大力推进内容商业化,但平台具有得天独厚的用户内容产出潜能及内容商业化变现的底蕴。2023年初,大众点评平台的商业化转型进一步深化。从广告部门业绩完成率来看,上半年的广告业绩完成率达到了85%以上,这表明转型策略得到了市场和客户的高度认可。在合作的广告主中,有38%为新增品牌(新增品牌定义为两年内未在大众点评平台上下单合作的客户),这一比例的提升显示了平台深耕内容"种草"的商业化方向不仅达到了预期效果,而且在吸引新品牌方面取得了显著成效。

最后,从团队内部人效产能效果来看,平均人效产出相对之前两年较高,扭转了前几年商业化部门利润率低的局面。平台收入利润率为60%以上,普遍高于品牌广告行业利润率均值。虽然业绩体量尚无法与前两年匹敌,但仍存在一定的增长空间。

5.3.2 业务劣势分析

(1) 从广告形式角度,以图文信息流为主。相较市场上其他媒体平台,广告资源类型及互动创新型极度缺乏。如抖音的视频信息流、开机大图、搜索类广告等基础形式,在大众点评平台广告体系中均未呈现。从商业化资源变现角度看,与之匹配的资源形式越少,平台提供能够满足广告主需求的合作机会则越少,在一定程度上对平台广告收入来源造成了影响。

(2) 点评App产品的更新迭代速度低于行业其他主要竞品平台,缺乏更有竞争力的产品。与抖音、小红书等以内容为主、通过消费变现的产品定位不同,大众点评的产品性质以工具型为主。缺少社交与优质的内容生态意味着平台上消费者大多"用完即走",商家无法实现有效的私域流量运营。如何通过提升产品功能价值及内容价值改变用户对于平台功能性认知,是大众点评平台产品迭代亟须解决的重要问题之一。

(3) 无法提升平台用户浏览时长及打开频率等核心产品问题,同样会严重影响平台广告收入。内部数据显示,大众点评平台人均单日使用时长仅为10.2分钟,低于其他竞品平台。大众点评为此也在逐步解决产品功能等核心问题,如为商家端引入视频功能、支持以短视频形式获客,平台则为商家提供视频处理、视频拍摄、合成等基础服务。通过更多产品赋能为商家运营私域流量提供必要工具，从而增强平台商户、内容对消费者的黏性。成熟的产品履约能力以及针对商家的产品服务能力仍是大众点评产品强有力的壁垒，必定会影响品牌广告主对平台用户及合作价值的判断。

（4）纵观 2021 年上半年的品牌广告合作，沟通场景主要围绕以"吃"为核心的品牌及场景营销。而大众点评致力于成为国内领先的本地生活消费指南平台，深耕消费领域，为消费者及品牌提供全面、真实的商户信息及消费评价，满足双方的需求。目前其他覆盖消费者衣、食、住、行领域的市场认可度相对较低，平台在这些领域的影响力急需增强。而在面对玩乐及购物领域具有先天竞争优势的小红书及抖音平台时，大众点评平台内容及产品如何发力、如何与这些强有力的竞争对手进行差异化竞争，势必也将改变大众点评平台广告商业化发展进程。

（5）从平台的开放度来看，大众点评平台对站内流量为广告主其他平台导流（如电商及品牌官网等）持极谨慎态度，流量开放属性较弱。与抖音、小红书等为品牌广告主提供完整电商变现链路的开放平台相比，点评平台竞争力较低。对于全生态开放要求较高的广告主，大众点评平台的竞争力相对不足。

（6）专注于内容合作变现的大众点评平台还处于平台商业化转型期，尚且不能像其他开放采购平台（如抖音星图、小红书蒲公英等）为广告主及内容合作方的直接合作沟通及广告资源采买提供服务。现在的大众点评平台内容合作仍以平台内部人员需求对接为主，采购的人工成本较高。

5.3.3　市场机会分析

信息流广告是移动互联网时代一种重要的广告创新形式。它最早于 2006 年出现在 Facebook 上，随后被新浪微博、今日头条和其他主要网络媒体使用。近年来，我国信息流广告市场的交易规模正在逐年扩大。2019—2023 年，中国信息流广告市场交易规模普遍上升，年均复合增长 106%。《2023 中国互联网广告数据报告》显示，2023 年，中国互联网广告市场规模预计为 5 732 亿元人民币，较 2022 年增长 12.66%。

大众点评不仅是具有公信力的生活消费决策和内容分享平台，在当前内容场景营销趋势下，也具备了与品牌广告主合作的基因。平台用户习惯于在大众点评中寻找关于饮食、休闲、购物、旅游等的真实消费评论和消费建议，这些源自用户真实体验并融入个人情感的高质量内容有效地提高了用户与品牌之间的信任度及品牌广告商和平台的营销价值。

5.3.4 市场威胁分析

大众点评平台广告业务的威胁因素主要源于以下几方面。

(1) 公司内部其他部门的竞争。美团点评集团和品牌广告商业化团队的业务边界划分尚不清晰,存在多个部门服务于同一品牌客户的情况。在提供的广告资源、形式及服务差异较小的前提下,势必存在来自内部的客户竞争及资源比价,导致一定的收入流失及内部客户划分纠纷。

(2) 内容市场上供应商的乱象。对于转型后专攻内容品牌商业化合作的大众点评而言,虽然市场上服务点评的 MCN(Multi-Channel Network,多频道网络)机构及达人较多,但其内容质量及服务能力质量参差不齐。因此,品牌广告商业化的内容交付无法实现标准化。品牌客户每次项目合作都可能产生不同的体验,从而影响客户对平台的认可度。针对市场乱象,若平台无法牵头采取商业化环境梳理或公开交易平台搭建等有效措施进行整体商业化环境整治,大众点评以内容为出发点的品牌商业化之路将面临较大威胁。

(3) 本地生活市场中竞品威胁。老牌竞争对手阿里巴巴的持续追击也让大众点评商业化的转型工作腹背受敌。面对市场上众多强有力竞争对手的威胁,大众点评如何明确找准方向、如何制定清晰的商业化模式,需要对市场环境和自身情况进行深入认知,并结合公司战略方向进行有效的优化调整。

5.4 大众点评品牌广告业务的营销战略

5.4.1 目标市场及目标客户群选择

作为以"吃"为核心的生活服务超级内容平台,大众点评品牌广告商业化的目标市场应该选择与"吃"相关的、与生活场景强关联的行业客户,即以"食品饮料""酒水"等为主的快消行业,涵盖"出行旅游"相关的汽车、旅游行业,以及女性消费者高频使用的"医药、3C、美妆"行业。只有深入挖掘与平台高度匹配的行业客户需求,才有可能创造更大的品牌广告合作空间,从而更好地实现品牌商业化广告转型。

对大众点评平台用户画像进行分析发现:平台用户主要集中在一、二线城市;年度活跃交易用户中,女性用户占比为58.6%,高于男性;年龄以20~35岁为主;消费能力上,以中高收入的品质人群为主,如图5.1所示。

 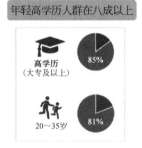 

图 5.1　大众点评平台目标用户画像

资料来源：大众点评数据。

从平台用户关注的内容来看，主要集中在美食、出行、丽人等板块。平台用户对"美食"内容的关注评论等超五成。内容增速较快的丽人和母婴等板块也值得更多关注，如图 5.2 所示。

图 5.2　大众点评平台用户关注内容 TOP 10

资料来源：大众点评数据。

从各城市用户群覆盖角度看，虽然不同城市等级略有差异，但仍以"妈妈人群"和"年轻女上班族"为主，男性用户覆盖占比相对略低。

综上所述，品牌广告商业化的目标客户群应该基于平台用户属性和特征有针对性地进行选择，并且对与平台用户群高度匹配的品牌及产品线进行突破，从而增加平台合作客户量、提升整体品牌广告部门营收。

5.4.2 业务定位

按照波士顿矩阵原理,大众点评平台品牌广告业务可以被划分为三种类型,即以广告曝光为目的的信息流广告业务、以用户教育为目的的内容商业化业务、以整合营销传播为目的的O2O业务,如图5.3所示。

图5.3 大众点评平台三大业务波士顿矩阵分析
资料来源:大众点评数据。

1. 信息流广告业务

作为年均复合增速高达106%的中国信息流广告市场,其交易规模总体呈逐年增长态势,近两年更是保持高位增长。《2023中国互联网广告数据报告》显示,2023年,中国互联网广告市场规模预计为5 732亿元人民币,较2022年增长12.66%,与2019年的市场规模4 367亿元相比,增长了31.26%,4年复合年增长率为7.04%。相较于市场整体盘量,截至2023年,大众点评以信息流为主的品牌广告业务收入增长率保持强劲。对于大众点评当前的信息流广告业务而言,尽管平台商业化已经取得了一定的进展,但与市场上小红书、抖音等竞品平台相比,市场占有率可能仍然有提升空间。此外,产品自身更迭速度、广告形式的多样性等问题,可能也影响着该业务的市场竞争力。后续应当加大对该产品商业化及广告形式的重点投资,进一步提高市场占有率,使之转变为"明星产品"。

2. 内容商业化业务

相较于2017—2018年即开始布局内容商业化的抖音及小红书平台,大众点评该业务板块起步晚,导致市场占有率并不高。然而,在移动互联网时代"全生态"化主旋律的影响下,广告业务由单向的品牌内容提供者(向目标用户传递品牌信息的模式)转变为消费者或产品用户升级为重要品牌价值共创者的双向交互角色。这进一步加速了用户从被动产品接受者到主动价值创造者和传播者的转变。随之而来的是,越来越多的品牌广告业务需求以内容商业化为切入点。因此,如何进一步提升该业务模块在整体内容市场上的占有率,如何吸引更多品牌广告主在大众点评平台投放内容生态,如何把此部分内容逐渐培养成公司仰仗的"明星产品"等,都是该业务在定位和发展过程中需要不断深入考虑的问题。大众点评应当掌握业务结构现状,预测未来市场变化,有效、合理配置业务资源。

3. O2O业务

O2O业务是指处于低增长率、高市场占有率象限内的业务,大众点评平台的O2O业务模式已经被市场认可且相对成熟。品牌广告对大众点评O2O业务整体需求量较大,但O2O业务涉及较多线下成本及公司内部人力执行成本,导致该业务板块整体利润率相较于线上广告业务(如信息流业务)而言低。这也是2021年初平台商业化策略调整时重点削减该业务板块的重要原因,平台策略转而追求更高利润率的线上广告业务(信息流广告及内容商业化)。由于该市场已经成熟,平台不必再大量投资以扩大市场规模。同时,作为市场领导者,该业务可以给平台带来稳定的广告收入来源,因此不应大幅度削减该业务,可采用"收获战略",即投入资源以达到短期内的收益最大化。比如,以O2O业务合作需求撬动更多品牌广告主尝试平台信息流及内容业务的合作,短期内获取更多利润,从而为其他业务及产品提供必要的投入资金。

总体而言,平台广告商业化转型的进一步成功仍需依靠多项辅助因素的共同配合。比如,大众点评平台内容如何从差异化竞争的角度发力、如何提升平台用户黏性、如何通过市场发声进一步提升品牌广告主对平台转型方向的认可,以及公司内部对于多部门的内部无效竞争和平台供应商的乱象如何进一步治理等问题,都将会对大众点评平台广告商业化发展造成较大影响。

5.4.3 竞争战略

1. 信息流广告业务:差异化战略

作为消费者生活服务领域媒体平台,大众点评与抖音、小红书、阿里巴巴本地生活等其他竞争平台存在信息流广告产品及服务同质化的现象。如何提供具有竞争力的信息流产品或服务,从而构建产业范围具有独特性的差异化内容,是大众点评平台在转型过程中不容忽视的重要问题。具体而言,在产品功能上,虽然都以原生信息流为主要承载形式,但是如何依托大数据算法的推荐逻辑实现更精准的内容推荐,从而在消费者使用时长和消费者黏性上不断创造新高,是大众点评平台产品部门需要不断体现差异化的重要方向。在销售策略上,应当思考通过何种途径凸显美食领域第一、机票酒店出行及医美等消费者生活领域用户量飞速增长的大众点评平台优势。

2. 内容商业化业务:集中化战略

内容商业化对于点评平台而言属于新型业务板块。建议大众点评平台采取集中化战略,主攻女性年轻白领及妈妈客户群,以一二线、准一线重要城市为核心,继续稳定强势市场。在此基础上,凭借美团集团平台对三线到六线城市的强势覆盖,逐渐向下沉城市市场渗透,以更高效率、更好效果为年轻品质人群服务,从而具备超过行业其他媒体平台广告商业化的能力。

3. O2O业务:成本领先战略

O2O业务属于大众点评平台市场领先业务板块,市场占有率较高。但是,由于业务板块利润率较低,品牌广告商业化整体利润也受到一定影响。

大众点评平台应当逐步完善高效的内外部沟通渠道,使销售团队、线下联动相关执行团队的人效进一步提升。此外,建立规模化、流程化的售前售后客户服务体系;严格控制成本、管理费用及产品的研发与迭代成本、市场宣传推广等方面的费用。而在上述成本领先措施中,规模化流程及服务体系、产品研发与迭代成本控制这两项对于转型中的大众点评平台尤为重要。应该建设以销售团队为核心、以其他部门为辅助的各项标准化SOP系统流程。小到售前策略提案的产出、资源案例的整理、可售卖资源的迭代更新,大到平台广告产品月度、季度的迭代规划,都应该尽可能做到内外统一和标准化。产品迭代内容应该提前制定、按计划实施,而不是流程标准不统一、对外输出信息差异大,且产品重要功能迭代开发排期不清晰等,影响了平台商业化进程及效能的进一步产出。为实现目标,成本控制这一关键问题需要得到高度重视,确保总成本低于竞争对手平台。如何串联线下680万品质商户、联动线上线下整体广告传播内容,从而向品牌广告主输出更多营销资源和合作方法,是广告商业化部门及销售团队在商业化转型过程中不得不攻克的重要难题。

5.5 大众点评品牌广告业务的营销策略

5.5.1 产品策略

大众点评作为品牌广告商业化部门,当前只将以信息流为主的线上广告形式作为最重要的收入来源,无论是合作品类还是内容形式,均不存在优势。因此,大众点评平台亟须针对用户需求提出成套解决方案。按营销战略七步法中的产品组合定位分析法,在主销产品、辅销产品和形象产品中进行产品组合优化。

(1) 主销产品。增加线上广告形式,以信息流为核心产品,实现开屏广告、横幅广告、搜索广告等资源的商业化。

(2) 辅销产品。以社会化媒体内容合作为转型后重要发展方向的大众点评平台,除常规线上广告产品外,还需增加以内容合作为主的话题相关产品。如话题榜热搜、"品牌×平台"话题联动等专项合作资源形式;如"欧洲杯看球攻略"等平台级话题合作项目,并向特定广告主群体如啤酒品类、零食品类等招商。以"信息流+内容"的形式,创造比主销产品更具性价比的产品组合,并不断提升平台在内容创作上的原生内容价值。此外,还需不断增强平台达人及用户整体的原生内容创造力,打造从内容"种草"、消费体验再到口碑分享的平台内容影响力闭环。

(3) 形象产品。平台形象产品的打造需要突出大众点评无法替代的优势,即与线下商户的串联合作。广告主与大众点评平台的合作,不仅仅看重其拥有的6.2亿年活跃交易用户数,更重要的原因是平台对线下680万合作商户的影响力。然而,当前大众点评平台的广告商业化并未能很好地运用这份影响力,线上、线下场景串联的整合营销需求有待进一步满足。对具有较高预算的品牌广告主而言,如伊利、蒙牛、亿滋等,它们仅看重平台级大项目,对大众点评平台提供的单纯线上信息流广告形式并无较强的合作意愿。因此,较主销产品来讲,虽然形象产品的平台人力成本相对较高,但是此部分产品组合的提供提高了这些品牌广告主与大众点评平台合作的可能性,进一步增强了平台在品牌广告业务上的影响力及不可替代性。

5.5.2 定价策略

在产品定价上,以信息流广告为例,大众点评目前的广告产品价格不具备竞争力,定价策略有待调整。小红书、抖音、大众点评平台信息流广告内容对比如表 5.1 所示。

表 5.1 小红书、抖音、大众点评平台信息流广告内容对比

项 目	小 红 书	抖音/巨量引擎	大 众 点 评
信息流形态	双列信息流	单列信息流	双列信息流
商业广告位次	固定位次	用户刷新轮次多,不固定	固定位次
售卖方式	CPM＋GD 保量; CPC 竞价,品牌客户视营销目的可选择投放方式	CPM＋GD 保量(智能优选,位置优选); CPT(首刷,分时段、分地域); CPC 竞价,品牌客户视营销目的可选择投放方式	CPM＋GD 保量(智能优选,位置优选)
售价(以大客户售卖净价为例)	CPM 净价:40～80 元 ＊根据调研排期中的 CTR 最高值 1%, CPC 3～8 元	CPM 净价 智能优选:40～50 元 位置优选:50～65 元 ＊根据调研排期中的 CTR 最高值 0.5%,CPC 8～10 元	CPM 净价:60～72 元 CTR 最高值 0.8%, CPC 8～10 元
溢价规则	支持定向,30%溢价封顶; 性别、年龄不加收; 核心城市、重点城市以及兴趣标签有溢价	多个定向可叠加,不设上限; 性别、年龄、兴趣标签不加收	多个定向可叠加,不设上限; 性别、年龄不加收,核心城市、重点城市,人群包和兴趣标签有溢价

注:CPM:cost per mille,千人成本;CPC:cost per click,按点击付费;CTR:click through rate,点击通过率;GD:guaranteed delivery,信息流合约投放;CPT:cost per time,按展示时长计费。

仅考虑品牌广告主衡量平台投放价值及效果的三项指标(CPM\CPC\CTR)(不考虑广告形式及用户路径),大众点评平台信息流广告的竞争优势非常不明显,因此需要通过竞争导向定向法重新衡量其广告位定价策略。针对不同行业客户、不同需求进行差异化定价,或结合特定行业制定促销政策。此外,也可通过广告主年度合作金额进行梯度报价,以鼓励品牌广告主投入更多合作,从而获得更具性价比的价格。

5.5.3 分销策略

作为平台广告商业化合作的重要分销渠道之一,广告公司代理商的策略制定会在很大程度上影响大众点评平台年度广告收入。

虽然目前平台内部按照年度合作量级将分销代理商分为S级、A级、B级代理,但其在渠道产品售卖政策上无明显差异,仅根据渠道商年度合作量级的不同提供差异性较小的返点政策及新客户奖励。换言之,政策对平台分销渠道并无较大吸引力及约束力。反观其他品牌广告平台,如腾讯、抖音、快手等,均对广告代理商实行梯度价格政策及返点奖励计划。根据每家广告代理商年度分销目标额度及完成率,匹配不同政策的激励制度。

此外,对于大众点评内部一线销售尚未触及、需要深入客户资源的行业,如白酒、会展等,平台应考虑将分销权交由个别代理公司,借助其对行业客户的影响力,实施更有效的渠道政策及奖励措施,从而使其为平台拓展更多行业客户,进一步提升品牌广告商业化的营销价值。

5.5.4 传播策略

在内容平台领域,大众点评平台基于用户真实消费体验的内容价值是同类竞争对手平台无法比拟的。但随着消费者需求多元化、品牌广告行业市场细分化,为突破内容市场产品和服务日益同质化的困境,大众点评平台必须提高其在市场上的传播声量,确立以"吃"为核心、覆盖消费者众多生活领域和消费场景,以及具备内容合作价值的平台属性。

小红书作为大众点评现阶段主要竞争对手,其在传播策略方面表现非常突出,主要可以分为以下三个阶段。

(1) 初创期:深挖用户需求,引领用户参与。

(2) 成长期:传播手段多样化,扩大品牌认知。

(3) 成熟期:公关、用户口碑双重驱动,实现品牌共鸣。

相比之下,大众点评平台在内容生态全面升级的当下,如何全力释放平台内容潜能是平台广告业务营销策略中最为重要的部分之一。大众点评平台传播策略的优化建议如下。

(1) 优化受众市场,先满足小部分人的个性需求。民以食为天,以"吃"作为增强用户黏性、增强传播效果的切入口,先满足细分市场部分受众的需求。随着后期平台内容的多元化,逐步满足"穿""住""行""游"等其他细分生活领域的用户需求。

(2) 整合传播方式,加大市场声量。以明星代言、冠名或活动为手段的大众点评平台市场发声严重不足。应当开发新的市场资源、提高品牌市场资源的利用率,从而在年轻人群中提升品牌忠诚度,占领二、三线城市主力消费人群市场。

(3) 打造 IP 链,扩大平台形象影响力。近两年的 IP 热成为迅速俘获年轻人的方式之一。纵观其他媒体平台,小红薯(小红书)、企鹅(腾讯)、侯三迷(优酷)、22 娘和 33 娘(Bilibili)等均通过平台虚拟形象的打造与用户进行深入沟通。此外,结合平台会员福利体系、品牌联合跨界等传播手段,打造传播爆点吸引年轻人群主动关注并提升其对平台的好感度。

(4) 持续积极培养意见领袖,打造用户好感。对 UGC 社区平台而言,内容质量是最为关键的。高质量内容不仅可以吸引用户持续使用和关注、实现用户共鸣,还能增强品牌广告主的合作黏性。大众点评平台应该注重对 KOL 用户的培养,通过他们引导平台内容走向,促进 UGC 内容的健康循环,从而形成真正的分享型社区,实现以用户为出发点的主动传播。

5.5.5 客户关系策略

1. 行业新客户关系的开发

随着大众点评 2021 年的新业务转型,以往线下业务及商户联动等方式的品牌广告主合作需求无法满足,故而降低了现有合作客户的数量及单笔品牌广告合作体量。在此背景下,仅维护现有客户关系,无法满足平台逐年增长的品牌广告业绩要求。因此,平台必须有目标、有准备地拓展可合作的新行业及新客户。

大众点评合作品牌广告主头部行业目前以食品饮料、汽车等为主,未来是否可以挖掘如医药、IT、3C 等新行业、新客户的需求,有待品牌广告部门一线销售团队制订针对性的计划。此外,还需配合特殊行业政策及合作奖励计划等以确保新行业客户合作机会及落单转化。

2. 客户忠诚度培养计划

大众点评以往的品牌广告合作在客户忠诚度培养方面没有任何措施及规划。年度合作 TOP10 体量的客户与其他客户享有相同的折扣政策及产品服务。建议平台实施差异化价格政策或服务策略以培养客户忠诚度。针对高产出、黏性强的客户实施投放返点或返货奖励,从而提升品牌广告主的合作频率及合作金额。

3. 平台级内容创作机构的合作建立

作为内容产出的平台,优质内容是平台用户黏性及品牌广告主认可度的决定因素。以往大众点评优质内容提供者(平台级 KOL)隶属于大型内容创作机构,平台与机构间并无稳定、持久、深入的关系。然而,平台整体内容质量的把控与平台达人内容产出的频率等均需依靠核心的 MCN 机构进行监管和督导。因此,与核心 MCN 机构合作关系的建立有助于获得平台流量支持和内容引导等。无论是微博、抖音还是小红书,每年都会投入大量资金支持头部机构及达人的运营,而大众点评在这方面的客户关系管理上存在漏洞。综上所述,大众点评平台在产品宣传的同时,必须重视客户及内容机构关系的维护,才能实现其内容商业化的高效转型。

结语

大众点评作为中国互联网 O2O 行业标杆企业和中国有影响力的生活消费引导平台,深耕生活消费领域、覆盖消费者众多生活场景,致力于为用户提供全面、真实的在线信息和消费评价以满足用户需求。同时,本地生活消费服务内容以信息流的形式呈现,吸引用户积极获取生活知识和体验。在面临重大业务转型的当下,如何定义其广告业务的策略方向、如何解决转型过程中出现的难题,是平台转型能否成功的关键。只要找到符合平台特色的业务发展方向、提高优质内容生产能力并不断培养高黏性用户,大众点评平台品牌广告商业化进程就能顺利进行,发展成为中国 O2O 行业最具影响力的平台之一。

第6章

货——产品营销：数字化营销下的品牌破圈成长

数字化时代，如何最大限度地利用数字化平台与工具圈定目标客群，如何通过精准营销布局与品牌建设为用户提供卓越的体验，是初创企业打破常规发展路径、加速自身发展的核心竞争优势来源。本章以希望树品牌为例，深度解构了一个初创企业坚持品牌长期主义，通过平台与品牌共振完成从0到1品牌升维、从白牌到品牌突破的全过程。同时，本章基于数字化时代"人文货场"新营销模式，解读了该企业借力抖音平台，以数字营销实现品牌"破圈"成长的路径和方法，旨在为其他初创企业的数字化营销提供有益的理论依据及实践参考。

6.1 希望树品牌缘起及发展历程

6.1.1 品牌缘起

近年来人们对"家"品质的关注显著增加，室内装修过程中的甲醛超标问题日益受到消费者的广泛重视。据统计，2021年美国空气管理市场规模达362亿元，而中国家装环境治理市场规模仅为50亿~60亿元，渗透率更是不足15%。考虑到中国家庭数量远大于美国，我国的空气污染与家装环境治理市场的增量空间十分可观，预计未来将实现快速增长。加之消费者心智的建立，未来渗透率也存在较大的提升空间。

目前我国除甲醛业务主要分为线下除醛与自助除醛两种。除甲醛企业早期多以线下除醛业务起家，其业务形式多为专业施工团队上门，采用来自高校实验室或国外的先进技术,对板材、涂料(乳胶漆)等进行精细喷涂治理,随后对室内空气进行持续复检验收,收费一般在每平方米 50～80 元之间。而自助除醛是指消费者通过在互联网上购买放置类、喷雾类等产品在家自除的形式。这种形式不仅操作方便,价格也较线下除醛便宜许多,只需要 200～400 元即可达到相同效果。

  2020 年以来,随着互联网的发展,便捷自助除醛逐渐取代线下除醛业务走进大众视野。浙大冰虫、材慧、AIR FUNK、佳允、中科沐森等曾经主打线下的新老牌甲醛企业也开始研发自助除醛产品。尽管部分老牌企业借自助除醛之势焕发了些许活力,然而深得消费者喜爱和认可且一提到"除醛"就能立刻联想到的巨头品牌却不多见。因此,锚定这样一个市场前景广阔且集"大环保、大消费、大健康"于一体的朝阳行业,强力推进落实品牌运营和品牌建设、应对巨头下场提前布局护城河的企业将大有作为。

  在此背景下,除醛新兴品牌"Full of Hope 希望树"(以下简称"希望树")开创了国内首个凝胶形态的除醛产品。希望树品牌于 2021 年起借力抖音平台开启数字化营销,凭借其品牌产品的差异化定位和抖音巨量引擎的全链路营销工具,突破品牌建设壁垒、快速抢占市场份额、树立行业品牌占位,实现了白牌到品牌、新兴到头部的飞速蜕变。如今,希望树已在抖音、天猫、京东、淘宝等中国各大主流电商平台中位居除甲醛类目、环境类目和家清类目的头部。

6.1.2　发展历程

  希望树创始人潘浩早年曾在宝洁、联合利华、百事和美素佳儿任职,2015 年开始独立创业,其间尝试做过品牌咨询、生鲜业务、化妆品业务和电商业务等,但都以失败告终。2019 年 7 月,潘浩决定回归老本行——家庭清洁和护理领域,并成立上海时宜品牌管理有限公司,组建了一支集产品研发能力、品牌运营能力和流量运营能力于一体的创业团队。

  在随后的反复探索与试错中,希望树获知了有关美妆、护肤、家清、个护等日化端品牌在淘宝各级类目下的精细分类、市场规模、增长速度、客单价等信息。经过多方数据比对,希望树逐步确定了家清赛道。在此期间还有段小插曲,团队的一位核心成员由于搬入新家,苦恼于如何尽快解决房子味道重、甲醛浓度高的难题。正是出于保护家人健康的这一契机,团队加速锚定了除甲醛这片"蓝海"。2020 年 6 月,"Full of Hope 希望树除甲醛魔盒"(昵称:FOH 除甲醛果冻)正式上线。同年 11 月,植物除醛急救喷雾正式上线,除甲醛品类越来越丰富。

随着产品布局完成,希望树于2021年正式入驻抖音平台,开启了数字化营销之路。在抖音旗下数字化营销服务平台——巨量引擎的帮助下,品牌销量进入快速增长阶段。然而,品牌起量后,模仿品牌和仿品层出不穷。2021年末,希望树又将营销视角从投产转向品牌曝光,其曝光方式也从单纯的明星代言转向扩大"巨量星图"达人合作,以树立除醛行业专家的形象。

积极对外扩张的同时,潘浩意识到向内提升自身核心竞争力的重要性。因此,其逐步打造出一套高效的任务协同、人员及文化管理的整合性系统,增强支撑中后台、前端一体化的精益运营能力,以确保在业务体量快速增长的情况下既能在市场站稳脚跟,也能稳步推出新产品。

6.2 初创品牌的制胜路径

随着家装市场扩大及消费者意识增强,自助除醛市场迎来发展机遇期。然而,希望树也需要解决客群寻找、用户教育、决策优化等问题。面对这些如重重大山的挑战,希望树在战略层面,从除醛业务赛道切入,同时坚定选择抖音作为主要渠道,这成为其决胜的前提。在战术层面,依托抖音算法分发的优势批量锁定客群,通过短视频特有的密集信息量完成消费者教育和高效"种草",借助巨量云图的O-5A模型准确判断决策进程并适时调整。在巨量引擎的强力助推下,希望树成功将战略和战术合二为一,完成了短时间内从白牌到品牌的惊人一跃。

6.2.1 打造差异化产品,占领消费者心智

手段目的理论认为,消费者在购买产品和服务时,其出发点是实现一定的价值。这一价值的实现需要取得一定的利益,而这一利益的获得则来源于一定的产品属性。其中,属性是指产品外在与内在的各种特征,包括选材、包装、色彩、价格等;利益是指由产品属性导致的状态,包括功能利益、体验利益、财务利益和心理利益等;价值是指消费者达成重要消费目标的心理表现,包括归属感、爱、自尊、成就感、社会认同、享受、安全、快乐等。个人价值是消费者追求的最终目标,手段是消费者实现目标的方法,具体表现为产品属性及由此带来的产品利益,如此形成了一个由产品属性、产品利益、个人价值构成的手段目的链。希望树利用手段目的链工具,通过自然原生态的选材、高颜值的外观和高效的除醛效果获得了众多消费者的青睐,如表6.1所示。

表 6.1　希望树品牌的手段目的链

产品属性	产品利益	个人价值
复合雪松除醛因子(成分)：全植物配方	实验条件下 24 小时除醛率 95.8％ 甲醛被转化为二氧化碳和水,安全无毒、无刺激,绿色环保	通过创新的、安全的、高效的除醛技术,带给每一个家庭幸福生活
激活材料	除醛变色——效果看得见	
雪松精油	清香好闻——嗅觉	
大豆油墨	印刷图案——环保	品牌定位：树立除醛行业专家形象
PET(聚对苯二甲酸乙二醇酯)材料	可回收包装——环保	

（1）将复合雪松纯植物除醛因子作为产品原料,雪松因子与甲醛发生化学反应后转化为二氧化碳和水。实验条件下 24 小时内除醛率高达 95.8％,1 罐等于 86 盆绿萝的除醛功效,整个过程安全无毒、无刺激且绿色环保。

（2）添加激活材料,并特意设置了可视化的产品变色机制。消费者在使用时,需将盒内的激活液滴在蓝色果冻凝胶表面。随着产品被激活,果冻凝胶会在 24 小时内开始变色,果冻凝胶中的核心除醛成分复合雪松除醛因子便会开始挥发,7 天内盒中的果冻凝胶将逐渐变为乳白色、淡紫色,直至 3 个月后彻底干瘪。

（3）除醛果冻中添加清香好闻的雪松精油,提升了消费者的嗅觉感知。

（4）采用大豆油墨印刷图案并使用 PET 可回收材料作为包装,既做到了绿色环保,也体现了其"安全、健康、放心"的理念。

正如品牌名所述,家是孕育希望的地方。希望树使用来自大自然的植物精华,以安全无害、绿色环保的方式净化室内甲醛,如大树一般时刻保护每一个家庭、守望每一点希望。这种"看得见"的除醛过程,很大程度上消除了消费者由于无法感知除醛效果而对除醛产品的怀疑,从而使消费者获得了全新、可信赖的除醛体验。希望树通过创新、安全、高效的除醛技术,带给每一个家庭幸福生活。其在满足消费者价值需求的同时,也为树立除醛行业专家形象奠定了坚实的基础。

6.2.2　构建客户画像,圈定目标人群

对于初创品牌希望树而言,想要获得更多的声量和销量,快速找准对本品有需求或潜在需求的客户是关键。而对客户进行精细化运营的第一步在

于构建客户画像,针对不同需求的客户匹配不同的营销内容,引导并满足其个性化需求。

根据前期的投放结果与内部商议,团队将品牌用户画像圈定为在一、二线城市,年龄在25~35岁之间,对健康安全更为敏感的高知宝妈群体。巨量云图数据显示,本品在精致妈妈、新锐白领、资深中产这三种人群中的渗透率最高,分别达到23.47%、11.68%、14.84%,如表6.2所示。这些数据进一步验证了希望树在标的用户投放上的精准性。

表6.2 希望树目标人群

目标人群	小镇青年	小镇中老年	Z世代	精致妈妈	新锐白领	资深中产	都市蓝领	都市银发
希望树渗透率/%	5.92	4.44	2.52	23.47	11.68	14.84	7.56	2.52
行业渗透率/%	2.57	2.92	1.41	7.78	4.30	6.26	3.35	2.08
5A中八大规模/万人	961.0	644.4	345.5	349.8	399.7	441.2	1 107.3	338.0

资料来源:希望树在巨量云图中的数据(2021年12月21日至2022年1月19日)。

考虑到消费者触点的多样性及客户运营的实时性,希望树利用营销自动化工具设置触发条件,即时进行内容推送,并且,通过对消费者用户信息、行为数据的追踪和分析,不断优化运营策略,提高运营效果。与此同时,基于不同营销方式和营销内容下用户行为及产品交易的分析,能够更有效地优化营销模型。

6.2.3 聚焦抖音平台,布局品牌营销

随着移动互联网技术的进一步发展,以抖音为代表的短视频流量平台迅速崛起,拥有用户和流量即意味着拥有潜在的消费者与无限的商机。希望树经过多方对比分析发现,较之其他平台,抖音平台具有三大突出优势。

(1) 引流能力强。作为一款主打即时型消遣娱乐的短视频社区平台,抖音从创立初始就自带大流量和娱乐属性。截至目前,抖音平台已经成为中国互联网用户日常使用频率较高的新媒体平台,并且使用频率与使用时长仍呈现不断上涨的趋势。抖音的低准入门槛带来的不仅仅是刷视频的观众,更是数量庞大的潜在消费者。

(2) 推荐能力突出。一方面,抖音采用的基于信息的协同过滤、用户社交

关系的精准推荐和基于内容流量池的叠加推荐等智能算法，可以更好地满足用户需求。另一方面，消费者运营与资产管理追踪使得品牌在营销投入上更加有的放矢，从而实现最快路径的流量转换。

（3）适合品牌推广。抖音在视频的画质、创意、规格方面都有严格要求，适合企业拍摄高质量的品牌和内容宣传视频进行投放。与此同时，抖音平台会记录每个视频的互动反馈、视频完播率，以此作为第二次流量分配时的依据。基于此，主播可以实现爆发式涨粉，最大限度提高广告曝光率。

由于抖音用户人群与本品目标客户高度契合，因此无论是视频内容还是流量分配，抖音平台都非常适合用于品牌宣传。该平台能够为本品提供涵盖生意诊断、定向优化、品效爆发的全链路扶持；孵化出满足客群消费需求、品质过硬的新锐品牌，助力本品不断提高自运营能力。反复商榷后，希望树最终将品牌营销的主战场聚焦于抖音平台，依托其强大的用户基础、营销资源和数据能力，持续投放高品质原创短视频内容引流圈粉，最终登顶日化行业品牌热度指数榜首并获评2021年"十大最具投资潜力的新品牌"之一。

6.2.4 活用巨量引擎，加快品牌传播

1. 借力"星川云"工具，引领品牌销售转换

抖音强大的营销能力来自其数字化营销工具"巨量引擎"，包括巨量云图、巨量星图和巨量千川，简称"星川云"。其中，巨量云图是指以品牌资产为核心、助力客户营销洞察和科学度量的数据平台。该平台拥有帮助客户实现人群资产洞察、业务场景"诊断＋优化＋追踪"一站式操作等多种功能，致力于精准获客、优质增长。巨量星图是基于创作者生态的一站式达人撮合平台。商家根据巨量云图显示的历史人群数据，基于爆量能力（指某天的成交量比以往高出数倍，甚至超过历史成交量的现象）、互动能力、转化能力等指标，在巨量星图提供的达人中选择适合品牌进行内容推广的达人组合，然后在具体营销场景中投放给目标人群，以实现精准"种草"的目标。巨量千川是为商家搭建的广告投放平台，为商家和创作者提供了抖音电商"商品管理—流量获取—交易达成"的一体化营销解决方案。

希望树通过"星川云"工具，以效果提升为目的进行品牌打造，引领品牌效果和销售转化的共同实现。在巨量云图方面，团队通过数据精准聚焦价值人群，优化品效配比及巨量千川的跑量模型，从而科学验证各渠道的广告投放效果。在巨量星图方面，团队利用"达人＋品牌＋竞价广告"组合模式，以巨量星图追投内容热推的思路助力达人打造高价值的爆款内容，同时稳步提

升短视频和直播的创新频率。在巨量千川运营方面,团队以巨量云图为指导实时调优"定向、频率控制、流量控制"投放模型,以巨量星图为内容来源及时优化跑量素材(包括明星口播、明星/达人混剪、达人口播、素人使用展示、素人口播、素人测评、素人情景剧、产品使用展示、直播间高光片段、图文快闪、素材混剪等)实现预定的商品成交总额目标。巨量引擎"星川云"策略带来的便捷的投放体验、专业的流量思维、权威的榜单体系,帮助希望树品牌实现了圈层拓展、多元化营销和业务新增长。

2. "GTA"全域铺陈,实现全链路品牌营销布局

抖音以营销大师菲利普·科特勒(Philip Kotler)的"5A 理论"为原型,在原有的 aware(知晓)、appeal(吸引)、ask(问询)、act(行动,即购买)、advocate(拥护)基础上补充 O(opportunity,机会)作为潜在群体,推出了"O-5A 模型"。其中,O(又称"A0")为尚未接触过品牌信息的机会人群,A1 为被品牌触达一次的被动人群,A2 为被品牌触达多次的浅度认知人群,A3 为对品牌有主动行为的深度互动人群,A4 为实施了购买行为的人群,A5 为与品牌形成了长期互动的私域人群。

在巨量引擎的建议下,希望树在 A1 人群数量的提升上,一方面借助 top view(超级首位广告)辅以 top live,将 top view 和高效引流相结合实现直播间无缝衔接,从而在第一时间捕捉用户群体视线、营造沉浸式体验氛围,并迅速获取用户群体的信赖。另一方面,通过 feeds live 提升直播间用户的观看热度,进一步提升引流效率,实现超强导流。同时,以全民任务为核心,结合挑战赛、明星和 IP 等多种形式进行强曝光,以品牌号、贴纸、音乐等内容与品牌进行强链接和强互动,并借助明星达人进行强破圈,从而实现对潜在客群的大范围触达,以此达到迅速扩大品牌影响力、提升品牌热度指数的目的。

在向 A2、A3 人群的转换上,希望树通过巨量星图达人(用科学方法找到对的达人)、品牌曝光(让达人制作的优质内容被更多人看见)和效果转换(达人价值长效激发),提升品效协同营销效果。其中,与达人合作前,希望树通过人群资产反选的方式,提升达人与品牌的契合度。进行推广时,首先通过赛马机制甄选优质素材,通过内容质量的提升实现达人"种草"背书;其次借助 Dou+、热推等工具撬动商业流量进行人群渗透,实现内容和声量的进一步提升;最后买下版权制作竞价素材,对优秀素材进行二次制作,辅以竞价流量追投,实现客群升级。

对于 A4 人群,希望树先以"明星短视频+话题预热"实施前期蓄水,再通过"明星+达人空降"打造热点直播,而后以"明星视频+直播高光回播"完成品牌直播闭环链路，提升向 A4 人群的转换率。同时，希望树通过平台提供的品牌资产分析、内容数据诊断、用户线索沉淀、转化数据分析等方式打通品牌号私域链路，如图 6.1 所示。

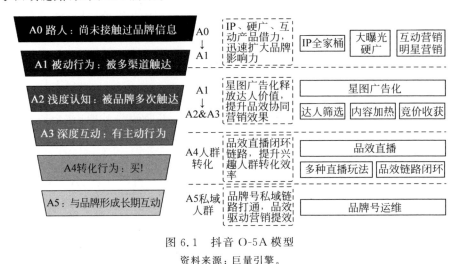

图 6.1　抖音 O-5A 模型
资料来源：巨量引擎。

在此基础上，希望树运用 GMV to 5A（GTA）思维，从目标 GMV 出发，计算出人群资产的需求量；再根据人群资产的流转效率，分析出所需的曝光量级，并作出相应的预算分配。GTA 是将商品交易总额和 5A 人群相结合进行推导的计算模型，既可以帮助品牌在大促前夕预估需要积累的目标 5A 人群资产数量，也可以在经营过程中复盘过去的生意走势以校正营销方案。根据预设的 GMV 目标，团队将消费者按照新老客户比例进行分类，随后结合转化率进行计算与汇总。新客包括：存量 A1、A2、A3，新增 A1、A2、A3，O 人群，老客则为 A4、A5 人群。新客中用存量 A1、A2、A3 人数除以转化率可以得到存量 5A 目标量级，用新增 A1、A2、A3 人数除以转化率可以得到新增 5A 目标量级，新增和存量的 5A 目标量级相加后就得到了达成 GMV 目标所需拉新的人群资产量级数。与之相对，老客 GMV 的计算则更为方便，直接用老客人数乘以客单价即可，如图 6.2 所示。这种对 5A 人群的深入触达，大大提高了希望树宣传投放的精准性和稳定性，成功实现了预设 GMV 目标。

3．打通"FACT"链路，打造品牌营销矩阵

希望树以 IP 内容为中心覆盖"FACT"四大生意场景，打造了品效经营矩阵。"FACT"矩阵模型是基于对抖音电商平台数据的探索和验证总结出的可

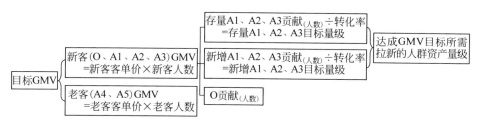

图 6.2　GTA 推导公式

落地和可优化的经营方法,由抖音电商团队和贝恩咨询联合推出。该模型详细拆解了抖音电商生意的四大组成阵地——field(商家自播)、alliance(达人联盟)、campaign(营销活动)、top KOL(头部大V)。这四大组成阵地为希望树进行抖音电商生意的全景图布局,以及获取、转化和运营流量提供了指导。

在自播方面,希望树的"日不落"直播间24小时不间断播放,主播接力培养粉丝关注直播间的习惯。在与达人联盟方面,基于达人的基础信息(达人属性、粉丝量、内容标签、舆情等)、与本品属性的匹配度(风格调性、粉丝匹配度、粉丝黏性等)、内容质量(主页数据情况、数据真实性、商业价值、性价比等)等多项指标,希望树与优质达人建立了深度合作关系。通过话题预热最大限度发挥达人价值,提升5A人群的转化率。在营销活动方面,希望树与平台级IP合作,得到各大媒体在宣传推广上的大力支持,带动了全网的强势推送。在头部大V方面,希望树与抖音头部的带货明星进行了直播合作,在明星影响力的加持下实现了声量和销量的双赢。

2022年"3·8女王节"大促活动后,截至2022年3月中旬,希望树站外传播项目的宣传总曝光量超过7 693万,成功试跑抖音家居首个"星川云＋FACT"样板,成为除醛行业的标杆。

6.2.5　巧思投放策略,落地生意增长

在广告投放策略上,根据拟定的GMV目标,希望树运用GTA思维按照老客和新客进行了人群拆分。老客方面,团队通过消费者上一次的购买时间、购买商品等客户关系管理维度进行用户筛选,随后通过抖音线上平台1~3次的曝光,提醒、引导这些老客复购。考虑到追求一次性根除甲醛的人占据绝大多数,相比老客促活,以用户裂变的方式短平快地收获新客是自家品牌营销的重点。基于此,希望树借用抖音平台的5A人群资产对新客部分实施了进一步分析与拆解。先通过巨量云图对市场容量(即当前家装市场中潜在购

买人群的数量)进行识别与圈选,然后对标自家品牌,明确这部分人群分别处在 A1、A2、A3 的哪个层级。在此基础上,针对这些与本品有着不同距离(A1 最远、A3 最近)的人群分别匹配相应的营销方式。在抖音的销售场域中,触达消费者的触点丰富度与触达频次至关重要。因此,团队通过丰富的触点尽可能多地积累 A1 人群,并通过竞价广告和直播间来收获 A2 和 A3 人群。

然而在多数情况下,当前的市场容量并不能有效满足预设的 GMV 目标的需求,剩余部分往往需要家装行业外的其他市场人群来填补。考虑到这部分人群的拉新成本和难度更高,希望树采取了跨行业蓄水拉新策略,即通过达人和硬广开展大规模触达与教育科普,告诉这些消费者希望树品牌是干什么的、卖什么的、能解决什么问题。借助达人和官方背书的力量提高拉新效率,并通过竞价广告或直播间实现有效促单。

此外,希望树对不同平台和触点的广告效果进行了多维度战略考量,包括但不限于曝光效果、互动效果、转化效果、品牌建设效果等,根据综合打分、加权计算最优的方案确定了每月预算分配。

6.3 品牌数字化营销的变革与机遇

当前数字化时代已经提出了 4C 新营销模式——以客户、内容、产品和场景为核心的"人—文—货—场"新模式。从希望树依托抖音平台的营销实践来看,希望树的营销模式具有"人—文—货—场"的特点,如图 6.3 所示。

1. 以"人"为根本,活用巨量云图洞察客群资产

人即顾客。顾客是企业营销活动的核心,顾客需求和价值是企业营销活动的原点。企业可基于媒介的多样性、分散性、移动性等特点开展内容营销,实现全链路顾客触达与千人千面的精准营销。同时,企业基于顾客对产品的知晓—兴趣—欲望—行动—分享的不同阶段,对客户群体进行进一步细分。通过在不同阶段采用不同的沟通内容与沟通方式,实现千人千面的精准营销。在与抖音平台的合作当中,希望树利用巨量云图对 5A 群体进行分析,确定了人群转换的目标和方向;通过巨量星图找到了合适的明星和达人,对品牌进行大范围的推广和"种草";通过巨量千川进行短视频带货和直播带货,从而实现变现。

2. 以"文"为核心,与巨量星图达人合作推广品牌故事

文即内容。内容是指顾客在购买过程中与企业、品牌及产品的属性(如功能属性、形象属性)、利益(如功能利益、情感利益)、价值(如工具价值、终极

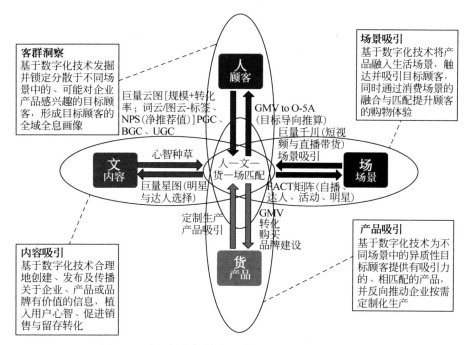

图 6.3 希望树依托抖音平台的"人文货场"营销逻辑

价值)等相关的文字、声音、图片、视频等。内容以生动、多样的形式展现出来,通过人际、网络等传播路径向顾客传递信息,吸引顾客的注意力并保持顾客的兴趣。通过促进顾客互动参与实现价值共创,从而建立长期而稳定的顾客关系。希望树借助抖音平台的巨量星图与适合自身产品特性的明星达人合作,引爆话题热点,撬动并鼓励规模化用户参与内容创作,用优质内容建立起与消费者之间的情感共鸣,提高了品牌的声量和产品的销量。

3. 以"货"为手段,实施定制化生产满足客户需求

货即产品。数字化技术为精准把握客户需求、实现按需生产提供了基础。一方面,根据顾客画像提供的目标顾客属性特质、需求特点及场景偏好,企业通过精准推送为不同目标顾客提供与之匹配的企业产品。另一方面,将反馈的顾客信息持续嵌入品类策略、产品线策略及具体的产品策略和品牌策略中。根据不断更新的信息调整产品定位、产品设计、生产及价格策略,反向推动供应链迭代,实现柔性化生产,也即通过小批量、多频次的产品按需化生产满足顾客的个性化需求。希望树依托巨量千川数据加大短视频投放、精准定向目标人群;在常态化稳定提升 GMV 的同时打造爆款产品,并通过 5A 人群数据预测产品需求量,从而实现按需生产。

4. 以"场"为媒介,覆盖多元生意场景增强跑量效果

一方面,企业将产品沟通场景化,把产品融入目标顾客的生活场景。通过产品使用场景的不断丰富和延伸,吸引不同目标顾客并满足他们的产品需求。另一方面,多元消费场景的融合突破了顾客在单一场景、单一渠道下的购买模式。希望树将抖音作为营销的主战场,通过内容创造传递产品使用的生活场景来激发目标顾客的消费需求。在实际购买过程中,通过平台之间的合作进行导流,引导消费者在抖音直播间下单购买或根据消费者的购物习惯将消费者引导至天猫、京东等传统购物平台进行购买。最终,希望树利用数字化手段加强了线上、线下销售场景的整合,提升了客户的购物体验。

结语

数字化时代,线上社交、购物和生活分享等各类平台的兴起与数字化营销工具的广泛运用为数字化营销提供了发展机遇和变革基础。希望树基于全数据顾客画像,构建涵括 BGC、PGC 及 UGC 的一体化内容推广矩阵;根据顾客购买阶段、所处场景、产品特点进行内容矩阵动态输出,最终依托全媒体社交裂变实现了全链路顾客精准触达。品牌的数字化营销成功实现了白牌向品牌的转变,为其他初创企业如何做好数字化营销提供了有益的实践参考。

第7章

场——渠道变革：数字化竞争环境下的全渠道模式

互联网平台的兴起与腾飞赋予了零食行业良好的发展机遇，传统线下食品企业搭上网络快车得以快速发展；与此同时，也催生了很多以线上为主要销售渠道的新兴零食品牌。然而，随着消费者需求的动态变化、数字与技术的快速发展及线上流量进入瓶颈期，我国食品企业在构建线上、线下融合渠道时也面临更大的挑战。

创始于2006年的良品铺子正是其中的一员。经过10余年的发展，良品铺子业务持续增长，成长为中国休闲零食行业的领导品牌。根据《良品铺子2023年度报告》的数据，2023年，公司实现营收80.46亿元，净利润1.8亿元，总体规模保持稳健。一路走来，良品铺子在渠道的布局与变革上取得了阶段性成效。良品铺子不仅积极布局新渠道、搭建起渠道间融合的网络，而且在线上、线下两个渠道取得了均衡发展。针对线下业务，截至2023年底，良品铺子线下门店总数达到3 293家，全年线下门店渠道收入42.94亿元，同比增长4.02%。针对线上业务，2024年良品铺子重构新优势，积极拓展新兴电商渠道，在美团、朴朴、永辉等即时零售平台上实现了销售规模的迅速扩张。良品铺子线上和线下销售收入的比例为47∶53。数字化时代，如何融合线下与线上渠道、实现全渠道均衡发展是企业经营所追求的重要目标，因此良品铺子的渠道变革对于其他企业而言具有一定的参考价值。

7.1 良品铺子缘起及发展历程

良品铺子的诞生源于乐百氏前董事长何伯权先生的一句话："把全世界的

零食搬到顾客家门口,是一件可以把小生意做成大事的事。"良品铺子董事长杨红春先生当年受到这句话的启发,决心要把零食从"小生意"做成"大事"。

2004年,杨红春回到了家乡湖北省的省会武汉市,开始探索零食领域的创业之路。在这个长江沿岸城市,杨红春与创始团队开始了对食品行业价值链的考察。他们先后走访了180多家食品加工企业,考察了行业内普遍的商业模式及食品加工制作方式。彼时,国内市场的食品加工企业对于技术手段的运用还比较有限,对消费者特征的了解仍然主要依靠现场走访的形式。为了更加全面、准确地掌握当地人口特征、消费者的分布、消费习惯等因素,杨红春放下曾经职场上的荣耀,跑遍了武汉的大街小巷,与商家和消费者进行了深入沟通。一年半的调研不仅仅让杨红春从零食行业的"门外汉"变成掌握其中门道的内行人,更让他坚定了创业的初衷——"把全世界零食搬到顾客家门口"。

彼时的中国,经济的高速增长带来了国民收入的快速提升,孕育了消费升级的基础。初出茅庐的杨红春意识到"好吃远大于吃饱"的消费需求已经来临。创始团队发现,宏观的经济增长,以及微观商家和消费者端的供需变化带来了"两个基础,一对矛盾"的市场机遇。"两个基础",一是顾客需要更加有品质、更加享受的零食,而这正是消费升级的基础。二是我国农业产业化快速发展为全国各地富有特色的农产品规模化加工提供了基础。"一对矛盾"则是指消费者不断升级、追求品质的需求和当下以大卖场为主导的全而泛、非专业化品质的零食供给模式之间的矛盾。对于这种供需关系之间的基础与矛盾,杨红春敏锐地发现,应该选择休闲食品细分品类赛道,建立零售连锁品牌化经营的商业模式。

2006年,良品铺子正式成立。"良品铺子"体现了"良心的品质,大家的铺子"这一创业初心和价值观。企业要凭"良心"做吃的,注重食品安全;要让消费者在"铺子"里享受美味的食品,拥有极致的体验。无论企业规模如何扩大,初心仍是让消费者感到贴心。然而创业的道路并非一帆风顺。2006年8月,第一家"良品铺子"线下零食专卖店在武汉广场对面开业。由于消费者的消费习惯未养成、品牌知名度不足、口碑尚未建立等原因,第一家专卖店开业后连续两个月亏损,面临严重的生存危机。在逆境中,良品铺子抓住了"十一"黄金周这一消费机遇,以全国各地精选的16个品种核桃作为主打产品,推出了"核桃节"。"核桃节"一经推出,便获得消费者的青睐。自此,凭借优质的产品和体验,良品铺子在武汉的品牌知名度与口碑不断提升,市场区域也逐步扩大。

7.2 两阶段渠道变革

良品铺子发展初期通过直营模式扩充门店网络,建立线下渠道覆盖体系。然而,线上消费的兴起不仅增加了消费者的购买渠道,而且改变了人们的消费习惯与消费行为。面对加速变化的外部环境,良品铺子意识到仅依靠传统线下门店作为销售渠道不足以支撑企业的长远发展。因此,良品铺子开始了持续的渠道变革。

良品铺子的渠道变革之路可以分为以下两个阶段:第一阶段,完善门店业务模式,独立开展电商业务;第二阶段,加强数字化能力,促进渠道融合。

7.2.1 第一阶段:完善门店业务模式,独立开展电商业务

1. 加盟模式推动线下渠道快速发展

加盟门店模式是指公司为加盟商提供商标、商品和管理运营方法的特许经营系统,产品通过加盟商开设门店向终端消费者进行销售。成立初期,良品铺子通过对直营店铺的有效运营和管理,在以武汉为核心的华中地区迅速取得较高的知名度与市场渗透率。随着企业的发展,公司提出了"深耕华中,辐射全国"的战略目标。虽然直营模式具有便于统一管理门店、统一战略部署等优势,但是也给企业带来了巨大的资金压力。为了快速进入新的地域市场、扩大市场占有率、降低连锁经营成本,良品铺子开始引入外部加盟商。为了保证加盟店提供与直营店相同的标准化产品和服务,良品铺子严格把控加盟店的运营。在商品方面,加盟商对于商品不具有所有权;在店员方面,总部建立店员管理体系;在价格与促销方面,总部对单店的营销活动进行整体协调规划。因此,良品铺子的加盟模式,一方面确保了消费者在加盟店仍然拥有一致的体验;另一方面也使企业能够以低成本的方式迅速进入华东、西南、华南等新市场并抢占市场份额。良品铺子门店数量不断增长,2022 年财报数据显示,良品铺子共有门店 3 226 家。

2. 抓住市场机遇建立线上渠道,培养电商能力

随着我国电子商务的迅速发展,电商逐渐成为企业必不可少的零售渠道。早在 2010 年,良品铺子就敏锐地发现电商平台是未来中国休闲零食行业中重要的销售渠道之一。因此,企业迅速成立了一支独立于门店业务部门的电商业务团队,主要研究互联网环境下消费者的购买习惯、电商的商业模式及良品铺子如何借助电商平台向消费者传递价值等核心问题。2012 年,良品

铺子正式进入主流电商平台。电商业务团队通过线上、线下价格差来吸引消费者,并且通过流量打造爆款刺激消费者购买,从而迅速占领了线上休闲零食消费的流量入口。

随着电商逐渐从 PC 端向移动端转变,网络消费逐渐深入人们的生活,网络消费者行为出现了基于不同消费群体的个性化和差异化特点。2013 年,以淘宝为代表的平台借助消费者多维度的浏览和特征数据推出了基于顾客特征与需求的、个性化的"千人千面"推荐算法。良品铺子发现原有的爆款策略不能适应新的互联网消费分级特点,现有的线上产品组合不能满足不同类型消费者的需求。电商业务团队迅速拓展产品种类,基于产品种类及消费者需求变化营造爆款。良品铺子还发现,零食休闲行业中的同质化竞争愈演愈烈,消费者不再单纯满足于产品价值,而是更加注重商家向消费者传递的内容价值。因此,如何打造消费者喜爱的产品内容也成为良品铺子电商团队的工作重点。

良品铺子的电商业务除了通过天猫、京东旗舰店向终端消费者直接进行销售的 B2C(企业到顾客)模式,还开展了向京东自营、天猫超市等线上经销商供货的 B2B(企业与企业之间)模式。

在电商业务发展的过程中,良品铺子通过赋予电商团队自主性、培养甄别消费者需求的能力、完善爆品打造流程及建立内容营销体系等举措使电商业务在激烈的竞争环境中得以存活和发展。2016 年,良品铺子线上营收达到 14.25 亿元,2023 年又增长至 37.52 亿元,较 2016 年增长了 263%。

3. 启动信息化建设,构筑数字化能力的基础

良品铺子成立之初就是要成为一家连锁经营的休闲零食企业。为了保障门店的高效管理和运营、保证零食产品的品质和有效期及优化消费者的体验,成立初期良品铺子便开始了集团信息化建设。2008 年,良品铺子上线了门店信息化管理系统,以实现门店在商品、价格和订单上的统一管理。2009 年和 2011 年,分别上线仓库信息化管理系统和物流信息化系统,保证门店补货订单能够在 4 小时内得到响应并使货品以最高效率配送至门店。2012 年开展电商业务后,良品铺子又引入 SAP 系统以提高订单的快速响应能力并优化企业业务流程。

7.2.2　第二阶段:加强数字化能力,促进渠道融合

通过线下渠道业务模式的完善和电商新渠道的探索,良品铺子在业务能力培养和数据积累方面都有所成效,取得了不错的经营绩效。然而,线上、线

下两条业务线并行的模式还是暴露出了许多问题。比如,休闲零食行业激烈的同质化竞争使得良品铺子品牌无论是在线上还是在线下都无法脱颖而出;线上、线下渠道的割裂不仅让消费者对品牌认知有所偏差,而且无法为消费者提供良好体验;渠道的独立性也对供应链和物流造成了管理压力,给组织协调带来了巨大的挑战。

为了强化竞争优势,良品铺子通过构建和提升数字化能力进行渠道融合,从而更好地提升消费者体验。

1. 多线触达消费者,搭建全媒体矩阵

随着互联网技术的发展,消费者的购买平台也越来越丰富,数字媒体在消费者决策过程中所起的作用也越来越大。因此,良品铺子布局更为广泛的线上销售网络,着手打造基于"平台电商＋社交电商＋自营 App 渠道"三位一体的全方位运营网络。在数字化时代,电商平台突破了以"购买"为主功能的界限,流量使得电商平台也具有了媒体功能。在平台电商中,良品铺子在渠道变革的第一阶段已经拥有了淘宝、天猫、京东等销售渠道。随着电商平台的发展,良品铺子也借助用户规模效应扩大了品牌的用户群体。在社交电商中,一方面,良品铺子通过微信公众号和微博等社交平台与消费者进行高频互动,加强与消费者的连接;另一方面,良品铺子于 2018 年推出了"良品铺子＋"系列小程序,完善了消费者内容传递与消费者购买之间的通路。在自营渠道上,良品铺子推出了 App 平台,在获得手机端流量与自有用户数据的同时,为会员提供基于门店的、多种场景的个性化服务。消费者通过 App 直接在门店消费,提高了会员忠诚度。通过全方位运营网络布局,良品铺子不仅能够通过多种渠道与消费者产生购买联结,而且借助平台的媒体效应,不断扩大良品铺子的用户规模,消费者对品牌的认知程度也在不断加深。

在消费者全链路消费流程中,全方位向消费者传递内容价值成为企业在营销过程中的重要一环。为了打造更好的品牌形象,提升沟通成效,良品铺子开始探索新媒体传播方式。一方面,良品铺子在消费者热门社交网站(如微博、小红书等)、短视频(如抖音、快手等)上围绕意见领袖建立口碑,构建多样化的消费场景,向消费者传递品牌故事、价值和原创性内容;良品铺子也开始在直播(如淘宝直播、抖音直播等)领域围绕网络主播与红人进行"带货",提高品牌知名度与产品销量。另一方面,良品铺子创新地运用了影视剧植入,不断探索属于自己的选剧模式。2021 年以来,通过植入《小敏家》《欢乐颂》等"爆款"热播剧实现了门店数量、单品销售额的提升,增强了消费者对品牌的认知。

2. 门店先行，打造新零售布局

为了给消费者提供更好的体验，良品铺子从门店业务入手，布局线上、线下融合的新零售模式。门店不仅承担着良品铺子的销售渠道功能，也承担着打造品牌形象、建立口碑的责任。良品铺子调查发现，相对于线上，有过门店购物经验的消费者认为体验感更好、品牌更值得信赖。因此，为了打造其高端零食品牌形象，良品铺子从数量和质量两个方面推动线下门店的发展。在数量方面，截至 2023 年末，良品铺子线下门店总数达到 3 293 家，较上年同期净增 67 家，覆盖从社区门店到核心商圈的消费群。在质量方面，良品铺子对门店体系进行了升级改造。2019 年上半年，良品铺子推出了全新的五代店。五代店布局于购物中心，从设计理念上更加倾向于高端、专业、简约、商业的风格，打造一座具有沉浸式消费体验氛围的"零食图书馆"。同时，门店业务还将自营 App、小程序及外卖纳入管理范围内，围绕终端门店率先进行 O2O 融合，提升门店的数字化能力及单店盈利能力。具体来说，良品铺子通过这些工具或平台将用户与终端门店进行连接，覆盖拼团、外卖、礼品卡、团购、会员、券中心六大消费场景；通过社交平台的接入，消费者可以从公众号获取内容，由小程序指引到店，最终在门店完成购买的流量转化。上述举措不仅仅给门店业务带来了新的用户，更是提高了顾客的重复购买率、口碑和品牌认知，大大提升了门店坪效。良品铺子还将门店与美团、饿了么等本地生活平台打通，接入外卖、美食等消费场景，通过"线上下单，快速送达""线上下单，门店取货"等交易方式，将终端门店在线化，进一步提高了门店的收入和影响力。不仅如此，良品铺子也在门店试行与主流线上渠道的融合。2019 年，良品铺子在深圳的门店借助阿里巴巴数字化手段试点线上、线下全方位融合的"智能店铺"升级项目。该项目让消费者能够体验到更为便捷的消费场景：只要在手机上搜索良品铺子，不仅能够体验到线上旗舰店的服务，还能在门店与外卖服务之间进行选择，实现了真正意义上的跨渠道融合。

对于门店而言，选址仍然是单店盈利能力提升的重要因素。良品铺子运用数字化工具，如地动仪、热力图等，确定新店选址并预测新店销售量。

3. 建立渠道间统一的会员运营平台

在门店业务和电商业务独立并行运作时，良品铺子就分别建立起了线下和线上两种会员管理系统。然而，不同渠道之间会员数据的不连通导致了消费者在会员等级、权益等方面的体验有所欠缺。因此，良品铺子决定打通不同渠道之间的会员系统，建立统一的会员中台。

2019 年初，良品铺子与数字化服务商云徙科技合作，开发了一个可以打通线下、线上会员体系的良品铺子会员中台，建立了属于自己的用户"蓄水池"。在会员中台中，良品铺子对现有自营渠道（平台电商、门店、App、小程序等）的用户特征和行为数据等进行匹配融合，形成数字资产。一方面，通过会员中台，良品铺子能够基于对消费行为的洞察与分析对会员进行生命周期管理；同时也能通过个性化服务和推荐提高顾客的活跃度，提升会员价值。另一方面，会员中台系统的建立使原有用户画像的工作模式得到了极大优化，从原有的"手动贴标签"变成机器学习自动分析用户画像。不同渠道之间数据的汇集也让用户标签成倍增加，用户画像得以更加精准。因此，良品铺子会员中台的建设不仅通过更加精准的营销为消费者提供了更好体验，而且为渠道间的进一步融合奠定了基础。

目前，良品铺子的会员中台系统只联通不同渠道之间会员的基本信息和行为数据。由于渠道之间平台运营规则不同，会员权益统一管理的真正实现仍然受到外部平台的制约。

4. 构建数据驱动的产品开发能力

良品铺子会员中台的客户数据资产有助于提升其产品开发能力。一方面，良品铺子能够基于消费者大数据，针对不同消费群、不同生活状况、不同场景的用户需求进行产品规划与研发。例如，通过对多渠道用户评论数据进行分析，良品铺子发现消费者对于孕妇零食和下午茶场景存在需求，从而研发了针对孕妇群体和下午茶场景的产品。另一方面，由于消费者追求安全放心、有质量保证的食品，良品铺子通过数字化手段提升品质把控水平。2018年，良品铺子分别从日本和美国引进电子舌设备与质检仪器，对产品味觉指标等产品质量指标进行标准化检测，不断优化产品口感。同时，良品铺子还搭建了基于产品全流程、全链条的质量信息管理平台，对生产、仓储、物流中的各个环节进行数据提取和实时监控，将产品生命周期数据化，从而打造"高品质、高颜值、高体验"的高端零食产品。

5. 增强供应链协同能力

良品铺子供应链管理部门承担所有渠道产品的规划、生产、物流配送等职能。为了保证不同渠道环境中良品铺子都能给消费者提供良好的产品与服务，供应链端利益相关者的协同显得尤为重要。

为生产出更符合消费者需求的产品，一方面，供应链端的商品规划团队与各个渠道负责团队之间及时沟通，共同组建产品规划小组；另一方面，供应链端充分利用良品铺子拥有的数据资产，根据消费者浏览和消费数据等进行偏好甄别后，有针对性地对产品进行精准规划。例如，2018年世界杯期间，良品铺子上线了"噜辣杯"。这款产品的缘起是良品铺子捕捉到了"藤椒"这一热词,在与各个渠道团队商讨之后,借助信息部门的数据处理能力圈定目标顾客、分析目标顾客的偏好和需求,然后投入生产。

在产品生产方面,市场环境的波动使销量具有不确定性,如电商或门店促销使得销量激增,这给供应链的生产(数量、质量和交货期)带来了很大挑战,良品铺子需要进行产销协同。因此,良品铺子的供应链不仅要甄别高产能、高质量的供应商,还要将自身数据资源赋能供应商,为其提供精确的需求信息,从而提高供应商产能与生产质量。在与供应商的业务协同中,良品铺子搭建了 B/S 系统对供应商的生产计划、质量管理、财务对账和送货仓储等业务进行数据化管理,有助于提高协同效率。

在物流方面,由于食品具有新鲜度这一特殊要求,良品铺子需要对订单进行快速响应。2017 年,良品铺子建立了三级响应的仓储体系——中心仓、区域仓和门店,分别针对不同渠道(线上、线下)进行发货。然而,渠道间融合对消费者体验提出了更高的要求,渠道间的仓储物流也需要更快速的响应。因此,通过建立立体库和启用自动化分拣系统,良品铺子构建了高效的物流网络,订单高峰期能够达到 15 万~20 万日订单发货量。

7.3　渠道变革的模式与机遇

从 2010 年到 2016 年,良品铺子经历了第一阶段的变革:成立了独立于门店业务部门的电商部门,采取多渠道模式,通过各个渠道产供销独立运作促进各个渠道业务的发展。一方面,线上、线下消费者重叠度仅有 20%,并且线上、线下消费者行为模式差异也很大。例如,线上购物以计划型购买为主,单次购买量较大、注重性价比;而线下购物则相反,顾客更倾向于冲动型购买,价格敏感度不高。因此,采取渠道独立运作的方式有利于从产品、价格和沟通等方面对不同渠道消费群体进行精准营销。另一方面,电商部门独立运作有利于电商能力的培育和提升,促进电商业务的不断壮大和快速发展。然而,随着线上业务规模的扩大和新零售环境的发展,线上、线下独立运作的多渠道模式在线上和线下品牌认知一致性、价格协调性、商品规划的复杂性、供应链的规模经济性等方面逐渐显现出问题。

2017 年,良品铺子开始新一阶段的渠道转型。一方面,良品铺子紧跟商业潮流,构建全方位的渠道矩阵,实现多触点触达消费者。另一方面,良品铺子开始布局跨渠道模式,即线上、线下渠道之间仍然维持相对独立的运作,但在产品规划与研发、供应链和会员管理等方面则进行协同与融合。在这种模式下,组织架构方面,良品铺子保持了线上、线下渠道的相对独立,渠道内部运作顺畅且权责明晰。但是在渠道融合方面,良品铺子实现了门店端与移动端(如小程序、App 和外卖)线上、线下的融合(O2O);在产品规划和定价、品牌推广与促销、客户管理方面,良品铺子线上、线下在品类和价格上的差异有所减小,在产品规划、定价策略和营销规划上有所协同;在供应链和数字化资源上,良品铺子更加注重线上、线下的协同性以提升规模经济性,从而提高整体的运营效率。总体而言,通过渠道融合,良品铺子在一定程度上减缓了线上、线下的冲突,提升了运营效率和消费体验。

对于经历了多渠道模式与跨渠道模式的良品铺子而言,未来线上、线下融合、布局全渠道仍然是新零售时代的战略目标。数字化时代的全渠道模式是指企业能够针对目标消费者需求,综合利用多种渠道与消费者进行互动,并为其提供全链路、无缝触达、一致性购物体验的模式。因此,全渠道模式的核心是企业能够围绕消费者需求实现电商平台、社交平台与门店平台的完全融合。这需要企业对组织架构进行调整,将线上、线下渠道划归同一部门进行统一运营与管理,并且收益共享;此外,需要整体规划协调线上、线下的营销资源,实现在线上、线下同款同价,全方位打通会员系统和会员权益管理;在供应链方面,在采购、仓储和物流上实现高度协同;在数字化能力上,将各个渠道、业务部门的数据全面打通,从而进行全数据分析和应用。

对于建立全渠道模式这一战略目标,良品铺子率先尝试在门店业务中对线上、线下完全融合,如深圳的门店试点,从而为顾客提供无差别、一致性的服务和体验。在门店业务的实践中,一方面,线上、线下融合提升了消费者对品牌的认知,更好的口碑效应树立了良品铺子良好的品牌形象;另一方面,门店业务内部运营管理的协调性也得到了提升,门店业务的运营效率得以提高。然而,目标的实现并非一蹴而就,良品铺子还将面临不小的挑战。在未来进一步的渠道变革中,良品铺子应该如何构建组织结构,如何在产品、品牌和定价等方面进一步统一管理,如何明晰部门间的权责,如何搭建市场化运作机制等问题,都需要良品铺子在战略上制订方案、在变革中进行摸索。

结语

经过两阶段的渠道变革,良品铺子线上、线下"两条腿"均衡发展,销售额逐步攀升。从单一渠道到多渠道,再到渠道融合,良品铺子的发展过程也是其渠道不断变革和进化的过程。在数字化深深影响企业发展的今天,如何选择企业渠道变革模式、如何将数字化手段具体落实到企业的变革中,无疑成为企业发展的痛点之一。良品铺子的变革模式表明,渠道变革是一个过程,在这个过程中,需要借助数字化手段提升各个环节效率。更重要的是,渠道变革中每个环节数字化的运用不是相互孤立的,而是在营销资源、供应链、销售、研发等各个环节融合。良品铺子在前进的道路上不断探索,为食品企业的营销数字化转型提供了可以借鉴的宝贵经验。

第3篇

数字化时代营销渠道重构

第8章

多渠道零售模式下的跨渠道整合

随着互联网时代的到来,品牌厂家的渠道模式正发生巨大的改变,线上网络渠道和线下实体渠道相结合的多渠道零售模式在顾客服务与体验、顾客购买的便利性、顾客获得与维护、目标市场进入和覆盖、创造和维持竞争优势等方面表现出巨大的优势与潜力,成为其未来发展的重要方向。在这一时代背景下,越来越多采用单一渠道零售模式的企业开始向多渠道零售模式转型,期望通过这种转型提升经营绩效,进而获得可持续性竞争优势。

多渠道零售模式可以利用原有渠道的品牌优势吸引新顾客,节约营销成本。与此同时,这种模式还可以为顾客提供更为丰富的零售渠道选择,如顾客可以在线上商店购买产品,然后到离家近的实体店去提货;在线下实体店体验产品后,再到线上商店购买产品。这些便利和周到的服务体验可以提高顾客的感知价值与购买意愿,并带来较高的顾客忠诚度。然而,现实情况却并非如此理想,线上、线下渠道之间也存在着侵蚀效应。顾客对线下渠道的不满意也会影响其对线上渠道的认知。此外,线上、线下渠道之间也存在着冲突,尤其体现在价格竞争上。这些因素往往使多渠道零售模式不能达到预期绩效。越来越多的企业认识到,单纯通过增加新渠道成为多渠道零售企业并不一定能提高企业整体绩效和市场竞争力,如何对多渠道进行有效整合才是关键。基于此,本章围绕这个主题,以多渠道零售企业七匹狼和茵曼为研究对象,对两者跨渠道整合行为进行分析,为处于多渠道零售模式转型中的企业提供参考。

8.1 多渠道零售驱动力

虽然多渠道零售的最终目标是提高财务绩效(Geyskens et al.,2002),但是其具体驱动力还包括满足正在迅速形成和发展的多渠道购物群体需求、提高顾客满意度和忠诚度（Neslin & Shankar,2009）、创造和保持竞争优势（Zhang et al.,2010）等。本章在整合前人关于多渠道零售驱动力研究的基础上，增加了竞争压力这一驱动因素，从外部驱动因素和内部驱动因素两个视角进行归类，提出了多渠道零售驱动力模型，如图8.1所示。

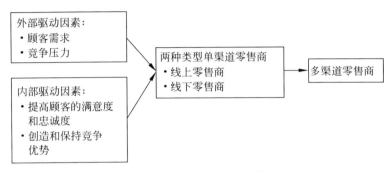

图 8.1 多渠道零售驱动力模型

8.1.1 外部驱动因素

1. 顾客需求

多渠道购物群体正在逐渐形成，并且该群体购买力和整个生命周期的顾客价值要高于单一渠道购物群体（Neslin & Shankar,2009）。该群体会使用特定渠道来满足其特定需求。比如，在售前阶段，顾客可能会去线下实体店体验产品，然后通过线上渠道完成产品购买；在售后阶段，顾客可能选择在实体店获得维修等售后服务。这就要求企业必须开展多渠道零售以满足这一快速成长的顾客群体需求。

2. 竞争压力

迈克尔·波特（2005）在《竞争战略》中指出，竞争压力是促进企业战略发生变化的根本驱动力之一，能够对企业的战略选择产生决定性影响。线上渠道具备覆盖面广、24×7全天候服务和低运营成本等优势，对于价格高敏感但时效要求不高的消费人群而言具有较强吸引力。近些年来，线上渠道交易量占全社会零售交易量的比重显著上升，对线下零售商的市场份额造成了侵蚀和冲击。此外，部分顾客购物前先到线下渠道体验产品，之后再到线上渠道完成购买。在某种程度上，线下渠道成为线上渠道顾客的"试衣间"，这种竞争态势迫使线下零售商开辟线上渠道、成为多渠道零售商来应对这一挑战。

8.1.2 内部驱动因素

1. 提高顾客的满意度和忠诚度

通过多种渠道的提供,企业可以充分发挥特定渠道的优势、避免特定渠道的劣势,从而提高顾客的满意度和忠诚度。例如,线下实体店可以让顾客更加直观地体验产品、享受服务人员的一对一服务、使用现金支付、在购物过程中享受娱乐活动和立即提货等独有优势。为了获得上述体验,顾客不得不花费时间和精力亲自到实体店中。然而,实体店的营业时间固定,无法根据顾客时间进行调整。对于一些大卖场和折扣店而言,顾客也难以找到合适的销售人员来获得他们需要的购物信息。相比之下,线上渠道则可以很好地克服线下实体店的劣势。线上渠道可以实现 24 小时服务,顾客可以通过手机、PC 等终端在任何时间、任何地点购买商品。由于"长尾效应"的存在,线上渠道提供的商品种类要多于线下渠道,这为顾客提供了更丰富的选择。此外,通过网页浏览,顾客在作出购买决策前可以获得尽可能多的商品信息。然而线上渠道的劣势也十分明显:一方面,顾客需要等待一定的物流时间才能获得商品;另一方面,顾客在收到产品之前无法进行亲身体验,从而使退换货行为经常发生,增加了顾客购物的感知风险。

开展多渠道零售的企业可以充分结合线上渠道和线下渠道的优势为顾客提供更多选择,通过满足顾客的不同需求提高顾客的满意度和忠诚度。

2. 创造和保持竞争优势

开展多渠道零售的企业可以获得有价值的、稀缺的、难以被竞争对手获取和模仿的用户数据,从而创造和保持竞争优势。当顾客使用现金或者第三方信用卡支付时,线下实体店无法将顾客与交易连接起来,因此难以获得大量的顾客消费历史数据。为了解决这一问题,线下实体店主要通过会员计划的实施来获得这些信息。但如果交易是在线上进行的话,顾客将填写信用卡、地址等信息以完成支付和物流配送,顾客的搜索和浏览行为也会在网站上留下痕迹,因此多渠道零售商可以获得大量消费者数据。通过分析这些数据,多渠道零售商可以更加有效地预测顾客的购买行为,更好地满足顾客的实际需求,并指导其开展营销活动。

此外,企业在开展多渠道零售时还可以获得有关跨渠道整合的隐性知识,这种隐性知识同样是难以被竞争对手获取和模仿的。顾客在与开展多渠道零售的企业互动时,期望在线上、线下渠道获得一致的购物体验。比如,顾客可以选择在线上渠道购买商品,然后到线下实体店提货或者退换货;顾客在线上渠道看中一款商品后,可以查询到离自身最近的实体店是否有该款商品的存货等。提供这种无差别的跨渠道购物体验对于开展多渠道零售的企业而言是一种挑战,没有现成的经验可以学习,只能通过实践习得。通过多渠道零售的开展,企业可以学习如何有效整合多渠道,从而为顾客提供一致的购物体验。这种隐性知识是企业创造和保持竞争优势的来源。

8.2 多渠道零售模式下跨渠道整合

跨渠道整合是指企业通过协调其多渠道活动为企业创造协同和为顾客提供独特价值的过程。跨渠道整合的内容主要包括七个方面：产品种类、定价策略、促销方式、顾客服务、供应链、收益分配和组织架构。其中,产品种类、定价策略、促销方式、顾客服务属于体验层要素,供应链属于交付层要素,收益分配和组织架构属于管控层要素。上述七个要素构成多渠道零售企业跨渠道整合的分析框架(图 8.2)。

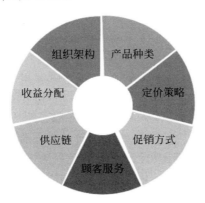

图 8.2　跨渠道整合的七大要素

1. 产品种类

顾客购物渠道的选择很大程度上取决于所选渠道产品线的深度和广度。从顾客角度来讲,他们总是希望能够购买到不同种类的商品来满足自身需求(Kumar & Venkatesan,2005)。但是对企业而言,通过不同类型渠道进行产品陈列的数量和成本是有所差别的。由于线上渠道不受物理空间限制,因而可以展示更多的商品；而线下渠道的货架空间有限,可以陈列的商品数量也受到限制。因此,多渠道零售企业需要合理确定线上渠道和线下渠道的产品种类,从而减少不同渠道之间的冲突,实现线上渠道和线下渠道的有效整合。

2. 定价策略

通常情况下,线上渠道的定价低于线下渠道,原因主要在于线上、线下渠道的成本差异。线上渠道的产品销售流程主要包括订单获取、产品打包、产品运输、退换货处理等环节,因而变动成本在其成本结构中占比较高;而线下渠道的成本结构以店铺租金、员工工资等固定成本为主。因此,多渠道零售企业在渠道整合的过程中,需充分考虑线上渠道和线下渠道的价格冲突问题,采取合理的定价策略,协调好两个渠道体系间的价格。

3. 促销方式

线上渠道和线下渠道采用的促销方式有所不同。其中,线下促销方式主要通过礼品附赠、现金折让、返券优惠、积分兑换等实现;而线上促销方式在线下传统促销方式的基础上,还会采用团购、秒杀、竞拍等更具互联网特色的促销手段,并且在促销时间和促销频率上也更具有灵活性。因此,对于多渠道零售企业而言,制定合理的线上、线下促销策略,不仅可以更好地向顾客传递产品信息,还可以激发他们的购买欲望,在短期内提升产品销量。

4. 顾客服务

顾客服务主要体现在顾客关系管理上,通过提升顾客服务水平来吸引和维持顾客,这就需要基于线上和线下的顾客数据来洞察顾客需求。因此,多渠道零售企业在顾客数据收集和使用上应该改变过去"各自为政"的传统做法,转而整合顾客在不同渠道间的交易数据和行为数据,以便更好地洞悉顾客行为、作出正确的营销决策,从而提升顾客服务水平。此外,顾客服务还体现在企业的退换货政策方面,宽松的退换货政策不但会对企业的品牌形象产生正面影响,还能够提升顾客购物体验、强化顾客购买意愿。因此,制定宽松的退换货政策同样是实现线上渠道和线下渠道有效整合的重要保障。

5. 供应链

对于开展多渠道零售的企业而言,供应链整合主要涉及线下和线上两个渠道供应链内部整合与供应链外部整合两部分(Flynn et al.,2010)。其中,内部整合主要是对企业的物流、资金流、业务流和信息流进行有效的控制,使生产、销售、运输等环节实现紧密对接;而外部整合关注的焦点则是企业如何与供应链企业建立良好的合作伙伴关系,实现市场、库存等信息共享。因此,供应链的流程建设与IT信息系统构建是跨渠道供应链运营的关键。

6. 收益分配

在多渠道零售环境下,线上渠道和线下渠道的收益分配不合理将会导致冲突。比如,顾客在线下渠道体验产品后,通常会到线上渠道进行信息查询和价格比对,然后实施购买行为。由于多数产品在线上渠道的价格低于线下渠道,因而顾客更倾向于通过线上渠道购买产品。如此一来,对线下渠道而言,虽然其在顾客作出购买决策过程中发挥了重要作用,但这一作用并没有通过产品销量体现出来,极易引发利益冲突。因此,多渠道零售企业在跨渠道整合过程中,应当对企业的收益分配机制进行合理设计,从而促进线上、线下渠道的协调发展。

7. 组织架构

制定一个合适的组织架构是跨渠道整合过程中的重要环节之一。多渠道整合过程中存在两种组织架构形式:一是分散式(decentralized)组织架构。这种组织形式从运营、管理视角出发,每个渠道都有其独立的库存、采购、营销、财务、研发团队并享有高度的经营自主权。其原因在于不同渠道在具体运作上的差异较大。二是集中式(centralized)组织架构。这是一种从顾客体验视角出发,核算和运营相统一的组织架构,没有线上渠道顾客和线下渠道顾客之分。在该组织架构下,线上渠道和线下渠道深度融合,为顾客提供一体化的无缝体验。因此,采用多渠道零售模式的企业在进行多渠道整合时,还需要考虑采用哪种组织架构形式。

8.3 案例选取标准与案例背景介绍

1. 案例选取标准

本章采用案例研究方法,并且在样本案例选取方面遵循以下标准。
(1)案例企业作为独立实体持续经营时间较长。
(2)案例企业多渠道零售历史超过 5 年。
(3)案例企业早期的销售渠道存在差异。
(4)案例企业跨渠道整合策略存在不同。

其中,前两点可以确保案例企业经历充分的市场环境变化、积累丰富的跨渠道整合经验,能够为案例研究提供足够的观察空间。后两点是为了探究不同类型的多渠道零售企业在跨渠道整合策略方面的差异。

基于上述标准,本章选择七匹狼和茵曼作为案例研究对象。首先,这两家企业作为独立实体均持续经营 8 年以上且多渠道零售历史也在 5 年以上,资料翔实;其次,这两家企业均属于服装行业,便于对比。其中,七匹狼是线下渠道逐渐转型为多渠道零售企业的代表,而茵曼则是线上渠道逐渐转型为多渠道零售企业的代表,它们分别代表了单一渠道零售模式向多渠道零售模式转型的两条路径。对上述两家企业的对比分析,有助于充分探究两种不同路径的多渠道零售企业在跨渠道整合方面的特色和差异。

2. 资料来源

资料来源主要包括一手资料和二手资料。其中,一手资料主要通过员工面谈或者电话访谈获得;二手资料包括企业年报和内部资料、相关新闻报道及书籍、投行和咨询公司的研究报告与其他关于案例企业的研究成果。多样化来源可以对资料进行相互验证,从而提高研究的信度和效度。

3. 案例背景介绍

1) 案例一:七匹狼

七匹狼实业股份有限公司(以下简称"七匹狼")成立于1990年,总部位于福建省晋江市,是福建省首家上市服装企业。公司经营范围涵盖七匹狼品牌男装的设计、生产和销售。成立之初,七匹狼采取了"直营销售+特许加盟"的销售模式,其产品也主要通过线下实体店销售给顾客。但随着电子商务的蓬勃发展,七匹狼也开始积极地从单一渠道零售模式向多渠道零售模式转型。2008年,七匹狼在淘宝平台上线七匹狼旗舰店,成为较早开展电商业务的传统服装企业。此时,七匹狼还只是将电商渠道作为对原有渠道的一种补充进行使用,其在战略层面并不具备与原有渠道同样的重要性。公司创始人之一周少雄曾在接受访谈时表示,"电商渠道是实体店销售的重要补充渠道,是去库存的重要手段。从现实情况来看,七匹狼线上渠道销售的产品中80%都是尾货"。然而,随着电商市场规模的快速扩大,电商渠道在七匹狼公司战略层面的重要性与日俱增。2013年,七匹狼将电子商务部门升级为独立子公司,以实现线下渠道和线上渠道的"双轮驱动",促进企业持续发展。

2) 案例二:茵曼

茵曼是一个从淘宝平台成长起来的互联网女装品牌,创立于2007年。茵曼母公司是广州市汇美时尚公司,该公司成立于2005年,开始时依托阿里巴巴平台开展外贸业务,随后创立茵曼品牌专注国内电商零售市场。茵曼品牌业务是该公司的主要业务,其电商零售渠道主要包括天猫、淘宝、当当、唯品会、京东等主流电商平台,所售产品主要为女装、鞋子、包包、配饰等时尚类产品。2011年,茵曼开始借助"自营+加盟"的方式布局线下实体店,正式开启了多渠道零售转型之路。在茵曼看来,新兴渠道与原有渠道具有同等重要性,是多渠道零售战略的重要组成部分。公司创始人方建华先生表示,茵曼的线下实体店承担的不是销售功能,而是品牌展示和服务顾客职能;对实体店的评价不是销量,而是顾客满意度。2015年,茵曼进一步提出采用"店铺+

电商＋微商"模式,实施"茵曼＋千城万店"战略。其计划未来 5 年内在全国 1 000 个城市开设 10 000 个线下实体店,其中在一线城市将采取与大型百货商场合作的直营方式,而在二、三、四线城市则主要采取连锁加盟的方式。顾客在茵曼线上旗舰店相中某款衣服后,可以在线下实体店预约试衣。如果到店试穿后满意,可以当场下单取货,也可以通过 App 或者线上旗舰店下单再由物流配送到家,从而实现线上、线下无缝式购物体验。截至 2023 年,茵曼线下门店数量达到 600 多家。案例企业情况简介如表 8.1 所示。

表 8.1　案例企业情况简介

项　　目	七　匹　狼	茵　　曼
成立时间	1990 年	2007 年
成立地点	福建晋江	广东广州
主营业务	男装、男士配饰、男鞋等	女装、女鞋、背包、配饰、童装、家居等
初始阶段渠道模式	线下渠道零售	线上渠道零售
渠道模式变迁时间	2008 年	2011 年
多渠道经营时间	8 年	5 年

8.4　案例企业跨渠道整合分析

8.4.1　七匹狼

1. 七匹狼多渠道零售驱动力分析

七匹狼是中国高端休闲男装的代表者和领军者,自 1990 年成立以来,一直采取"直营＋连锁加盟"的销售模式,遍布全国的 3 000 多家实体店是其竞争优势的重要来源。

根据《全国服装电商产业发展白皮书(2023)》,2023 年,我国服装网络零售额达 23 000 亿元,同比增长 11.11％。服装服饰类商品超过笔记本电脑、手机等数码类商品,成为网络购物交易额最大的商品种类。淘宝网 2008 年上半年的销量排名显示,服装类商品销售额稳居第一,为淘宝网贡献了 15％的交易量。

然而,受 2008 年全球经济危机的影响,国内外消费需求不足,土地成本和劳动力成本逐渐上升,服装类企业出现了"关店潮"。数量庞大的线下实体店不再是服装企业的优势,反而成为服装企业发展的包袱。在这种外部竞争压力下,七匹狼于 2008 年 6 月在淘宝网开办了旗舰店,试水电子商务业务,正式开展多渠道零售。由此可见,竞争压力是促使七匹狼开展多渠道零售的主要驱动力。最初七匹狼只是在多渠道零售的道路上探索,但随着多渠道零售趋势越发明显,为了顺应这一重要趋势、保持自身在服装领域的竞争优势,2013 年上半年,七匹狼将电子商务部门升级为独立公司,包含商品部、渠道部、运营部、市场部等,作为独立的利润核算中心。七匹狼多渠道零售驱动力分析如表 8.2 所示。

表 8.2 七匹狼多渠道零售驱动力分析

多渠道零售驱动力	案例对应内容
顾客需求	服饰类网络购物群体总体规模和增长幅度巨大
竞争压力	淘宝网等电子商务网站的服饰类商品的交易量在服饰类总体交易规模中的比重显著上升
提高顾客满意度和忠诚度	七匹狼希望可以让顾客便捷地选择特定的渠道来满足自身需求
创造和保持竞争优势	七匹狼希望通过开展多渠道零售以保持自身在服装领域的竞争优势

2. 七匹狼跨渠道整合分析

2008 年席卷全球的金融危机使国内外服装市场需求骤减,线上电子商务的发展也在不断侵蚀线下实体店的市场份额。面对这种情况,七匹狼于 2008 年 6 月在淘宝开设旗舰店,开始线上销售,实行多渠道零售模式。随后,其线上零售渠道逐渐拓展至天猫、京东、唯品会和 1 号店等。2013 年,七匹狼将电子商务部门升格为独立公司进行运营。以下从七个方面分析七匹狼的跨渠道整合。

(1)在产品种类方面,七匹狼跨零售渠道采取品类差异化策略,旨在尽可能减少不同渠道之间的冲突。对于线下渠道的经销商而言,七匹狼要求经销商按照不同的顾客群体对款式和品类进行差异化区分,依据各自特长培育侧重点,降低不同经销商经营品类的同质化程度。与此同时,对于七匹狼在各个线上渠道开设的旗舰店而言,同样针对线上旗舰店定位提供不同类型的产品,如新品发布往往放在天猫商城上,Polo 衫等基本服饰主要供货给 1 号店,而唯品会则主要用来清理库存。此外,七匹狼针对线下渠道的产品档次相对较高,而线上渠道的产品档次则相对较低。

(2)在定价策略方面,七匹狼依据线上渠道的定价规则及线上顾客价格敏感度高等特点采取差别定价策略。线上、线下产品定位的区分使得线上产品的价格水平普遍低于线下产品。虽然七匹狼采用同款产品线上、线下渠道价格基本一致的策略以减少跨渠道间的价格冲突,但线上旗舰店经营主体的多样化(七匹狼自己运营或者线上经销商运营等)仍然使同款产品在线下和线上的实际价格存在较大差异。七匹狼的主要工作就是设法控制两者价格在合理的差异区间内,从而减少价格冲突。

(3)在促销方式方面,七匹狼将线上、线下渠道的促销独立开来。五一、十一等传统节日由线下渠道组织促销活动;而"618"和"双11"等电商节日的促销活动则由线上渠道组织。由于线上促销工具多样、竞争激烈等原因,线上促销频率远超过线下渠道。另外,获得七匹狼授权的线上经销商可以自行开展推广活动,如购买流量、购买广告位等。对于能够提升七匹狼整体品牌形象的促销活动,七匹狼电商部门将承担促销费用的30%。

(4)在顾客服务方面,七匹狼积极探索如何将各类新技术融入顾客服务体系建设之中。比如,借助多渠道零售IT系统,七匹狼可以定位跟踪线上顾客的搜索和购买行为,从而提升顾客服务水平、改善顾客购物体验;还可以对原有的线下会员体系进行升级,让会员积分可以在线上、线下渠道共同使用。此外,在退换货政策方面,网购顾客一般只能通过线上渠道退换货。如果选择在线升级为VIP(贵宾),则可以享受线下实体店退换货权益。这不仅为顾客提供了便捷的退换货服务,还为线下实体店增加了流量。

(5)在供应链方面,七匹狼的线下渠道体系和线上渠道体系采取相对独立的运作模式,也即各自进行渠道体系内的供应链整合,实现每个体系生产、销售、运输等流程的紧密对接。同时,七匹狼通过公司平台的ERP(企业资源计划)系统实现线上、线下渠道体系在物流、资金流、业务流和信息流上的整合,并增加在采购、制造、仓储和配送等方面的协同。比如,借助供应链的信息共享和整合打通线上、线下的采购与制造平台,通过与供应商、生产工厂共享市场信息、库存信息和生产信息,优化资源配置、提高运作效率,实现规模效应。此外,确保线上、线下渠道都能对市场需求变化作出及时、有效的应对。

(6)在收益分配方面,七匹狼的线上平台和线下平台是独立的成本核算与利润中心。线上渠道开店成本低、营业时间长、运营效率高等优势会对线下渠道的已有业务和收益水平造成较大冲击。为了维持渠道秩序,平衡线上、线下收益,一方面,七匹狼鼓励获得授权的经销商积极开展线上业务,借助新渠道带来的销量提升获利能力;另一方面,七匹狼采取了线上、线下差别化的返利策略,通过给予线下渠道较高的返利来弥补其在产品展示和产品体验方面的成本支出。

（7）在组织架构方面，随着服装线上零售规模的快速增长，为了减少线上渠道和线下渠道的冲突，七匹狼将电商部门升级为具有独立成本和利润核算决策权的子公司，下设商品部、渠道部、运营部、市场部等职能部门，从而实现线上、线下渠道的双轮驱动零售模式。在这一全新的组织架构下，电商公司不仅要做好内部的管理工作，还要承担对外拓展市场的责任。此外，虽然电商公司独立于线下渠道的运营部门，但并不意味着完全脱离集团公司的管理，其行动依然要符合七匹狼公司的战略规划。

8.4.2 茵曼

1. 茵曼多渠道零售驱动力分析

茵曼自创立之初便借助电子商务进行销售，其线上销售渠道涵盖天猫、淘宝、当当、唯品会和京东等。2015年，茵曼女装在当当网上的销量排名和淘宝"双11"女装品牌销量排名均为第一，是非常成功的网络零售品牌之一。

但茵曼创始人方建华意识到，服装不同于手机、笔记本电脑等传统标准化产品，顾客在购物时往往会出现"在网上认为款式合适，但在收到商品进行试穿之后却不合适"的现象。虽然当前网页展示功能已经十分强大，但服装类网购中仍然存在15%左右的退换货率。退换货增加了顾客的时间成本和金钱成本，降低了顾客的满意度和忠诚度，因此越来越多的顾客希望能够在购买前试穿产品。此外，越来越多的传统服装企业纷纷开辟线上渠道，可供顾客选择的购买渠道也越来越多，逐渐侵蚀了网络零售品牌的市场份额。而且随着网络购物群体的渗透率逐渐攀升，网购市场的增长率逐渐下滑，网络零售品牌的增长遇到瓶颈。方建华意识到，当前竞争的关键不再是开拓新的增量市场，而是充分挖掘现有的存量市场。

为了提高顾客的满意度和忠诚度，茵曼前期布局线下实体店，效果不佳；后期探索多渠道零售，提出"茵曼＋千城万店"战略。线上渠道和线下渠道同款同价，顾客可以在实体店内试穿，然后通过线上或线下渠道购买，为顾客提供跨渠道间无缝化的购物体验。由此可见，提高顾客的满意度和忠诚度是茵曼开展多渠道零售的主要驱动力。茵曼多渠道零售驱动力分析如表8.3所示。

表 8.3　茵曼多渠道零售驱动力分析

多渠道零售驱动力	案例对应内容
顾客需求	顾客希望在购买之前能够体验产品
竞争压力	传统服装企业纷纷开辟线上渠道，与网络零售品牌争夺市场份额
提高顾客满意度和忠诚度	线下试穿，线上购买，线下渠道和线上渠道同款同价，提供跨渠道一致的购物体验
创造和保持竞争优势	茵曼希望通过开展多渠道零售以保持自身在服装领域的竞争优势

2. 茵曼跨渠道整合分析

2011年，茵曼成为天猫商城"双11"女装销售冠军后，便开始布局线下实体店零售渠道，采用"自营＋加盟"的方式开设了近30家实体店，大力发展多渠道零售。然而，当时支付技术、二维码和物流等基础条件尚不成熟，实体店经营效果并不理想。虽然短时间内转型效果不佳，但茵曼并没有放弃对跨渠道整合的探索。在接下来的几年里，茵曼在信息化系统、会员系统和线下团队建设等方面持续投入。2015年，茵曼启动新一轮的线上和线下融合发展模式并提出"茵曼＋千城万店"战略。截至2023年，茵曼线下门店数量达到600多家。以下从七个方面分析茵曼的跨渠道整合。

（1）在产品种类方面，茵曼采取线上和线下经营品类与款式一体化政策，线下实体店与线上旗舰店每周同步上新。由于线上渠道的产品展示无须占用货架空间，茵曼线上渠道的品类要多于线下实体店，并且线上旗舰店实现了对线下实体店品类的全面覆盖。同时，茵曼线下实体店的每款产品只放一两个样品，销售之后再通过仓储系统快速补货，尽可能减少实体店库存。

（2）在定价策略方面，茵曼采取线上、线下同款同价的策略，同一款商品，线上渠道和线下实体店的价格完全一致。顾客选择是通过线上渠道购买还是通过线下渠道购买完全取决于其渠道偏好，不受价格因素的影响，从而彻底解决价格冲突的问题。

（3）在促销方式方面，茵曼在品牌促销时采取线上与线下协调一致、协同进行的方式。在移动互联网时代，茵曼通过线下的赞助活动（如与大学学生会合作主办戏剧节等）让现场参与者扫码下载App并成为茵曼会员。针对十一国庆节及"双11"等节日,线上与线下协同组织和实施促销活动,相互引流。比如同时在线上渠道和线下渠道开展满"199元减10元、满299元减20元、满499元减50元"的让利促销活动。"双11"期间,除了在社交媒体平台和天猫平台投放广告,还在热播电视节目中投放广告,从而向线上渠道引流。

(4)在顾客服务方面,茵曼建有专门的团队开展顾客关系管理工作。茵曼将顾客细分为不同族群,匹配不同标签,分门别类地建立起顾客数据库,从而实现全渠道共享。目前,茵曼已经掌握了近600万顾客信息,并把这些信息开放给线下实体店,使其在服务顾客时更具有针对性。此外,为了更好地提升购物体验,茵曼还允许顾客在线上渠道和线下渠道之间跨渠道取货与退换货。

(5)在供应链方面,茵曼对线上渠道和线下渠道实施统一管理与运营,因此其供应链也是统一管理和运营的。由于线上和线下统一运作对供应链的效率性要求较高,茵曼非常重视供应链的整合。例如,茵曼对货品采取统一仓储的形式,按订单进行实时配送,线下实体店可以实现零库存。茵曼拥有4家产能稳定的服装加工厂,因此其对生产流程有着很高的自主权,并能对市场需求作出迅速反应。此外,运营团队每周都会根据库存系统数据和销售数据进行销售预测,根据预测的订单量开展生产,能够有效控制库存水平、实现对市场的快速响应。

(6)在收益分配方面,与传统加盟商赚取价差的盈利方式不同,茵曼实行先售卖、后结算的策略,加盟商的盈利来自顾客购买产品后的提成。实体店内每一款产品都有独一无二的二维码,顾客必须扫描二维码才能看到产品价格和相应搭配,茵曼也可以知道顾客是通过哪个实体店获取产品信息的。只要顾客在实体店内有过一次购买行为,该顾客就自动成为该店铺的"粉丝"。不论该"粉丝"以后是通过线上渠道还是通过实体店购买产品,该店铺均可获得相应提成。

(7)在组织架构方面,随着"千城万店"战略的实施,越来越多的线下门店加入茵曼原有的渠道体系中。为了给顾客提供无缝的、一体化的购物体验,茵曼摒弃了将线上渠道和线下渠道划归不同部门管理的传统做法,而是将线上、线下视为共同利益体,交由运营中心统一运作。这一整合有助于提升管理效率、实现资源的合理配置。

七匹狼和茵曼的跨渠道整合比较如表8.4所示。

表 8.4　七匹狼和茵曼的跨渠道整合比较

跨渠道整合导向	渠道分离导向	渠道融合导向
跨渠道整合目标	减少渠道冲突	为顾客提供一致的购物体验
刚开始时对新渠道的认识	原有渠道的补充渠道	与原有渠道同等重要
跨渠道整合整体水平	相对较低	相对较高
案例企业	七匹狼	茵曼
产品种类	线上和线下品类有明显区分（品类差异化）	线上品类多于并覆盖线下品类（品类同质化）
定价策略	线上、线下价格水平有明显差别；同款难以完全同价	线上、线下价格水平无差别；实现同款同价
促销方式	线上频率高于线下；线上、线下独立进行	线上频率高于线下；线上、线下协同进行，相互引流
顾客服务	提升服务水平的顾客数据能在跨渠道间部分共享；取货和退换货在跨渠道间有条件地进行	提升服务水平的顾客数据能在跨渠道间完全共享；取货和退换货在跨渠道间便利地进行
供应链	相对独立运作。但采购、物流、仓储等方面线下和线上协同程度较高，信息基本能与供应链伙伴共享	统一运作。采购、仓储、物流等方面线下和线上高度协同，信息实时同步并与供应链伙伴高度共享
收益分配	线上和线下是独立的成本与利润核算中心	线上和线下共同分享收益
组织架构	线上、线下渠道分别由不同部门独立管理与运营	线上、线下渠道由同一部门统一管理与运营

8.5　跨渠道整合的两种导向

通过对七匹狼和茵曼两家企业在跨渠道整合方面的分析发现，开展多渠道零售的企业在进行跨渠道整合时存在两种不同的导向，分别是渠道分离导向和渠道融合导向。这两种不同导向决定了采用多渠道零售模式的企业在跨渠道整合方面的策略差异。

1. 渠道分离导向的多渠道零售企业

其跨渠道整合的目标是尽可能实现线上、线下渠道的分离，减少渠道间的冲突。换言之，不同渠道各自发展，各自贡献业绩。七匹狼属于渠道分离导向的多渠道零售企业。在这一导向的指引下,七匹狼跨渠道整合的主要目标是减少渠道间的冲突,促进企业持续发展。因此,七匹狼基于市场细分的角度开展跨渠道整合,线上渠道和线下渠道在产品种类、定价策略、促销方式等方面存在明显差异。不同渠道覆盖不同细分市场,不同渠道又由不同的部门和团队来独立运营。虽然在顾客服务、供应链等方面存在一定程度的共享和协同,但总体而言,多渠道之间难以形成良性互动,顾客在跨渠道间不能获得一致的购物体验。

2. 渠道融合导向的多渠道零售企业

其跨渠道整合的目标是尽可能实现不同渠道之间的协同,为顾客提供跨渠道的一体化购物体验。茵曼则属于渠道融合导向的多渠道零售企业。在这一导向的指引下,即使面临短期业绩震荡的压力,茵曼仍保持在跨渠道整合方面投入大量精力。比如,其致力于在产品种类、定价策略、促销方式、顾客服务、供应链、收益分配及组织构架等方面深入协同和融合,以便为顾客提供一致的购物体验,因此企业在跨渠道整合方面的整体水平较高。但是,采用渠道融合导向的跨渠道整合模式也存在管理过程复杂、管理成本高等问题,对企业的经营、管理能力提出更高的要求。

结语

渠道融合导向和渠道分离导向是当前企业在营销渠道转型过程中通常采用的两种跨渠道整合理念与模式。不同类型的多渠道零售企业采取的跨渠道整合策略有所不同,对于采取渠道融合导向的多渠道零售企业来说,其跨渠道整合的核心在于实现不同渠道之间的协同,为顾客提供线上、线下无缝的购物体验;而对于采取渠道分离导向的多渠道零售企业来说,其跨渠道整合的核心在于实现不同渠道的分离,减少不同渠道间的干扰和冲突。因此,多渠道零售企业应结合自身特点和发展需要,采用合适的跨渠道整合策略,从而提升渠道整合效果。

第9章

数字化驱动下的政企业务营销渠道转型

数字化经济与传统企业、制造和服务业的融合,给各行业新兴业态的发展与壮大带来新的机遇和挑战。当前,全球数字化进程持续加速,无论是生产、销售还是服务,各行业都在积极拥抱数字化转型趋势,运营效率显著提升。进入第四次工业革命时代(智能化时代)后,信息与通信技术成为社会经济增长和数字化转型的重要支撑。

传统企业应当密切关注这场数字化经济革命给企业带来的机遇和挑战,更好地满足数字化经济时代的创新需求。在这一背景下,企业的营销模式也发生了深刻变化,由传统营销模式下的等待商机向创造商机、挖掘商机转变。在数字化转型的关键时刻,各企业迅速进行营销模式的转型和创新,从而打造出更具竞争力的商业形态,促进企业长远发展。

中兴通讯股份有限公司(以下简称"中兴通讯")是全球领先的行业ICT解决方案提供商。政企业务、运营商业务和终端业务组成了公司三大战略方向。其中,中兴通讯在政企领域耕耘多年,从1997年成立专网部负责行业通信市场,到2017年成立政企中国营销事业部,在能源、交通、政府及央企、公共事业、金融和互联网等领域大力拓展渠道合作。但是目前中兴通讯政企业务的市场份额与其他竞争对手仍然存在较大差距。在传统营销渠道落后、数字化转型时代加速到来的大背景下,中兴通讯政企业务需要进行战略转型,切换到更加适合工业革命4.0时代的新型渠道经营模式。

9.1 中国 ICT 行业政企市场现状与发展趋势分析

9.1.1 政企业务渠道发展模式的演变

业内厂商在业务发展过程中注重自身渠道体系的搭建和渠道业务的发展,原因在于,营销渠道既是业务发展的阵地,也是服务客户的窗口。渠道的力量可以帮助厂商实现销售、服务、品牌等方面的能力扩展及资源延伸,从而实现业务稳定增长。总体而言,业内厂商的渠道发展主要分为以下三个阶段。

1. 第一阶段:传统的代理销售模式

这一阶段即以产品为中心的"渠道时代",大部分厂商均借鉴思科的渠道销售模式,即"全国总代理商+区域代理商",进行市场扩展及业务铺开。全国总代理商提供资金、信控、物流及技术支持平台,并借助区域代理商进行业务拓展,实现对区域及行业客户的渗透。在这种模式下,渠道的价值在于掌握客户资源或下游渠道资源,其短板在于缺乏为用户提供服务的能力。厂商话语权较高,强调渠道管理及业绩达标。

2. 第二阶段:合作销售模式

这一阶段是以解决方案为中心的"合作伙伴时代"。随着行业客户需求多样化及对服务的更高要求,传统的代理销售模式已经无法完全适应市场发展和厂商业务拓展的需要。因此,"合作销售模式"应运而生。在这种模式下,厂商对市场及销售模式的划分更为细致。

(1) 在聚焦行业,针对战略客户采用直销模式或准直销模式,厂商直接对接客户,掌握主导权。

(2) 在非聚焦行业,采用合作销售模式。厂商主要发挥技术和品牌优势,释放部分资源给渠道,培养、提升合作伙伴能力。通过合作伙伴实现细分行业客户在客户关系、方案配置、项目竞标、服务支持、下游渠道拓展、地市客户延伸等方面的覆盖落地。这种模式体现了厂商业务的价值增值,双方由原来管理与被管理、考核与被考核的关系变为互惠合作关系。

(3) 在分散行业,采用分销模式。通过分销合作伙伴,覆盖更为广阔的零散的分散市场。借助分销体制下快捷的商务报价和物流供货机制,实现中小企业客户的需求覆盖、市场需求的快速响应,从而扩大品牌影响力。

3. 第三阶段:生态圈模式

2015 年后,行业逐渐过渡到以满足用户需求为中心的"生态圈时代"。

在政府及企业数字化转型过程中,客户投资重点转向以云、物联网和大数据等为基础的新 ICT 平台。厂商必须与有实力的集成伙伴、开发伙伴、服务伙伴、运营伙伴、融资伙伴一起,实现平台、资源、能力的互补与整合,从而借助生态组合优势,满足客户创新、纷繁复杂的需求。因此,各业内厂商纷纷开始合作伙伴生态圈建设,通过群体竞争优势争夺产业或行业的话语权。在这种模式下,厂商与其生态内合作伙伴的关系被重新定义为一种更加开放、息息相关、分工合作且优势互补的关系。作为厂商,所做的关键动作有以下几个。

(1) 规划和布局合作伙伴生态架构。各厂商都在传统分销生态体系的基础上,大力开发云上生态体系。

(2) 打通合作支撑流程。打通研发、营销、销售、交付和服务等各环节,让合作生态业务在厂商业务流上快捷运行。

(3) 完善合作生态组织。比如,华为组建联盟与解决方案合作部的同时,也在各区域建设 Open Lab、联合创新中心、合作伙伴发展中心、解决方案开发中心及行业体验中心"四位一体",抽调研发专家、测试专家和合作专家支撑各区域的 Open Lab 运作。

(4) 持续优化面向伙伴的 IT 和工具。仍以华为为例,其开放合作伙伴一级目录,行业领域的伙伴可以在线加入企业解决方案伙伴计划,在线与华为方各接口人员交互。此外,华为还提供展现伙伴联合方案的 Marketplace 平台,从而向华为客户展示伙伴解决方案构建能力,促进解决方案的销售。

9.1.2 同行业友商商业模式与政企业务渠道分析

近年来,同行业主要合作伙伴业绩增长迅速。其中,华为坚持"被集成"战略;新华三(H3C)渠道相对成熟、网络产品方案领先;锐捷公司专注教育行业。

1. 华为政企市场商业模式分析

2012 年 2 月,任正非发表题为《不要盲目扩张,不要自以为已经强大》的讲话,强调必须聚焦主航道,不允许企业终端盲目扩张。2012 年 6 月,在北京渠道大会上,华为业务集团总裁徐文伟宣布"坚持被集成"五年战略。具体而言,不要一味追求销售额,破坏产业生态链;而是追求主力产品的销售额,定位为产品的供应商。避免树敌太多,非必要情况下不做集成,而是把面向客户集成服务的钱让给合作伙伴。由此奠定了华为政企市场的商业方式:坚持打造开放、弹性、灵活、安全的 ICT 平台,选择行业领先的客户作为数字化转型的合作伙伴。在新 ICT 技术引爆行业数字化转型的今天，云计算、全面云化网络、企业无线、物联网、大数据、存储和服务器等创新产品与解决方案在政府、金融、电力、交通、制造等行业，尤其在平安城市领域获得广泛应用。与此同时，加大在产业联盟、商业联盟、开源社区、开发者平台等领域的投资和建设力度，构建开放的数字化生态。

从 2012 年起，华为坚持五年"被集成"不变的战略，定位清晰。生态环境、产品研发、支撑服务完全围绕战略进行持续构建，完善的体系支撑了业绩的快速增长，并开始主导生态圈规则的制定。最终，2011—2016 年的年平均复合增长率为 25.7%；2015—2016 年，增长率更是高达 43.5%。

2. 新华三（H3C）政企市场商业模式分析

H3C 引领了网络产品的渠道规则，运作最为成熟。虽然经历去 IOE 化（I 指 IBM 小型机，O 指 Oracle 数据库，E 指 EMC 的存储）冲击及股权变更，但其依然保持 11.1% 的复合增长率。2016 年完成国产化和股权变更后，更是达到 21% 的增幅。产品范围覆盖数通、IT、安全、服务器和存储等；聚焦城市云和行业云，如"云筑百城""新城市运营"联盟；渠道运作模式转型为"准直销＋渠道优先"。此外，在各个地市设置区域代表（销售/技术/渠道经理），资源下沉，从而实现对三、四线城市区域的市场覆盖。总之，其政企市场全行业渗透，渠道最为成熟。

3. 锐捷政企市场商业模式分析

锐捷聚焦教育行业，然而其产品研发实力较弱，以"适用、易用、价廉"为目标，坚持做爆品。其商业模式为：聚焦行业持续深耕、用匠心做爆品，从而实现逐步从教育行业到政府、金融、运营商、互联网等高端市场的扩张。其产品范围覆盖数通、云桌面、WLAN（无线局域网）和校园网运营等。2016 年增长 32.6%，收入的 2/3 仍来源于教育。

4. 渠道销售对比分析

经过几年的渠道耕耘，中兴通讯渠道满意度呈现增长趋势，但是业绩和渠道数量与其他企业之间仍然存在差距。政企市场处于渠道培养期这一起步阶段，需聚焦核心影响因素。虽然阳光管理、政策契合度、渠道赋能、业务 IT 化能力等在 2014—2016 年间取得了一定进步，但与业界标杆仍存在差距。产品与方案、物流交付、品牌影响力等尚无突出改善，与业界标杆差距较大。中兴通讯政企渠道生命周期模型及影响因素汇总如图 9.1 所示。

第9章 数字化驱动下的政企业务营销渠道转型

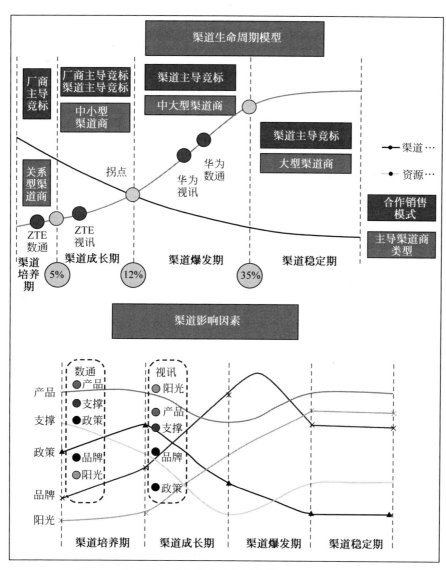

图 9.1 中兴通讯政企渠道生命周期模型及影响因素汇总

9.2 中兴通讯政企业务营销渠道现状分析

9.2.1 中兴通讯政企业务简介

中兴通讯在政企业务领域耕耘多年,2005 年成立企业网营销中心,负责企业网市场,大力拓展渠道合作,在能源、交通、政府、金融、公共事业(含教育、医疗、广电)、互联网、物流等关键市场取得突破。2012 年初,中兴通讯明确了全球政企市场战略,加大对政企业务的投入,政企业务成为三大战略性业务和公司重要的业务增长引擎。2013 年底,中兴通讯正式成立政企事业部,重点聚焦能源、交通、政府、公共事业(含医疗、教育、广电)、金融和互联网六大行业及物流等产业。2015 年,中兴通讯发布 M-ICT 战略,聚焦运营商市场、政企市场和消费者市场。将智慧城市确定为政企业务的主战略,推动政企业务的战略转型;从设备销售转向 IT 服务和运营,收入结构的变化使得运营和服务在收入中的占比逐步增加。直销与合作销售相结合、构建"云构图"智慧城市解决方案,从而实现相关的软硬件产品销售。对于智慧城市垂直行业应用,优先打造开放的平台,通过与行业合作伙伴的战略合作形成完整的智慧城市垂直应用产业链。2016 年底,智慧城市收入占政企总体业绩收入的 30% 以上。中兴通讯智慧城市在全球 45 个国家、170 多个城市落地,树立了国内第一品牌。然而,由于智慧城市的客户是政府,政府政策、流程、架构的变动是智慧城市经营的主要风险,同时也存在回款难等问题。通过几年的积累,中兴通讯在其他领域市场上也占有一定份额。比如,轨道交通领域一直保持通信市场占有率第一;国家电网通信市场建设中始终处于第一阵营;金融 IT 分布式架构方案在银行 IT 架构变革中占据先机;公共安全领域全力打造的方案业界综合竞争力第一;数字油田建设中也树立了第一品牌。

2017 年初,中兴通讯调整政企战略,提出"云网生态"战略,聚焦城市智慧化和企业数字化,构建中兴云网生态。以聚焦和创新为经营方针,做全行业数字化转型方案的引领者和基础网络产品的主流供应商。保持产品技术竞争力,依靠创新形成差异化的产品和解决方案。聚焦"4 个重点市场(公共安全、能源、金融、交通)+2 个潜力市场(互联网、政府 & 央企)+1 个拓展市场(商业市场)"。聚焦全国 8 个重点价值省份"两东两江两北+京沪(广东、山东、江苏、浙江、河北、湖北、北京、上海)",独立经营;其余省份重新整合为 5 个片区进行经营,进而在全国形成"8+5"的新营销组织架构。聚焦数通、视讯、云桌面等核心产品,加强一体化运作,协同产研规划,持续提升行业方案竞争力。

9.2.2 中兴通讯渠道发展历程

1. 渠道模式发展

经过近年来的快速发展,2017 年,中兴通讯的合作伙伴数量有 7 000 多家,产单伙伴超 1 000 家。其中,销售规模超过 1 000 万元的伙伴占比 4.8%。2018 年,政企全业务总经销商在长虹佳华、航天欧化、佳杰科技、神州数码 4 家的基础上增加了方正。与此同时,对总经销商价值进行重新定义,总经销商的工作职能由原来的资金平台向渠道支撑和渠道业绩转变。全国计划完成 50 家大 SI(system integrator,系统集成商)和 ISV(independent software vendor,独立软件开发商)、300 家金牌经销商、500 家银牌经销商和 1 000 家产单渠道的发展。从 2005 年建立政企业务以来,中兴通讯一直在探索渠道的发展路径。

1) 总代模式

2010—2013 年,要求总代具备业绩经营、渠道拓展、市场活动、物流备货、技术支撑等职能,并分别设有相应的返点激励。但由于执行过程中内部和外部多种因素的影响,预期效果未能达到,总代职责被逐渐弱化。2014—2017 年,总分(总分销商的简称)职能局限于资金平台并占有较大考核占比,可选择性地从事分销业务,二级渠道支撑职能仅做考核参考。2018 年,重新定义总分职责定位,通过"包省+自由竞争"、增加返点激励、强化目标管理(management by objective,MBO)考核等手段,促进总分支撑职能的发挥。

2) 二级渠道模式

排他性行业:在铁路、高速、电力、专网等行业采用准直销模式进行封闭性行业渠道管理;确定短名单,并考核短名单代理商业绩达成及工作完成情况。

非排他性行业:2013 年之前,按行业进行认证授权;业绩返点按授权行业发放。2013 年之后,取消授权行业概念,鼓励渠道多行业经营。按产品进行认证授权,业绩返点按照授权产品发放;推行渠道项目报备,按照"先报先得"原则,确定项目归属。2013 年发布"渠道进取计划",制订各单位渠道发展奖惩方案。对内进行红黄牌考核及奖励、对业务经理给予奖励;对外设立"渠道新锐奖"。

3) 核心渠道发展策略

2014—2015 年,为促进商业市场深耕及业务拓展,制定并发布商业市场"增值金银牌"政策。针对数通、视讯产品,以省份为单位,设定 1~2 家增值金银牌渠道;签订协议,履行渠道拓展、品牌活动、样板点建设、技术支持、物流备货等职能,配以考核及返点激励。但由于未达到预期成效,该政策于 2016 年取消。2017 年,为提升渠道质量,制定并发布高质量渠道拓展政策。针对发展战略、价值伙伴及"双百"渠道,签订年度任务及考核要求,并在商务激励等方面给予特殊支持。针对普教行业云桌面市场,制定省代政策,由省代进行市场拓展及样本点建设,并承担技术支持等职能。

4) 分销渠道发展策略

2014 年开始发展分销业务,虽然设立分销总代理商身份,但无单独的二级分销商。自 2015 年起,设立白金、金牌、银牌分销商身份,布置年度及季度任务,按照任务达成情况进行身份考核及计算返点。

2. 生态圈建设

自 2009 年起,中兴通讯将大 SI 发展作为渠道建设的关键组成部分,制订发展计划及落地管理政策,并逐步与业内大 SI 建立联系或合作关系。然而,大部分合作处于初级阶段,未能实现持续合作。2014 年,中兴合作伙伴生态圈理念被提出,并被加入 2014 年渠道架构中,定位于联合方案开发及联合市场营销。随着业内厂商生态圈模式的发展,中兴通讯对生态圈的认知及定义也不断扩展,大 SI、ISV、服务伙伴、融资伙伴、运营伙伴等被逐渐纳入生态圈建设体系中。2017 年,推行战略、价值伙伴发展政策,旨在吸引业内知名的大SI、ISV 等合作伙伴建立或扩展合作领域及范围,借助其力量提升行业理解及扩大业务覆盖面,从而提升中兴通讯方案能力和客户需求定制能力。2017 年 8 月,提出高级认证服务伙伴计划,发展服务合作伙伴,在服务领域实现资源和能力互补。

3. 渠道发展规划

2017 年,中兴政企以合作伙伴为先、共建云网生态,对渠道发展做了未来三年"百千万"的整体规划。其中,渠道业务每年复合增长 23%;合作伙伴数量方面,实现和中兴通讯合作过或正在合作的伙伴数量达 10 000 家;其中,金牌合作伙伴 1 000 家,形成稳定的业务流水;战略合作伙伴 100 家,做通垂直行业、整合上下游链条,在专业领域共同开发端到端的解决方案。

9.2.3 营销渠道问题分析

1. 中兴政企业务面临的挑战和问题

政企业务的整体收入规模和增幅与竞争对手有差距,渠道网络也相对薄弱；自研产品未能同步增长，自研产品与集成（智慧城市 & 轨交）的核心竞争力都亟待提升。2014 年，其虽将智慧城市作为主战略打造了智慧城市第一品牌，但是也投入大量的资源和人力。中兴通讯政企业务面临以下问题。

（1）渠道管理：缺乏高质量合作伙伴，在渠道政策、渠道拓展、激励、商务、物流、工程服务等业务模块需进一步完善和加强。

（2）行业情况：无业绩支柱性市场，市场格局持续劣化。

（3）产品情况：政企基础性产品与对手差距大。

（4）收入结构：业绩构成中，合作伙伴贡献占比低。

（5）管理机制：管理欠缺机制约束，需要进一步阳光化运作。

2．竞争对手的快速崛起

业内主要竞争对手华为、新华三在政企业务领域发展迅猛。比如，华为企业业务集团 2017 年收入 106 亿美元，较之上一年度增长 67%，占华为整体营收比重的 10.37%，与 2013 年相比增幅更是达到了 300%。

竞争对手在政企市场业绩的迅猛增长，与其对渠道建设的重视密不可分。利用去 IOE 的机会，华为、新华三、锐捷等国内厂商大力吸收思科、保利通、IBM 等国外厂商的原有渠道，也利用其他厂商内部格局和政策调整的契机，吸引对手渠道加入自身的渠道阵营，迅速增加渠道基数。加大渠道型产品研发及品牌推广力度，打通及理顺内部与渠道业务相关的各项支撑流程，同时通过甩单、赋能、政策激励等手段，大力投入资源扶持和培养核心渠道；将部分核心渠道做大，形成标杆，吸引其他渠道加入。

合作伙伴的发展和壮大进一步夯实了对手厂商的市场竞争基础，帮助厂商在市场、产品、方案、服务等方面能力的提升，从而带来了业绩的迅速增长。如华为 2017 年国内政企业务的业绩中，超过 80% 的比例为渠道收入。因此，竞争对手的渠道战略是可行的。

未来相当长时期，行业数字化转型都是政企市场最大的商机，而渠道生态则成为最强大的武器。近年来，主要竞争对手在各自渠道生态体系建设中投入大量精力和资源，提前布局、组织落地。比如，华为企业业务集团已与近 500 家解决方案伙伴开展合作，在平安城市、全渠道银行、数字轨道、全连接电网和全媒体等各个领域形成创新方案，实现了对各行业需求的广泛覆盖，增强了其在业务领域的参与度及在客户端的话语权，品牌优势越发明显。2017 年，华为"合作伙伴大会"更名为"生态伙伴大会"，并提出"ΣCO-Partner"（因聚而生）理念。华为在建设生态系统中的态度与决心引起业内客户及渠道的广泛关注。

3. 中兴政企业务增长乏力

中兴通讯政企业务自成立以来,前 6 年经历了每年 50% 的高速增长期,而后业绩相对稳定,进入增长瓶颈期。为了有效提升业绩,中兴通讯政企业务尝试弱化渠道销售、强化自有人员直销方式,希望在智慧城市细分领域有所突破。然而,在管理模式未得到有效改善的前提下,直销模式难以激发和调动人员潜能,人均效率未能相应提升,也导致商机挖掘数量有限、客户覆盖面不足、品牌拉力不够及合作伙伴较少。除了交通、能源、专网等传统优势行业,中兴通讯在政务、央企、金融、互联网等行业还处于市场拓展阶段,尚未形成品牌优势和规模效益。特别是在广袤的商业市场领域,更有大量的空白市场等待着中兴通讯去突破。

因此,中兴政企于 2017 年提出"合作伙伴优先"战略进行商业模式转型,大力发展渠道业务,降低直销业务占比,提升渠道业绩在整体收入中的占比。只有通过内外激励拓展渠道,增加合作伙伴基数,健全、完善生态体系,才能扩大中兴通讯伙伴阵营。通过打通产研、商务、工服、供应链等渠道业务支撑流程,保障中兴通讯与合作伙伴之间顺畅的合作通道,真正实现渠道业务的迅猛发展,并带动政企整体业务规模长期而稳定地增长。

9.3 中兴通讯政企业务营销渠道的 SWOT 分析

9.3.1 业务优势分析

1. 整体品牌优势

中兴通讯作为中国最大的通信设备上市公司,经过多年发展,获得了全球第四、国内第二的通信厂商地位,在业界有良好的品牌形象。在政企领域,经过多年耕耘,中兴通讯在能源、交通、政府、金融等关键领域取得了明显突破。作为公司三大战略业务之一的政企业务成为公司重要的业绩增长引擎。中兴通讯的整体品牌优势已经得以显现。

2. 产品与技术

2013 年底,中兴通讯成立政企事业部以后,对原有业务相关部门进行了整合,全面优化了面向政企业务的组织架构,从而增强了政企市场的独立运作能力。

在政企市场,中兴通讯是为数不多能够给客户提供端到端产品线和融合解决方案能力的厂商之一。在全产品线的基础上,中兴通讯能够灵活满足不同客户的差异化需求。同时，聚焦数据、视频会议、云终端、IT 硬件四大类渠道型产品，成立渠道型产品经营组织，加大研发投入，完善产品系列，不断提升核心产品竞争力及加大市场支撑力度。

对客户而言，设备品牌的统一性及方案的完整性有利于后期统一维护与扩容。对合作伙伴而言，综合解决方案有利于其在项目运作中获得先机。

中兴通讯最引以为豪的竞争力之一当属研发。其国际专利申请量连续 8 年位居全球前三。中兴通讯能在高端市场上站住脚，正是源于其自主研发的全球尖端核心技术。

3. 政策保障

中兴通讯坚持"合作伙伴优先"的渠道政策，确立了合作伙伴在政企市场发展过程中的核心战略地位，并且根据市场变化不断调整、优化相关政策。注册认证平台的开放使得代理商可以自行进行身份注册和认证。聚焦扶持战略、价值、高质量"双百"核心伙伴，在市场保护、商务激励、专人支持等方面提供支撑。另外，实现返点政策的全行业拉通，加大一、二级骨干网，空白市场突破激励。制订新合作伙伴激励计划，进一步加大对新合作伙伴的激励投入。秉持阳光、开放、健康、共赢的理念，持续发布针对合作伙伴的各类激励政策并提出各类创新合作模式，为渠道业务的发展提供有力保障。

9.3.2　业务劣势分析

1. 市场拉力不足

中兴通讯在政企市场上的优势主要集中于交通、能源等传统行业，对政府、教育、商业等领域的关注度不够，还没有形成自上而下统一的市场策略。一线业务单位更多关注"粮仓市场"，而选择性地忽视了需要持续耕耘的商业市场。然而，商业市场在政企所有市场中的重要性不言而喻。竞争对手在商业市场上的资源投入远远超过了中兴通讯，这使中兴通讯与竞争对手的差距逐年拉大。

2. 有竞争力的产品相对不多

虽然中兴通讯拥有完善的产品线，但具备竞争力的产品相对不多。除无线传输、云桌面等少数产品具备一定的竞争力外，政企市场销售规模最大的产品如数通、IT 硬件等，却存在研发投入力度相对不足、产品系列相对不全的现象，限制了产品销售和渠道发展。

3. 支撑体系不够完善

政企市场的特点决定了政企项目"短平快"的做法。政企市场容量大、客户众多、项目分散,然而厂商资源却十分有限。在这种情况下,渠道作用就更加明显。近年来,中兴通讯从商机挖掘到售前支持,再到物流及售后服务等方面的及时性和规范性被合作伙伴长期诟病。在产品报价方面,目前并未形成整体的报价体系,报价出口多。在物流方面,从下单到发货的流程周期长,严重影响了渠道合作的持续性。

9.3.3 市场机会分析

1. 市场空间大

运营商市场作为各大通信设备厂商追逐的"白富美",国内三大运营商每年整体建设投资为3 000亿元左右。经过近20年的快速发展,中国通信应用环境已经处于全球领先地位。因此,目前通信技术的发展更替决定了通信建设周期,三大运营商的投资进入大小年的周期性变化中。

反观政企市场,目前政府、企业或者某些特定的应用类行业在数字化转型的道路上都才刚刚起步。教育行业每年有接近2 000亿元的市场规模,此外,还有很多潜力可以挖掘。建筑智能化领域,中国建筑智能化协会的数据显示,每年投资规模有5 000亿元左右。其原因在于,中国房地产(包括住宅和商业)对"科技改变生活"理念的倡导,以及人们对智能化不断增长的需求。此外,目前火热的5G(第五代移动通信技术)使万物互联成为可能,只要是能够提供流量的"物",都可能成为数字化建设覆盖的对象。

国产化的政策导向将使未来政企通信市场的整体份额逐年攀升。目前,各地都在试点新型智慧城市建设,包括智慧政务、智慧交通、智慧医疗、智慧教育等。政府和企业数字化转型将给政企市场带来至少5年的黄金发展期。"互联网+"、《促进大数据发展行动纲要》、中国制造2025、电子档案等诸多政策都不约而同提及"数字化转型",而"数字化转型"均需以数字化平台为基础。基于品牌、安全、国产化的大趋势,外企品牌将会受到制约,中小厂商也将受制于自身研发能力的不足。未来,外企和中小企业的市场份额都会被逐年压缩,这给以中兴通讯为代表的国有大企业提供了抢占整体市场份额的绝佳机会。

2. 产品和技术

中兴通讯每年超过10%的营收被用于研发投入,形成了以产品和技术为核心的竞争力。得益于此,中兴通讯成为全球领先的综合通信方案解决商,为用户提供全方位的、端到端的解决方案。目前,业内具备商业级和用户级、高端市场与SOHO(家居办公)市场等全产品线的通信厂商只有中国的中兴及华为。随着用户对一站式综合产品方案交付和服务的诉求越来越明显,具备绝对领先技术的通信厂商也将拥有更多的竞争优势;而产品技术单一的设备厂商在未来的竞争中则会越来越吃力。

3. 国家自主可控

20 年前"七国八制"年代,由于缺少自己的技术和知识产权,因此只能把技术应用放在首位。随着中兴通讯这样的企业在整个科技领域的迅速崛起,国家层面的自主可控、信息安全被提到了前所未有的高度。中兴通讯不仅具有本土化服务的优势和自主可控方面的绝对实力,而且在股权结构方面属于国有性质。因此,其在一些敏感行业中具备绝对竞争力,如政府信息化、金融保险、军队等。

4. 竞争对手的阶段转型

中兴通讯的竞争对手正在经历从规模提升向高质量发展转型的阶段,渠道策略逐步向高质量渠道调整。以华为的渠道发展策略为例,第一阶段通过近 5 年时间的放利吸引,数量上有了超过 10 倍的增长。进入第二阶段后,对自身利益空间的追求挤压了渠道的利益。虽然合作伙伴的对立情绪开始形成,但受限于既有合作规模及自身企业特有的华为销售定型的业务模型,合作伙伴也只能被动接受。进入第三阶段,只有华为年销售额超过 2 000 万元的合作伙伴才会获得重点关注和支持,其余合作伙伴则不在范围内。

综上所述,在巨大的利益空间被挤占、公司发展得不到重视、重点项目无法有效支撑的情况下,无论是老渠道还是新渠道,无法进入核心渠道圈就意味着厂商与渠道的关系存在变数。就目前中兴通讯的渠道资源与渠道质量而言,这些被"冷落"的伙伴都是企业需要重点关注的优质伙伴。中兴通讯提出的"合作伙伴优先"战略在抢占优质渠道中发挥着巨大作用,也为彼此创造了更多机会。

9.3.4 市场威胁分析

1. 国内厂商逐步完善产品和渠道

华为市场规模和客户端品牌影响力持续提升,凭借其全产品线及整体品牌优势实现政企业务的快速增长。另外,华为利用其完善和先进的渠道政策,不断吸引优质渠道进入。在业绩增长方面,每年超过 50% 的增长率占据了大量的优质项目资源,对追赶者造成极大的打压态势。此外,新华三、锐捷等厂商也在逐步丰富和完善产品线,弥补短板,提升其整体解决方案能力。比如,H3C 计划与烽火合作。H3C 等厂商在政企市场耕耘多年,已经形成完善的渠道体系，采用跟随策略紧盯华为，对中兴通讯造成了极大压力。

2. 其他企业调整商业模式步步紧逼

为应对国产化趋势，思科等国外厂商与国内企业成立合资公司以抢占市场份额。除传统的设备厂商外，跨界竞争对手也纷纷涌现，如 BAT（百度、阿里巴巴、腾讯）等互联网企业、电信运营商等跨界对手正通过不同商业模式在市场上与中兴通讯展开竞争。

3. 资源整合竞争压力大

在"互联网＋"思维的带动及腾讯和字节跳动等大型互联网公司超高速的发展势头中，很多客户或企业已经无法跟上 ICT 产业发展的速度和节奏。而在这个过程中，中兴通讯依旧保持多年的运营商运作思维，缺少主动开放合作的心态。因此，在整体竞争压力提升及市场生态圈建设中，中兴通讯处于明显的弱势地位。

9.4　中兴通讯政企业务营销渠道转型战略

9.4.1　渠道规划与渠道架构设计

1. 渠道营销整体规划

总体思路：构建战略伙伴（大 SI/ISV）生态圈，重新定义总代价值，强化金牌经销商培养、提质增效、转变意识，加强内外部渠道激励。

其具体思路如下。

（1）建设合作、开放、共赢的合作伙伴生态圈。

（2）金字塔顶端伙伴（partner）：与全国性、区域性 TOP 合作伙伴合作，形成各行业互补型联合解决方案销售（大 SI）或合作开发（ISV）模式。

（3）金字塔低端渠道（channel）：以传统渠道销售方式为主，单纯产品及简单方案代理销售行为。

（4）合作伙伴类型多元化，满足政企各行业的合作需求。

中兴通讯将继续坚持客户导向，联合合作伙伴构建业界领先的阳光、敏捷、共赢的合作伙伴生态圈；培养战略合作伙伴，将合作销售业绩占比提升至行业领先水平。中兴通讯渠道管理体系建设业务顶层设计如图 9.2 所示。

2. 渠道销售架构设计模型

整体渠道按规模、实力及合作模式划分为 partner（战略合作伙伴）和 channel（渠道）两部分，金字塔模型和渠道架构如图 9.3、图 9.4 所示。

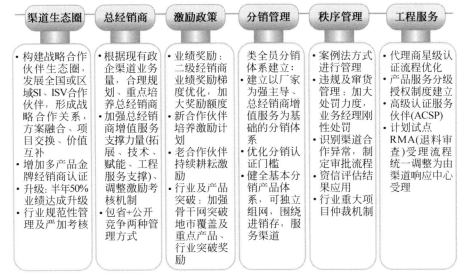

图 9.2　中兴通讯渠道管理体系建设业务顶层设计

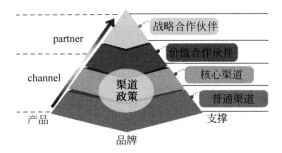

图 9.3　金字塔模型

partner 具有以下特点：①符合公司行业和产品战略发展方向、有意愿合作超过 5 000 万元销售额的全国性和区域性 TOP10 合作伙伴；②公司实力雄厚，财务状况良好，无不良经营记录和债务，具有良好的市场覆盖能力；③具备独立的中兴通讯业务支撑团队，拓展中兴通讯政企产品或形成互补型联合解决方案；④中兴通讯为其提供直接技术支持、售后、融资（通过财务公司）、物流等服务，开展深度方案合作；⑤原则上具备二级及以上集成资质或安防及其他等同资质；⑥向最终用户销售，不限产品、行业、区域；⑦战略合作伙伴不包括电力、铁路、高速公路行业排他性经销商。

channel，是指在业界某一（几）个行业或区域具有良好的销售能力和影响

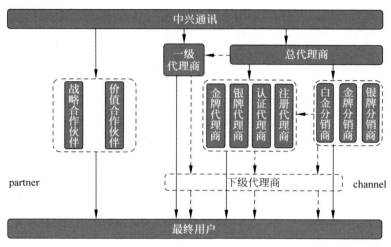

图 9.4 渠道架构

力、具有能够在中兴通讯产品平台上提供行业解决方案的能力、具有良好的市场覆盖能力及下级渠道资源、与中兴通讯形成紧密合作的合作伙伴。其主要包含核心经销商和普通经销商两类。其中，核心经销商包含总经销商、一级经销商、金牌经销商、银牌经销商、白金分销商、金牌分销商、银牌分销商；普通经销商包含认证经销商、注册经销商、授权分销商。

9.4.2 渠道政策和合规制度

1. 渠道规划建设政策

1）战略合作伙伴管理

战略合作伙伴满足的条件原则上符合以下四要素。

（1）注册资金 5 000 万元以上。

（2）未来 2～3 年的合作规模达到年销售额 5 000 万元。

（3）具备二级及以上集成资质、安防资质及行业等同资质。

（4）将渠道资信评估结果作为参考评估要素。

战略合作伙伴的扶持政策：制定项目保护、商务激励、专人支持等针对性的扶持政策。

2）总经销商管理

总经销商需要遵循满足资金平台要求、具有良好的市场覆盖能力和专职的产品运作团队、公司整体实力达标等基本原则。

总经销商引入通过资料提交和线下评审进行。

资料提交。新总经销商提交公司五证三表、机构人员分布情况、公司整体实力说明文档至渠道拓展部总经销商渠道总监。

线下评审。渠道拓展部牵头发起会签评审,由渠道管理部、MKT(市场营销)部、政企财经部、内渠道拓展部组成评审委员会,审核新总经销商提交的材料,按照附件打分表打分,得分 80 分以上者,给出具体评审意见,并报政企中国总经理会签审批。会签审批通过后,进入双方具体协议条款谈判阶段。

3)核心及普通渠道建设管理(行业排他性渠道建设及流程)

行业排他性渠道公开与定向招募流程:公开招募渠道来源、定向招募渠道来源→多部门评估→结果会签与审批→对外公示→异议仲裁。

保证金机制:开放区域新招募授权经销商(集成商),需在签订代理协议前按销售任务的 5% 收取保证金。高速公路、铁路经销商(集成商)上年度区域任务完成率低于 80% 的,电力上年度区域任务完成率低于 90% 的,下年度该区域在签订代理协议前按销售任务的 5% 收取保证金。

行业排他性渠道考核与退出机制:行业排他性经销商每季度或半年考核一次,采取多部门联合考核,刚性执行,根据考核结果决定排他性经销商下一年度的排他性资格。每年根据考核结果,得红牌的经销商直接退出排他性行业经销商。协议有效期内出现重大变故,可经过评估取消行业排他性经销商资格。

2. 渠道规划建设合规制度

1)SI/ISV 渠道建设及流程

SI/ISV 渠道是指:在中兴通讯重点区域及重点行业的 SI 或 ISV 合作伙伴;有独立的中兴通讯业务支撑团队,拓展中兴通讯政企产品或形成互补型联合解决方案;预计销售业绩 500 万元以上。

加入 SI & ISV 合作伙伴需要满足的条件有:公司成立 3 年以上;系统集成三级及以上资质或具有等效资质的系统集成商或独立软件服务商或其他行业专业资质,等效资质包括系统集成商、涉密集成商、弱电总包商、安防总包商、机电总包商、四电集成商等;区域或行业内领军企业,有优质行业客户资源;资信评估也是重要参考项。

SI & ISV 合作伙伴(战略合作伙伴及金牌身份)的扶持政策如下。

(1)达到战略合作伙伴认证标准的 SI & ISV,在享受金牌经销商的返点政策的基础上,额外追加销售业绩奖励返点。

(2)达到金牌认证标准的 SI & ISV,享受金牌经销商的返点政策。

（3）对达到战略及金牌认证标准的 SI/ISV 进行严格评估，从中优选最高 20 家合作伙伴进行代金券赠送激励。

通过评估的 SI & ISV 可同时获得代金券赠送激励，激励政策如下。

（1）签订战略合作协议和金牌补充协议的 SI & ISV 均赠送提货代金券，使用期限为当年 12 月 31 日，到期根据合作情况最多可以申请一次延期。

（2）使用原则：合同金额≥200 万元，可使用 1 张；合同金额≥400 万元，可使用两张，单张不设找零、不可结转余额。

（3）三级特价合同应符合合同返还要求，原则上无法返还的合同不能享受代金券激励。

2）云桌面省代渠道建设及流程

云桌面省代适用于教育行业普教市场，在普教行业挖掘 TOP 合作伙伴，与中兴通讯一起提升云桌面市场占有率及整体市场运作能力和品牌影响力。

加入云桌面省代需要满足的条件有：达到中兴通讯金牌以上的售前认证和三星及以上星级服务认证；新签约未达到认证要求的，从协议签订之日起给予 3 个月缓冲期，缓冲期内仍可享受云桌面省代相应政策，如 3 个月内未达到认证要求，则可取消其云桌面省代的授权。

云桌面省代授权产品为云桌面产品，具体授权规则为：以省为单位授权一家云桌面省代；如某个省有两家及以上，则以地市为授权区域单位，在普教行业授权区域范围内云桌面产品只授权给该区域的云桌面省代。

3）分销业务渠道建设及流程

分销商属于二级渠道，分为白金分销商、金牌分销商和银牌分销商。

分销商需要积极主动承担各自区域的市场营销工作，维护区域市场及价格执行；积极配合中兴通讯政企中国分销业务的品牌宣传及市场活动。并且，按照国内政企商业市场规则，建立分销产品库存；分销商的分销产品备货订单和零散提货订单直接向总经销商下单，由总经销商备货库存供货。

分销商可向行业用户和下级渠道提供相应产品的售前技术支持，并向授权区域的分销市场及下级渠道提供中兴通讯产品及解决方案；获得技术服务资质后，还可向用户及渠道提供售后服务支持。

9.4.3 渠道建设和成员选择标准

1. 渠道伙伴认证及审批流程

1）渠道伙伴认证类型

渠道伙伴按照合作方式分为 partner 和 channel。前者包含一个认证类型：战略合作伙伴。后者包含 10 个认证类型：总经销商、一级经销商、金牌经销商、银牌经销商、认证经销商、注册经销商、白金分销商、金牌分销商、银牌分销商、授权分销商。

此外，渠道伙伴还可以按照合作层级分为一级渠道和二级渠道。一级渠道包含战略合作伙伴、总经销商、一级经销商。二级渠道包含金牌经销商、银牌经销商、认证经销商、注册经销商、白金分销商、金牌分销商、银牌分销商、授权分销商。

2）渠道伙伴认证及审批要求

各类渠道伙伴都有明确的注册资本要求、授权产品认证工程师要求、年最低销售额要求、认证材料要求。具体而言，其有以下几项。

(1) **战略合作伙伴**："认证四要素审核"—"会签审批"—"渠道总监认证审核"—"认证管理经理认证审核"。

(2) **总经销商和一级经销商**："渠道总监认证审核"—"认证管理经理认证审核"—"评估委员会认证会签"—"总经理最终审核"。

(3) **二级渠道**："渠道总监认证审核"—"认证管理经理认证审核"。

其中，一级渠道网签认证同时进行纸质协议签订，二级渠道仅需网签认证。

2. 渠道项目支撑流程

1）项目报备管理流程

基本原则：报备时间优先为第一原则。以"投资方所在地"进行报备和项目授权，排他性授权除外。报备成功是获得项目授权、特价支持的必要条件，且一一对应。报备成功的项目优先获得中兴通讯技术支持和商务支持。如被窜货，则加重处罚窜货方。

报备注意事项有以下几个。

(1) **申请**。办事处项目报备到投资方所在地的省份或直辖市，行业市场部（含总监办）只有自产单，即被 NAME 客户的项目，报备到相应行业市场部或总监办。排他性授权除外。报备时间要求不晚于招标前 1 个月。招标前 1 个月内报备的，依然允许报备，但将作为报备不及时列入合作伙伴的项目报备考核中。

(2) **审批**。处理时效：3 个自然日；若出现两个或以上渠道伙伴报备同一个项目的情况，审批人[指办事处经理、行业市场部（含总监办）行业总监、能源市场部电力行业总监]必须发起仲裁并说明原因，经仲裁委员会仲裁后确定该项目的有效报备渠道伙伴。若不发起仲裁，即使通过重复报备的单据,也只认可第一报备的渠道伙伴为有效报备。由此引发的冲突,审批人接受相应处罚。

(3) **仲裁**。级别分为办事处级仲裁(项目规模≤300万元)和事业部级仲裁(项目规模＞300万元),由3位仲裁人员参与。处理时效是5个自然日。

2) 项目授权管理流程

基本原则:报备审批通过的项目方可申请项目授权。以"投资方所在地"进行报备和项目授权,排他性授权除外。

审批时效:每个审批节点处理时效为3个工作日。

争议处理:如果渠道伙伴或者项目责任人对项目授权结果有异议,则反馈到"渠道专线"邮箱,由渠道管理部门阳光渠道总监处理。

3) 违规处理

若项目报备和授权违规,则按相关规定处理。

4) 返点管理流程

返点管理包括刚性类返点和变动类返点两类。前者按照相应的返点规则,通过客观数据直接核算得出返点;后者按照考核规则或政策规定,根据考核或仲裁结果核算得出返点。

返点证书业绩调整规则:订货、收入、全程利润在发放返点证书的合同中进行扣减;收款在使用返点证书的合同中扣减收款,但在每月事业部内部收款考核里由政企财经部收款考核经理进行业绩调整。调整规则是:按照办事处/行业市场部当月发放(使用)的证书金额扣减(补回)当月收款业绩。

5) 业绩核算管理流程

业绩,即渠道伙伴的业绩,指合作协议有效期内实际执行的销售额。合同载款完成的,按合同额计入业绩;部分载款的合同,按实际载款额计入业绩;仅签订订货合同但尚未付款的,则不在核算范围内。

渠道伙伴业绩核算范围:业绩、返点算两级。在"ZTE/或产品线类子公司—总经销商—A合作伙伴—B合作伙伴—最终用户"的情况下,仅总经销商与A合作伙伴核算业绩和返点,B合作伙伴不计业绩和返点。分销产品业绩独立核算,合作伙伴认证了分销商身份,从总经销商处提货并完成销售报数的业绩,可计入业绩和返点;如从金、银牌分销商处提货则不计业绩,无返点;服务合同计业绩,无返点;合作伙伴从产品线类子公司(具体公司见公司文件规定)处提货,计业绩,无返点。

9.4.4 渠道运营与冲突管理

1. 渠道伙伴违规管理

规范与中兴通讯合作的经销商市场行为,确保经销商在业务往来中做到廉洁规范。

1)违规分类

违规按违规行为分为市场宣传违规、销售行为违规、商务违规、交付和服务违规及其他违规。其中,市场宣传违规是指以"中兴通讯厂家""关联公司""唯一/独家代理"等不符合授权资格的身份进行各类市场活动的违规行为。销售行为违规是指在销售过程中违反中兴通讯管理制度的违规行为,如窜货、假单、未经中兴通讯同意向已报备的项目客户进行报价、项目投标违规等。商务违规是指违反中兴通讯商务管理政策的违规行为,如向中兴通讯提供虚假客户合同、伪造虚假信息进行渠道商认证、恶意拖欠厂家货款等。交付和服务违规是指未经中兴通讯公司许可,私自代表中兴通讯向客户作出供货及服务等承诺的违规行为。总体而言,违规行为根据情节轻重程度可以分为四个级别,由重至轻依次是四级违规、三级违规、二级违规和一级违规。

2)违规处罚说明

违规处罚级别从轻至重分别为通报批评、罚款、黄名单、黑名单等。涉及经销商罚款的,均以返点或现金形式扣减。经销商需在处罚文件发出 3 个月内以返点或现金形式结清罚款,若超 3 个月仍未结清,中兴通讯则限制其特价申请,并有权将其列入渠道黑名单,直至罚款被结清。协议期内罚款未结清的部分,如果在协议终止后双方继续合作,未支付部分则从下一个合作期限内经销商累计的各类销售奖励及返点、现金中扣除。对于处罚结果不满意或有异议,需在处罚结果发布 5 个工作日内通过渠道专线邮箱进行申诉。如超过 5 个工作日未进行申诉,则视为放弃;如申诉成功,将取消或减轻处罚;如申诉未通过,则执行原处罚。

3)渠道黑/黄名单管理

对违反《中兴通讯政企中国渠道伙伴违规行为管理办法》的经销商,必要时对其采取适度的限制性措施,根据违规情节轻重列入黑/黄名单。

2. 渠道窜货管理

1)定义及分类

按照销售行为,窜货可被分为直接窜货和间接窜货。其中,直接窜货是指中兴通讯经销商未经授权将协议产品直接销往其他经销商已报备的项目。间接窜货是指经销商未能履行渠道管理职能，未将货物销售给合同约定内的客户或下级经销商，而是销售给其他下级经销商造成的窜货。未经中兴通讯批准，经销商将指定项目授权的协议产品用于其他项目，不管该项目是否在同一区域，一律视为窜货。

2) 违规处理原则

分销产品销售往其他经销商已报备的项目中，视为窜货；分销产品如需在报备的项目中使用，需要业务经理在渠道管理部进行备案，否则视为窜货。

项目没有报备，不能发起窜货投诉；项目报备必须具体到立项单位，以项目群进行报备的不能发起窜货投诉。

项目报备时间晚于项目真实性存在时间，如中标时间、合同签订时间、项目投诉时间等，不能发起窜货投诉。

向中兴通讯渠道黑名单内的渠道进行供货的，按"直接窜货"进行处罚；出现窜货又撤回货物的经销商，窜货累计单数不变，处罚金额减半；同时，按虚假订单对项目责任人及管理干部进行问责，对内部业务单位不进行业绩划拨。

窜货投诉需由投诉方提供相关真实性材料。

3. 渠道异常管理

渠道异常管理汇总如表 9.1 所示。

表 9.1 渠道异常管理汇总

异常类型	重要关注点	备注
经销商业绩、激励合并核算申请	经销商母子/关联公司业绩合并： 1. 经销商之间为母子公司关系或经销商关联公司，母子公司之间或经销商关联公司的业绩、激励合并； 2. 母子/关联公司业绩统一计入唯一主体公司； 3. 认证资格所享有的权益由主体公司享受或母子公司/关联公司共享	1. 审批通过订单可以执行，需要提供以下材料：①公司关系证明（股权关系证明）；②业绩转移说明函（需双方或多方盖章）； 2. 经销商业绩只能计入一家经销商，不能同时计入两家； 3. 已经定稿的业绩无法申请业绩转移或业绩合并

续表

异常类型	重要关注点	备注
总经销商与用户直签	总经销商与用户直签	申请须在特价申请、合同评审完成前审批通过
三级权限价的订单通路中二级经销商存在下级渠道	三级权限价合同二级经销商存在下级渠道或存在集成商	1. 非集成项目,二级经销商存在下级渠道需说明原因,下级经销商存在的价值、利润分配及相关的证明材料。 2. 集成项目二级经销商存在下级渠道,需提供项目招标文件等能证明是集成项目的材料
二级经销商与中兴通讯直签	二级经销商与中兴通讯直签	申请须在合同评审完成前审批通过。二级渠道直签的条件为100%预付款
最终用户与中兴通讯直签	最终用户与中兴通讯直签	在直签客户名单之内的不需要会签审批,直签客户名单之外的需要进行此会签审批
涉密项目三级特价合同免返还申请	涉密项目三级特价合同返还	审批通过后订单可以执行;需要提供含有涉密信息要求的以下材料:投标文件、保密局出具文件、投标邀请书等

9.4.5 渠道赋能与工程服务支持

1. 认证培训和非认证培训

渠道成员培训涉及认证培训和非认证培训。认证培训包含:明确认证培训的产品类别(数通、视讯、传输、IT),认证培训质量管理(采用客户培训一、二级评估进行质量监控。对培训工作进行全角度监控,不定期回访学员并建立学员投诉机制,输出季度调查结果反馈),认证培训的有效期(一般为两年),售前工程师实战技能测评(针对金牌经销商与总经销商进行实战技能测评,测评通过方可授予经销商相应资质)及认证培训的奖励(凡经过认证培训签约缴款参加认证培训并考试通过的渠道伙伴,均可获得返点奖励)。非认证培训包含:网络培训(以提升经销商产品方案能力、配置能力、投标能力、行业解决方案能力），总经销商技术人员集中面授，核心经销商集中面授，其他面授培训（主要是总经销商认证初期对二代赋能的支撑），经销商技能测评（以考查经销商工程师对于中兴通讯解决方案的了解程度和项目支撑能力），经销商满意度评估（通过发放问卷的形式，由渠道工程师填写，用于评估赋能培训满意度、文档满意度，针对赋能工作形成闭环操作），文档库培训（支撑渠道商伙伴日常项目需求），服务请求培训（用于支撑渠道商伙伴日常项目、提升技能的需求，渠道商伙伴可在线提交"赋能培训""投标文档"的需求）。

2. 市场支持基金

市场支持基金的使用范围：用于中兴通讯政企团队与经销商共同策划、实施的所有提升国内政企品牌形象的市场拓展行为，仅限于品牌活动使用。使用市场支持基金需严格遵守国家法律法规，如有任何违反，相关人员需承担相应的法律责任。

市场支持基金的使用方法：总经销商或经销商（银牌及以上）先行垫资完成市场活动，中兴通讯后期以证书形式报销。特殊情况可以先发证书、后报销。对于垫资的市场活动，给予总经销商和金牌经销商垫资税费差额补贴（以提供的发票照片为准），以证书形式发放。金牌经销商按自身当年业绩的1%给予市场基金，可自主举办市场活动，每季度以证书形式报销（需申请审批和报销流程）。渠道市场活动费用申请和使用需符合中兴通讯合规要求与财务要求，大于5万元的市场活动需按公司招标流程执行。

市场支持基金支持的活动类型：广告宣传，包括广告（平面广告、多媒体广告等）、媒体宣传（新闻、软文、网络专题等）、资料印刷等；市场活动，包括展会、客户（专家）研讨会/现场会、第三方行业论坛、展厅搭建、巡展、行业赞助、渠道会议（招募、培训、沙龙、答谢会等），以及其他提升政企品牌形象的市场活动。

市场支持基金禁止使用范围：禁止将市场基金作为业务费的补充使用，不得用于市场活动消费。杜绝事后报销行为：活动实施前仍未完成审批的项目，一律不予报销。

3. 工程服务支持

针对渠道经销商的工程服务，推行星级服务认证管理制度；星级认证实行在线申请，在 ichannel.zte.com.cn 网站的能力预认证目录下的星级认证子目录进行申请；星级服务认证结果应用于产品分级授权管理，分别对应基础星级和三星级，无星级认证对应不受控产品的工服界面。渠道工程服务赋能，提升渠道合作伙伴的工程服务能力，包括工程实施规范、基础技术知识、设备实践操作能力、提高设备维护能力，对高级认证渠道合作伙伴实施的重点项目，根据需要提供现场技术培训服务；进行认证培训与非认证培训。工程服务机构管理：各省办事处交付团队统一管理。将全国划分为五个片区分别设立一个项目交付团队和一个技术交付团队，负责本片区政企项目落地和日常技术支持、渠道合作伙伴资源池建设及渠道服务相关工作的落地执行。工程服务监控管理：针对渠道服务流程，在受理、处理、闭环三个环节设立五个KCP(key control point，关键控制点)，设置办事处、事业部两级监控团队，全程监控服务质量。监控数据将直接应用到对办事处责任人的考核中。

结语

中兴通讯政企业务团队抓住全行业数字化转型的契机，围绕"三重聚焦"（即聚焦运营商市场、政企市场、消费者市场），以重点客户直销、渠道经营为双通道，以产品&方案竞争力、营销项目运作能力为双驱动，以"1+2+4"管理举措进行落地，会同合作伙伴构建云网生态体系，实现政企业务营销渠道的前瞻性转型，致力于成为基础网络主流供应商和全行业数字化转型方案引领者。

第10章

数字化驱动下的消费业务营销渠道变革

营销渠道是促使产品、服务等被最终消费者顺利地使用或消费的一整套相互依存的组织。当前,在消费升级及互联网和现代渠道对传统渠道蚕食的大背景下,传统企业的营销渠道模式正面临新的挑战。在数字化时代做好营销渠道的变革对企业业务的持续增长起着至关重要的作用。

自改革开放以来,我国城乡居民文化教育消费比重不断上升。虽然中国人均文具消费额是全球人均文具消费额的50%,但中国文具市场规模占全球文具市场规模总额比例却不大。同时,尽管我国有近8 000家文具企业,但达到10亿元量级规模的企业却不足10家。我国文具行业集中度较低,主要表现为文具市场无序竞争,并以低价竞争为主。因此,中国的文具市场依然存在巨大的发展机会和增长空间,对于行业头部企业晨光文具来说,如何在数字化时代通过营销渠道变革实现企业持续增长成为现实的经营课题。

10.1 文具行业发展现状及发展趋势

10.1.1 全球文具行业特点及发展趋势

近年来,全球文具零售市场规模逐年增长,2022年市场规模达1 960亿美元,同比增长1.92%,2018年到2022年市场份额复合增长率为1.53%,保持着不断增长的态势,如图10.1所示。

1. 当前全球文具行业特点

1) 全球书写工具市场规模大,少数国家占有绝大部分市场

书写工具作为文具行业的主力品类,全球市场规模达1 400亿元。由于

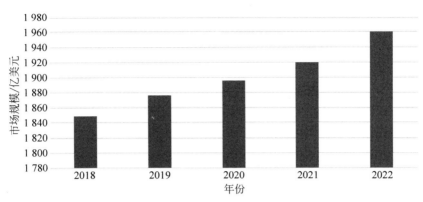

图 10.1 2018—2022 年全球文具市场规模

资料来源：智研咨询。

笔头核心技术、国家人口、国家文化程度等原因影响，书写工具市场主要集中在少数国家，如中国和美国等。因此，在品牌海外扩张方面，部分文具巨头仍有较大空间。

2）发达国家品牌观念强，市场集中度更高

世界各国文具品牌繁多，以书写工具为例，发达国家文具品牌较为集中，品牌市场占比达到一定规模，如三菱、百乐、辉柏嘉、纽威尔、比克等国际知名品牌。由于经济发展原因，发展中国家的品牌忠诚度较低，大部分市场被价格更低的杂牌所占据。因此，文具市场仍然较为分散，尚未出现全球强势优质品牌，市场潜力巨大。

3）发达国家零售商承担更多的销售职能

以美国和中国为例。美国作为发达国家的代表，文具市场规模大，零售商在供应链各个环节中都起着重要作用，品牌商及其聘用的代理则协助零售商进行各个环节的管理。例如，品类管理、货架规划与管理、门店改造及新店陈列、延续性的零售端营运和店内销售执行等。中国作为发展中国家的代表，零售商的能力相对较弱，因此其在供应链各环节中起的作用相对较小，文具厂商承担了更多的零售职能。

总体而言，随着人工成本越来越高，国际巨头们开始逐步将文具制造环节转移至人工成本相对较低的发展中国家，如中国、印度、越南等。而其更多的资源和精力将被投入高价值产品研发、品牌运营及渠道建设环节上。发达国家的文具企业在精细化加工与精密制造等相关配套产业的拉动下逐步走向高端市场，并在全球文具行业价值链条上处于有利地位。

2. 全球文具行业发展趋势

1）社会受教育程度的提升将促进文具行业保持增长

根据联合国教科文组织数据，2020 年世界各国 15 岁以上人群识字率达到 86.70%，全球文化水平逐步提高，发展中国家增速尤其较快。与此同时，全球学前教育参与率大幅增长，从 2010 年的 46% 增至 2020 年的 61%。全球人口数量的不断增加及文化教育的普及共同推动了教育行业的发展，成为文具市场增量的一大推动力。

2）全球经济回暖将促进文具行业保持增长

经历了 2008 年国际金融危机后，全球经济缓慢、艰难复苏。经济回暖及企业数量的逐年增长使得办公活动日益活跃起来。人均收入提升带来的收入效应使得居民在购买刚需用品之外，也更关注一些非刚需、有内容、有情怀的产品。因此，这些需求构成了高价值文具市场增长的重要驱动力。

10.1.2　中国文具行业发展现状及发展趋势

1. 发展现状

1）文具行业产销

据华经产业研究院数据，2012—2022 年中国文具行业产值与销售收入同步走高，市场规模稳步增长。2022 年，中国文具市场规模达到 1 358.6 亿元，同比增长 4.86%；净利润达 74.12 亿元，同比增长 2.47%，净利润率为 6.22%。2022 年中国文具销售收入为 1 668.8 亿元，同比增长 3.49%，2015 年到 2022 年市场规模复合增长率为 2.46%。

2）文具行业毛利率

我国文具行业以市场规模庞大、购买力强、技术含量低、进入门槛较低、投资少见效快等因素吸引了众多中小企业投资。但是，由于核心制笔技术，如高端笔头所需的不锈钢原材料、精密仪器、高端墨水等常年依赖进口，文具行业利润较低，平均毛利率不到 20%。

3）文具制造企业

1996 年之前，中国文具产业中本土的品牌和优质制造商极为缺乏；1997 年至 2003 年，在经济飞速发展和人口红利的推动下出现大量市场空白点，不少文具企业走粗放式发展道路，通过大规模生产和广泛渠道铺货给企业带来了较高的品牌认知度；自 2004 年起，不少文具企业凭借"渠道为王"战略一举成为行业佼佼者。但由于文具制造的准入门槛低、文具厂家数量很多，我国文具企业大多存在产品单一、规模较小等局限性。

4）文具零售终端

文具零售渠道主要集中在文具店。但近年来,随着消费升级、渠道分化等大趋势,零售新兴渠道逐渐增多,其经营质量完全不同于传统文具店,产品和陈列等都更迎合现代消费者需求。因此,文具零售的主要渠道正在向一些经营质量较高的大店,如精品文具店、杂货店、复合型书店转变。以淄博、济宁市场为例,经营质量较差的小型文具店正濒临灭绝,而经营质量好的连锁型文具店(如淄博嘉汇等)正在崛起,在整个市场上占有品牌渠道优势。

2. 发展趋势

1) 中国文具市场未来增速将明显放缓

(1) 办公文具市场。办公文具包括纸品、桌面文具、书信工具、电脑/打印耗材、文件管理用品、装订用品和其他用品(考勤用品、挂件用品、身份认证、印刷制品等)。受"经济新常态"的影响,办公文具行业增速将进一步放缓。同时,无纸化办公的提倡也对办公文具市场产生了小规模影响。尽管企业办公流程正在逐步数字化,但不少中小企业受自身条件限制,数字化进程仍然较为缓慢。值得关注的是,原来未被电子化的信息在数字化后反而滋生了一些打印需求,从而提高了复印纸的需求量。

(2) 学生文具市场。上一波人口红利的消退使得学生文具消费群体数量进入下降通道。虽然国家放开二孩政策,但由于适龄人数少、生活成本高、经济快速发展导致的高工作强度及社会对于单身的高包容度等因素,未能改善我国出生率低的现状。另外,近年来我国进入消费升级快车道,这将带动文具市场向品质化和品牌化方向发展,人均消费金额预期提升,逐步向发达国家看齐。

2) 高线城市中高端品牌占有率已相当显著

贝恩公司调查发现,以书写工具中性笔为例(低端中性笔 1.5 元、中端中性笔 5.5 元左右、高端中性笔 10 元),超级一线城市、沿海地级市高端中性笔的占有率显著上升,一般省会城市、内陆地级城市、县级市紧随其后。

3) 消费升级趋势明显

以中性笔为例,由于质量不佳且缺乏品牌壁垒,杂牌和小品牌中性笔占比下降,行业龙头整合趋势明显。4~8 元中性笔增速最快,消费者在关注性价比的基础上,更偏向质量有保证、有品牌背书的大众文具品牌。小品牌开始朝小而美的方向发展,旨在成为某一细分小类的专家。国内品牌开始通过产品升级进入中端(得力)和中高端(晨光)市场。国外品牌(百乐、三菱等)在线上和渠道终端增加出货量、降低零售价,从而抢夺中高端价位段的市场份额。因此,消费者已经开始从价格敏感向价值敏感转变,从因需要而购买向因喜爱而购买转变。

4)未来文具渠道将被颠覆

国内文具的主要购买渠道集中于校边文具店。近年来,随着电商的发展及新零售概念的崛起,校边文具店的优势正被逐步削弱。2020年,线下渠道逐渐切换至线上渠道,推动当年线上占比提升5.3%;2022年,线上渠道比重持续增长,达到24.4%。此外,尽管购物中心基数小,但其增速快,未来将会成为学生文具市场的另一增长点。

5)品牌竞争分散,整合潜力巨大

全球文具市场可以分为成熟市场和发展中市场,两大市场具有不同的特征。相比于欧、美、日等成熟市场,我国文具行业存在行业集中度低、以代工生产为主、缺乏品牌消费观念等特点。从近几年发展趋势来看,我国文具行业不断朝着因产业集中和消费升级带来的品牌竞争方向发展。能够准确把握行业发展趋势,并且具备研发、设计、制造、渠道等多方面优势的企业有望进一步扩大市场空间。

10.2 晨光文具营销渠道现状

10.2.1 晨光文具发展历程

晨光文具是一家整合创意价值与制造优势,专注于文具事业的综合文具集团。其成立至今有30多年,并于2015年在上海证券交易所上市,是全国文具行业体量最大、市值最高的企业。

晨光文具创立于1990年,经过6年的贸易期,晨光文具开始向实业发展转型。2000年,晨光文具投资建设"晨光工业园",为可持续发展奠定了坚实基础。2001年,上海中韩晨光文具制造有限公司正式成立。2003年,经过3年的技术发展,公司推出第一支拥有自主知识产权的按动中性笔GP1008,成为中国市场第一支自主研发制造的按动中性笔。2004年至2007年,晨光文具致力于渠道与品牌建设,其间成为米菲(Miffy)在中国文具行业的唯一授权合作伙伴,同时晨光文具办公系列产品成为博鳌亚洲论坛指定产品。2008年,上海晨光文具股份有限公司正式成立,在上海正式启动连锁加盟事业,成为文具行业中率先引入连锁加盟模式的全国性连锁企业。连锁加盟业务启动后,晨光文具快速发展,不断变革与创新。2013年,全新的"晨光科力普"办公直销服务平台正式启动；直营文具大店晨光生活馆、九木杂物社等不断发展壮大，同时其线上业务也拥有了新增量，大力提升了品类推广效率和品牌露出机会。2018年底，晨光文具在全国建立起了35个一级（省级）合作伙伴、超过1 200个城市的二三级合作伙伴、超过7.6万个零售终端，以及直营店（晨光生活馆、九木杂物社）近255家的庞大营销渠道体系。晨光文具凭借"伙伴天下"的价值理念，秉承真诚、专注、协作、共赢的基本价值观，专注创新产品研发，推行伙伴利益为先的保障体系和经营管理制度，最终带来了自身的高速持续增长和晨光伙伴的共赢共享。

根据以上公司介绍，可将晨光文具发展历程分为六个阶段：贸易起步阶段（1990—1996年）、实业发展阶段（1997—2003年）、渠道与品牌建设阶段（2004—2007年）、集团化发展阶段（2008—2012年）、变革与创新阶段（2013—2017年）、品牌升级阶段（2018年至今），如图10.2所示。

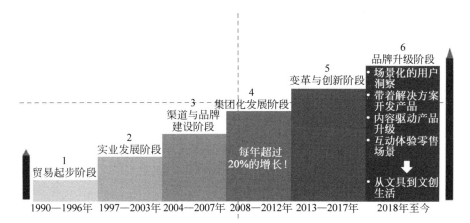

图10.2　晨光文具发展历程

第一阶段，晨光文具通过贸易、代理，初步建立了国内营销网络市场基础；第二阶段，解决了贸易发展的不确定性问题，坚定了晨光在制笔行业的专注发展；第三阶段，公司通过差异化经营摆脱了行业价格战纠缠，开创了市场的新局面；第四阶段，公司走向国际化、集团化、规范化的发展新进程，开始迎接新挑战、新契机；第五阶段，晨光文具在上海证券交易所"沪市A股"上市，标志着晨光文具进入变革与创新的新阶段，成为文具行业品牌知名度最高、渠道范围最广、研发能力领先的行业巨头；第六阶段，企业着手产品、渠道、品牌等方面的升级工作，加强核心业务发展，寻找公司发展的第二引擎。

10.2.2 晨光文具营销渠道现状分析

晨光文具作为所有权流的第一层制造商,也是国内文具行业首家成功规模化开展零售终端的品牌销售管理与特许经营管理的企业,公司主要营销渠道模式如图 10.3 所示。

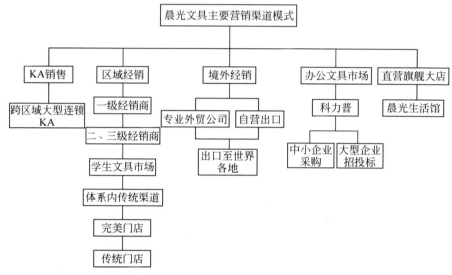

图 10.3 晨光文具主要营销渠道模式
注:KA 为重点客户。

区域经销是晨光文具最主要的经销渠道,具体而言有以下几方面。

公司制定了严格、统一的价格政策,公司向一级经销商销售产品,价格按照市场零售价的固定折扣确定;一级经销商向二级经销商销售产品,价格在公司向一级经销商固定销售折扣比例的基础上加成一定比例确定。不论是一级经销商、二级经销商还是三级经销商,均是各自区域唯一的晨光文具产品经销商。公司以城市或地区为单位,在区域内选择资金实力雄厚、网络覆盖能力强、市场推广能力卓越、信誉良好、认同公司经营理念的经销商作为公司在某个区域的唯一合作伙伴共同开拓市场。截至目前,在全国范围内,公司拥有由北京、山东、沈阳、成都、武汉等 35 家省级经销商组成的一级经销商体系;在一级经销商体系管理区域内拥有近 1 200 家二级(一般为市级、地区级)、三级(一般为县级)经销商。根据公司多年来对国内校边商圈的调研统计情况,公司与各级合作伙伴共同管理的各类零售终端在全国校边商圈的覆盖率达 80%。通过多年在营销网络建设方面的探索和积累，公司建立起区域经销管理"晨光伙伴金字塔"营销模式，如图 10.4 所示。

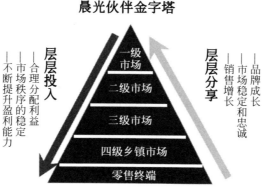

图 10.4　晨光伙伴金字塔

"层层投入、层层分享"的核心理念将晨光文具和所有经销商（合作伙伴）打造成一个"稳定、共赢"的利益共同体。在此基础上，晨光文具率先在国内文具行业成功规模化开展零售终端的品牌销售管理与特许经营管理，给文具零售终端带来盈利及经营能力提升的同时，也给合作伙伴带来了盈利空间，最终成为公司产品销售增长的强大动力。

公司与各级经销商建立的不仅是简单的产品买卖关系，也是深层次的合作伙伴关系。这一关系的建立得益于晨光文具强大的品牌影响力、健全的文具产品线、持续的管理输出及区域独家经销商体制。确保经销商持续稳定的经济利益是公司与经销商建立合作伙伴关系的关键。这一"稳定、共赢"分销体系的竞争优势突出表现在：产品经营方面，公司在一级（省级）合作伙伴层面已经实现了晨光品牌产品"全排他"经营，在二、三级合作伙伴层面，书写工具做到了竞争性产品的排他；渠道管理方面，实现了一级经销商之间"零窜货"的优异价格管理成效及经销商门店经营的现代化 4S（销售 sale，配件 sparepart，服务 service，信息反馈 survey）管理成果；营销团队方面，借助庞大的经销体系及与合作伙伴的紧密关系，公司不折不扣地执行"多维度"KPI（关键绩效指标）体系，打造了一支具有高执行力和高效率的泛晨光文具营销团队。

"得终端者得天下"是晨光文具的核心营销战略，公司通过"晨光伙伴金字塔"营销模式，与各级合作伙伴共同开发及管理各类零售终端。从普通文具店到样板店，再到特许经营管理模式下的加盟店，公司始终致力于为终端业主增加经济利益和提升门店经营能力,与此同时,也给合作伙伴创造稳定、共赢的收益,最终给公司产品销售的增长带来强大动力。

除区域经销外,晨光文具建立了上海珍美公司,专门负责全国大型连锁商超大客户;泰国、越南、中国香港分公司主要负责境外销售;科力普办公用品直销平台直接服务办公大客户;晨光生活馆用于探索文具零售业务,从而更好地服务于伙伴及终端。

现有线下营销渠道网络支撑起了公司的快速增长,但由于消费快速变迁和渠道升级,现有主要营销渠道贡献的销售额增长速度难以与公司每年20%~25%的高速增长目标持平,因此公司营销渠道策略急需优化升级。

10.3 文具行业竞争分析

以中国为代表的发展中国家文具行业与以美国、西欧、日本等为代表的成熟市场文具行业基本竞争格局差异大,绝大部分企业处于低层次竞争阶段。比如,整体领域较发达市场没有主导品牌;而在细分领域中,书写工具市场有晨光作为领军品牌,办公领域也已经有得力作为领军品牌。

10.3.1 行业内现存竞争者分析

1. 国外竞争者的竞争分析

(1)百乐主要关注学生文具中高端、高端书写工具市场,把握中国市场趋势,线上、线下同时进攻,聚焦极致单品,简化和提高供应链及渠道端执行效率。在消费升级的大趋势下,百乐也能实现快速增长,2022年,其销售额为1 128.5亿日元,同比增长9.5%;营业利润为212.44亿日元,同比增长9.9%。

(2)国誉则主打中高端及高端本册市场,并辅以文创类产品(如手账)和IP类产品,依靠收购工厂解决产品供应问题。与此同时,其在渠道端精耕细作,线上扩大分销范围,线下锁定头部店铺。2022年度,国誉全球文具事业销售额同比增长7.9%,达784亿日元;营业利润同比增长11.8%,达67亿日元。

(3)凌美从送礼及白领日常书写场景的细分市场切入,主打高端钢笔,聚焦高端购物中心及天猫店铺。其通过线上流量投入提高品牌认知,从而拉动线下销售,在2022年实现了8 320万欧元的销售收入。

随着消费升级,人们追求高品质产品的需求越来越迫切,海外品牌在国内知名度和受欢迎程度逐年上升。然而,由于中国市场的本身特性,仍未有海外品牌在中国市场形成较有竞争力的规模。

2. 国内竞争者的竞争分析

国内竞争者较为分散,有以学生文具为主营产品的晨光、真彩、爱好、白雪、广博,也有以办公文具为主营产品的得力、齐心,以及以出口书写工具为主营业务的贝发。其中,仅有得力以近100亿元的文具年销售额在市场上与晨光文具形成较为激烈的竞争关系,其他企业年销售额均为10亿~20亿元,暂无较大竞争优势。

行业增长速度的快慢也对现有企业的竞争激烈程度产生了较大影响。由于近年来人口红利基本结束等原因,文具行业增速放缓,如图10.5所示。然而,各个企业扩大市场占有率的目标仍会加大行业内竞争程度。

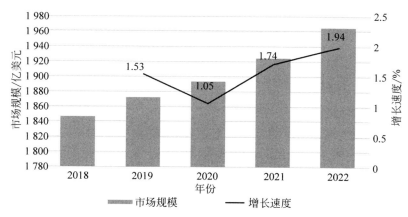

图 10.5　2018—2022年文具行业市场规模及增长速度

资料来源:前瞻产业研究院。

文具行业消费者稳定,以学生(尤其是中小学生)和办公人群为主。学生文具规范化和办公文具标准化的趋势使得同质化程度本身就较高的基础文具面临越来越激烈的竞争。因此,除基础文具外,企业开始拓展具有内容、IP和情怀的产品以形成差异化竞争优势。

10.3.2　潜在进入者的分析

1. 规模经济

对于文具企业而言,前中后端如研发、生产、采购、销售、管理等一系列环节均需要投入初始成本。因此,初始成本的分摊要求企业生产规模达到一定程度,否则企业将处于利润较低的劣势地位。目前暂无潜在进入者在生产规模上对晨光文具产生较大威胁。

2. 自有品牌 OEM（原始设备制造商）低价产品

除主要海外和国内品牌外，越来越多的自有品牌如雨后春笋般出现。产品百搭的天然属性使得各类新兴渠道都在终端开辟了一块专区供自有品牌文具售卖。由于该类终端在当地文具市场占有率高，品牌效应逐年明显，累积了一定的资金和稳定的客流资源。由于新兴渠道的自有产品定价较低，其对晨光低端产品造成了一定威胁。

3. 进入门槛低

我国文具行业产业链中下游有近 30 万家企业，其中，文具制造企业 4.3 万家（70％集中在广东、浙江、江苏小商品市场发达的地区），文具供应商 3 万家，文具零售商多达 20 万家。然而，规模以上企业不足 10％，数量庞大但非常分散。虽然文具行业市场巨大，但是行业低门槛导致了企业数量众多，行业竞争异常激烈。

10.3.3 替代品分析

1. 无纸化办公

随着科技发展，智能手机、平板电脑及智能办公系统的普及将"无纸化办公"变为可能。用微信联系同事、用邮件沟通工作、用 OA（办公自动化）系统走办公流程等都降低了办公用品需求。

2. 学生电子产品

目前，中国越来越多的中小学校学生使用平板电脑、智能手机等电子设备完成日常作业，这在一定程度上减少了学生文具的需求量。

10.3.4 供应商的议价能力分析

文具制造业处于文具行业产业链的中游，上游为原材料供应商，下游为销售渠道商。以书写工具为例，上游主要供应笔头、墨水和塑料原粒等原材料。其中，笔头制造对易切削不锈钢、铜镍合金等柔性钢，以及高精度多工位笔头加工设备要求极高，主要依赖从日本和瑞士进口。近年来，我国笔头制造技术有所突破，一些企业拥有批量供应笔头的能力，笔头采购成本逐年下降。然而，墨水作为制笔的核心部件，我国无一家生产高品质墨水（尤其是中性墨水）的企业，基本依赖进口。全球知名品牌制造企业也仍以进口日本 Mikuni 和德国 Dokumental 等公司的墨水为主。最后，在书写工具的制造过程中通常要用到大量的塑料原粒，包括 PP（聚丙烯）、PMMA（聚甲基丙烯酸甲酯）、PC（聚碳酸酯）、ABS（丙烯腈-丁二烯-苯乙烯）树脂等。由于塑料原粒是从原油中提炼的,因此原油的价格变化会直接影响塑料化工行业,带来制笔行业成本的波动。

综上所述,制造文具所使用的笔头、墨水原材料和技术一直是我国文具行业的痛点。经过多年努力,虽然实现了部分量产,但未能解决生产质量低的问题。原材料、仪器等仍需依赖国外进口,尚不能对国外品牌形成明显高价值产品竞争力。整体来看,基本文具原材料的供应充足,但供应商议价能力一般。

10.3.5 购买者的议价能力分析

我国有近 800 万户企业和 2 亿学生及政府机关人员。文具是学生和办公人群必不可少的刚需用品。加上国内品牌往往通过价格战的方式,以降价为手段留住消费者,价格水平已经较低,因此,购买者议价能力相对不高。

10.4 晨光文具 SWOT 分析

10.4.1 企业优势分析

1. 资本优势

晨光文具是国内第一家在 A 股上市的文具企业,市值超过 300 亿元,与其他文具品牌相比有较大的资本优势。自 2015 年上市以来,晨光文具股价稳定,得到了投资方及消费者的信赖。

2. 品牌知名度高

晨光文具自创立开始,凭借经典的荷兰米菲形象,陪伴 80 后、90 后度过了学生时代。同时全国 7.6 万家"晨光文具"均使用统一的经典红黑门头,建立了良好的消费者熟悉度。根据百度搜索指数,晨光文具的品牌知名度比其他文具品牌更高,如图 10.6 所示。

3. 传统渠道覆盖面广

晨光文具重视传统分销渠道的开拓,通过各地合作伙伴和门店加盟建立了针对传统文具店的多层分销体系,成为中国第一的学生文具商。近年来,随着市场趋势的变化,晨光文具开拓直营大店(晨光生活馆、九木杂物社),通过打造专区和整店的业务方式新增渠道外终端 1 200 家。

4. 文具性价比高,市场份额第一

晨光文具以学生文具为主,关注中低端高性价比产品,快速渗透中国学生市场。2023 年,晨光文具学生文具销售占总体销售约 50%,销售额约 110 亿元,是国内学生文具市场占有率最高的企业。

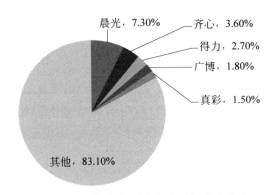

图 10.6 百度搜索晨光在文具行业市占率

资料来源：2019—2025 年中国文具市场运营态势分析及投资前景预测报告。

5. 具有规模优势和成本优势

晨光文具从一个贸易公司成功转型为文具制造企业，建立了低成本、大规模的经营模式。借助高出货率、大生产规模，以及不断提升的生产工艺，晨光文具在降低生产成本的过程中成为中国最大的文具生产企业。

10.4.2 企业劣势分析

1. 核心产品为中低端产品

以晨光文具销售占比最高的书写工具品类为例，晨光文具核心书写工具产品价格带集中于 0～3 元的低端产品和 3～5 元的中端产品，而高端产品占比较低，不符合现代消费趋势的变化。

2. 渠道模式创新不足

文具行业渠道可分为传统渠道、商超和线上渠道三类。

1) 传统渠道

传统渠道作为主要销售渠道，店数正在逐年下降，整体增速放缓。一线城市传统校边店数量由于老城拆迁、政府执法、租金和人力成本升高等原因持续减少，转而向二、三线城市延伸。同时，新型线下终端渠道涌现，如社区服务中心（为业主提供生活、居住服务的场所）、街边和校边书店等。文具的搭售使得晨光文具产品销售占比降低。

2) 商超

虽然大中型超市客流量不断流失，但文具在两次学汛期间促销力度较大，因此其仍在吸引固定消费者，未来预计以低速增长。其中，购物中心增速快；大型超市内出现专柜模式（以钢笔为主），但销售业绩普遍不佳；国内便利店仍处于稳定增长期,未来文具销售额将随店数增加而提升。晨光文具在购物中心占比较低,大型超市内具有一定占比(约占总销售额的1%),但基本未涉足便利店业务。

3) 线上渠道

老牌电商平台如淘系、京东的流量红利锐减,但消费升级使得未来线上增速依然较快;新兴电商平台如拼多多和抖音仍可享受流量红利;社区电商如小红书、内容电商如一条,目前仍以化妆品和零食为主,文具品类的渗透率较低,处于萌芽阶段。

综上,各渠道增长的驱动力各有不同,线上渠道仍是增长主力。目前晨光文具线上销售占比滞后,未能抓住市场的高速发展机会。如图10.7所示,相较于其主要竞争对手,晨光文具线上销售占比低。

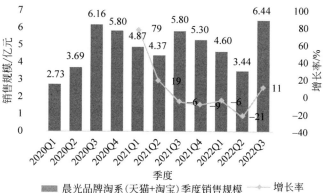

图10.7　晨光和得力品牌线上销售规模对比

资料来源:天风证券。

3. 终端掌控能力相对弱

晨光文具秉承"伙伴天下"的经营理念,主要借助层层分销的体系进行产品销售,基本不进行线下渠道直销。由于分销层级较多,较难在终端控制产品排他性,并且无法及时抄单补货,不能完全掌控产品陈列。同时部分门店店主对于运营有自己的想法,不愿听从业务人员提供的进货和陈列建议;终端数据化管理缺乏使得分公司业务人员无法掌控系统终端整体进销存数据,主要依靠询问业主来估算门店整体业绩。因此,企业对终端运营方式和运营结果的掌控十分有限。

10.4.3 市场机会分析

1. 高价值产品增量市场

文具市场未来几年增长的主要动力是消费升级,即消费者更愿意为高质量和高性价比买单,从低端产品向中高端产品转变。然而,目前晨光销售的核心产品价位普遍较低。近年来,晨光文具开展高价值项目,力争弥补国内品牌高价值产品的市场空白,这也将给晨光文具分销终端带来更高的客单价和坪效。

2. 办公文具市场占有率提升

2020年,中国文具行业市场规模为1 670亿元,其中办公市场1 000亿元(占比约为59.88%)、学生文具670亿元(占比约为40.12%),办公市场份额远大于学生市场份额。然而,晨光文具主营学生文具,办公文具占比较低。近年来,晨光文具建立专门的办公业务团队和公司(科力普),并在2018年收购欧迪办公以增加办公业务,未来在办公领域仍有较大增长空间。

3. 新兴渠道开发

随着购物中心精品文具店、杂货店和复合型书店的持续开业,全国购物中心零售保持10%年化增长。其中,杂货店(无印良品、名创优品、晨光生活馆等)和复合型书店(西西弗等)的增速为15%~20%,均快于购物中心整体零售。以LAMY、Parker钢笔为主的品牌文具专柜与购物中心零售增幅相符(10%)。快闪店、文创集市等主要发挥短时促销、品牌建设作用,如得力于2017年在深圳罗湖万象城举办快闪店活动,主要宣传中性笔与办公装订用具。

新兴渠道的快速发展将对文具售卖终端格局产生一定影响,晨光文具应抓住新兴渠道的增量机会,扩大增量业务、保持高速的增长。

4. 直供业务

晨光文具主要依赖各级经销商进行分销,利润在层层分销过程中降低。

未来，晨光文具可开展直供业务，为国内文具零售大客户、新华书店等连锁系统直接供货。在提高利润率的同时，直接与客户沟通能够更快地了解客户需求、观察行业变化趋势，从而为产品开发、渠道选择、市场推广等提供具体清晰的指导建议。

10.4.4 市场威胁分析

1. 竞争对手、潜在进入者挤占公司原有市场

竞争对手、潜在进入者凭借细分品类市场和低价政策的优势对晨光文具原有市场造成了一定冲击。比如得力在提高办公领域占有率的同时，还开始涉足学生文具领域，以快速增长侵占晨光文具原有学生市场。百乐则深入书写工具这一细分市场，在晨光文具最具优势的细分领域不断扩大威胁。国内的联华、日本的国誉都在本册市场不断压制晨光文具，导致晨光文具本册这一细分品类市场占有率难以提升。

2. 经营成本增加

文具行业核心技术的缺失难以在短期内弥补，依靠的进口材料和精密仪器价格均在上涨，日益增长的人工工资等使得经营成本逐年上升。公司经营压力加剧，并且这种现象将长期存在。

3. 资本市场影响

晨光文具作为 A 股上市公司，自身经营能力、管理能力、财务状况、市场前景、行业竞争、人员素质等因素将影响公司市场价值。此外，公司还受到经济大环境和股市大环境的影响，较之其他文具企业而言，晨光文具面临更多的风险。

10.5 晨光文具营销渠道策略

10.5.1 目标市场评估

根据文具不同使用者的社会身份属性，文具市场被普遍分为学生文具市场和办公文具市场两大类。

1. 学生文具目标市场评估

1) 产品层面

在学生文具市场，晨光最主要的竞争对手为得力、百乐、真彩、爱好。晨光文具学生文具在品质和设计上优于得力、真彩、爱好等。但与进口品牌相比，如日本百乐，由于其核心技术较弱，品质仍较低。价格方面，晨光文具性价比高、产品质量稳定,因此产品综合竞争力占据优势。

2) 渠道层面

(1) 传统渠道。晨光文具建立了层层投入、层层分享的伙伴金字塔,覆盖全国 37.5% 的文具店,平均产品占比约为 30%,其他文具店或多或少也都有晨光文具产品。其他企业的渠道覆盖率均低于晨光文具,晨光文具凭借绝对的渠道优势在学生文具市场遥遥领先。

文具作为商超的一个搭配品类,并且该品类直接客户多为家长,因此其在商超渠道的销售占比较低,不作为文具售卖重要渠道。

(2) 新兴渠道。自 2023 年起,晨光文具成立精品文创项目组对学生文具高价值产品的设计进行开发和探索,规模已达 13 亿元,约占整体销售的 22%,并将在未来作为金牌业务进一步扩张,填补文具市场国产品牌中高端价格带的空白。同时,新兴渠道作为未来线下新零售的主阵地,也具有探索价值。晨光文具不断开发精品文具店、杂货店、复合型书店等共计 1 200 家。由于新兴渠道文具产品多为进口、高价格小众产品,虽然目前占比较低,但相较于主要竞争对手而言仍具有优势。

另外,晨光文具还建立了直营渠道晨光生活馆(精品文具店)和九木杂物社(杂货店)两家独立公司作为新兴渠道文具售卖方案的试验田。九木杂物社已在全国开设门店超过 600 家,2023 年实现营业收入 12.40 亿元。新兴渠道大多售卖中高端文具,与主要竞争对手相比,晨光文具带来更高价值和更多优势。但与新兴渠道进口中高端品牌(如 Midori、Moleskine 等)和国内小众品牌(如九口山等)相比,晨光文具优势并不明显。

(3) 线上渠道。电商的不断发展改变了零售行业的渠道格局。晨光文具线上占比为 3% 左右,远低于其主要竞争者得力。未来线上渠道作为主要增长市场将受到更多竞争者的争抢,因此晨光文具也更加重视线上业务发展,不断加强线上渠道分销。

2. 办公文具目标市场评估

1) 产品层面

得力办公文具涵盖文管产品、桌面文具、商用机器、书写工具等 10 大品类;齐心办公文具包括电脑及配件、办公设备、办公耗材、办公家电、办公文具等 16 个大类共 10 万多种商品的丰富品类;晨光办公文具包括:办公文具、办公耗材、办公电器、商务礼品等 15 大核心品类,600 多个小类,7 万多种优质商品。在产品覆盖度上,3 家企业不相上下。

在产品质量上,得力是 2016 年"G20 杭州峰会"官方指定办公用品品牌,晨光连续 11 年助力"博鳌亚洲论坛",两家企业均获得各项产品荣誉。虽然产品质量相当,但晨光在办公文具毛利率上却略占优势。

2)渠道层面

得力办公自 1988 年创立至今,拥有全国 130 个分公司,遍布全球 150 多个国家的合作伙伴与销售网点。齐心公司经过 30 多年产品市场的耕耘赢得了国际客户、国内客户的尊重和市场信誉,聚集了超过 8 万家优质客户资源,尤其在能源、金融、政府等行业和领域具备大客户资源优势,中标了中直机关、湖北省政府、国家电网、南方电网等政企客户办公物资采购项目。晨光文具传统办公业务与科力普共拥有超过 2 万家优质办公大客户资源,为上海市政府、天津市政府、南方电网、联通集团、世界 500 强等政企和家庭 SOHO 办公族提供高性价比产品及优质的办公采购一站式服务。

办公文具市场渠道集中于大客户政企,根据销售规模来看,目前得力办公渠道能力最强,晨光文具紧随其后。

10.5.2　品牌定位

晨光文具主要定位于学生,涵盖白领个人基础文具需求;针对办公人群,晨光不进行用户品牌上的价值输出,而定位于渠道和 TOB(企业对企业销售)生意,但不排除未来向"组品+自有商品"的一站式办公平台发展的可能。

晨光文具实行多品牌策略,从中低端文具消耗类到高端精品类全覆盖。具体而言,其通过子品牌对细分人群和价格带进行区分,如"优品""meeboki""meetape"等。与此同时,其通过收购、兼并高端品牌赋能现有品牌,实现"晨光文具,国人良品""晨光文具,文创中国"的品牌理念,如图 10.8 所示。

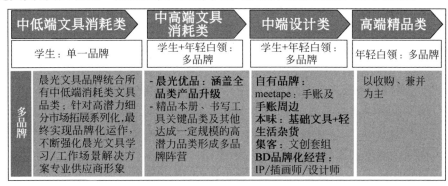

图 10.8　晨光文具多品牌策略

注:BD 为商业拓展。

因此，晨光文具应该以传统渠道为第一引擎，以新兴渠道及线上为第二引擎；优势渠道（精品文具店，优质校边店、办公店）强掌控，自营、分销和授权经销相结合，从而实现中国第一文具品牌的战略定位。

10.5.3　学生文具市场渠道建设策略

1. 体系内传统渠道存量优化

体系内传统渠道是晨光文具的优势渠道，作为学生文具的最佳售卖渠道，在未来仍作为公司主力渠道进行开发及资源投入。加强其对终端的掌控能力和数据获取能力以提高传统终端单店质量，从而给公司带来业务增量。

1）高价值产品开发

产品端，增加高价格带产品。目前，传统渠道售卖产品主要为低中端产品（即大众产品，价格带集中于1~3元）；中高端价格带产品覆盖较少，客单价较低。以中性笔为例，目前5~8元的中高端产品仍由日系品牌三菱、斑马等主导，8~12元的高端产品及超过12元的超高端产品由百乐主导。为抢夺中高端产品市场，公司需从产品端出发，成立专门的中高端文具研销部门，定位国人良品，在质量与价格上对标进口品牌，从而打破现有价格带同质化的局面，并提高产品毛利率。同时，通过聚焦书写工具、本册、学习辅类三大细分市场，开发头部产品，培育千万级爆款产品，增强分公司、伙伴及终端对公司高价格带产品信心，带动公司整体品类升级。

2）完美门店计划

渠道端，在原有7.6万家存量店铺中聚焦1.5万家完美门店（销售规模、运营能力、合作意愿均较高的店铺）进行重点单店提升，以此带动其他店铺共同成长。完美门店计划顺应零售业态发展趋势，以用户为中心，聚焦门店坪效提升，打破产品同质化，带动品类升级；从价格敏感到价值敏感，提供门店设计、产品、运营、推广一站式零售解决方案。为终端提供六大合作政策：门店免费设计、商品结构规划、管理系统支持、开店全程服务、新品优先供应、促销活动资源，主要分为插件服务（专区）与整店升级两种解决方案。

插件服务以文具专区面积不小于5平方米，全品类年销售额150万元以上的复合型书店、生活杂货店为主。文具专区面积一般为5平方米左右。晨光文具插件服务方案要点如表10.1所示。

整店升级重点关注城市重点商圈文具店，以店铺经营面积为80平方米以上，学生及年轻客群占比70%以上，坪效1.2万元/平方米/年，年销售额100万元以上，文具文创品类销售占比达60%（非专业办公店）的老店升级为主。

表 10.1　晨光文具插件服务方案要点

店铺类型		服务方案要点
服务对象	文具店	优化购物体验及品类结构,提升商品满足率和客单价,有效降低库销比
	生活杂货店	完善品类组合及场景陈列,提高商品适配性和主题感,促进坪效最大化
	复合型书店	升级消费需求及品牌形象,提升用户购物便利性和消费体验,形成销售连带率

晨光文具整店升级方案要点如表 10.2 所示。

表 10.2　晨光文具整店升级方案要点

店铺类型		服务方案要点
服务对象	文具店	(1) 门店经营现状分析; (2) 基于用户洞察优化商品结构,提升商品满足率和适配性; (3) 门店动线规划与产品落位; (4) 门店形象、道具等设计,装修升级; (5) 日常运营维护; (6) 信息系统支持与销售管理数据支持

3）帮卖服务

公司将产品配置方案与道具陈列方案相结合,形成"货＋道具＋陈列＋品牌形象"的全套品类阵地方案(例如书写工具上,笔架阵地 0.5 万～0.8 万元、本册阵地 0.3 万元、学生文具辅类阵地 0.2 万元,同时提供道具费用支持)。从以前单纯地向终端卖货,到现在向终端输出整体动销品类阵地方案转变,产品供应与动销服务的结合有助于终端提高坪效。同时,终端更多品牌形象的露出可以稳定提升市场占有率,从而阻击竞品、提升品牌形象。

2. 新兴渠道增量开发

新兴渠道作为未来销售大力发展方向,公司将把握先机,培育中高端产品以提升品牌形象,为未来增量业务做储备。

1）直营精品文具店

晨光文具作为文具制造企业,通过层层分销商与消费者接触的模式无法高效、准确地掌握消费者需求。为更好地服务庞大的终端客户,晨光文具建立精品文具店晨光生活馆及九木杂物社两大直营零售体系:一是发挥晨光品牌升级的桥头堡作用;二是通过自营零售能力的构建更好地帮扶传统门店提升运营能力。

晨光生活馆,定位于学生和年轻消费者,提供其学习、生活相关的"全品类一站式"文化时尚购物场所,打造学生及年轻客群的时尚流行第三空间。考虑到产品种类补充、产品差异化、价格带等因素,晨光文具以自身产品为主,结合其他文具品牌、玩具等组成学生群体一盘货。店铺主要位于浙江、江苏、江西、上海等地,以及万达、百联、银泰城、来福士等商业中心和主要商业核心商圈/临步行街商圈,数量达150家。

九木杂物社,定位于中产阶级女性和家庭女主人,提供高性价比的最优组货。针对15~35岁女性,主打精品小百货,做精品杂物店,满足消费升级带来的文创产品消费需求。以"搜罗全球好物,只为实用美学"为品牌主旨,致力于打造全球精品杂货买手。其集品牌、选品、销售于一体,是晨光战略升级的桥头堡。其中产品大多来自晨光文具合作的其他品牌商,文具领域也有"MD""Daycraft"等偏中高端品牌。店铺选址均在大型购物中心,如龙之梦、万象城等知名商圈,数量达155家。

2)开发体系外精品文具店、复合型书店、生活杂货店

精品文具店以文具售卖为主,参考精品文具店"鹰王文具社"。商品种类众多,但商品配置主要满足用户刚需,因此商品同质化严重,在消费快速升级的时代已经无法满足消费者需求。

复合型书店以图书售卖为主,搭配文具、咖啡等产业,参考"西西弗"。文具区域普遍面积较小,商品适配性和满足率不高,但该区域是复合型书店不可或缺的一部分。

生活杂货店以生活类用品售卖为主,参考杂货店"噗通噗通"。近年来,各类杂货店逐渐引入小面积文具区域以提高整店商品的满足率、适配性及连带率,这标志着文具用品已然变成生活中的小确幸。

文具作为一个百搭的品类已经被越来越多的零售业态所需要,但此类店铺对文具零售并不专业,单纯卖货不能帮助其改善文具零售经营质量。因此,公司从渠道伙伴金字塔向零售伙伴关系发生转移,启动全国"我们的未来——精品文创新零售峰会",邀约全国优质精品文具店、复合型书店、生活杂货店参会。通过对晨光文具专区与整店改造方案的宣讲、中高端产品的讲解、已改造终端的参观、现场体验店的讲解,吸引终端报名专区或整店改造,旨在为新兴渠道提供文具零售专业方案,同时加速体系外渠道开发,发展增量业务。此外,由于配送中心与文具店质量参差不齐,数据管理系统各不相同,文具厂商很难准确掌握合作伙伴与终端的进销存数据。因此,晨光文

推出了自主研发的"晨光联盟"App。该 App 上线晨光文具全品类 1.7 万个商品,可用于日常订货,改变了以往终端亲自前往配送中心订货的方式,同时也利于公司更好地掌握经营数据。

3. 直供模式探索

晨光文具层层分销的经营模式使部分文具大客户的需求无法及时得到满足,同时公司在培育新品类、终端数据管理等方面也遇到一定阻力。因此,为提高终端掌控能力,更好地服务于优质大客户,公司着手建立精品文具店直供体系。公司直供体系主要分为前、中、后台三大核心职能部门,如图 10.9 所示。

后台主要负责自有商品与组品的组织及不同店铺类型的商品配置;中台主要负责订单、物流与市场推广,仓储物流系统由公司已有集库系统负责;前台负责开拓直供终端,通过店铺诊断分析,为直供客户提供开店设计、商品配置、道具陈列、运营维护等一站式零售解决方案。

4. 拓展线上渠道

2015 年,公司成立上海晨光信息科技有限公司(以下简称"晨光科技"),以淘系和京东作为主要线上平台建立各级分销网络。具体而言,根据公司"1(平台——晨光文具官网)+2(榜样——京东、天猫旗舰店)+N(伙伴——分销)"的业务策略,建立线下渠道在线上的全网分销系统,全面发展线上渠道。目前,线上渠道有效授权店铺 1 000 家,其中,天猫专卖 20 家,天猫专营 228 家,淘宝 675 家,其他 77 家;销售规模达 3.8 亿元,占晨光文具总销售的 4.5%。线上渠道作为当前销售增长最为显著的重要渠道,晨光科技将从以下两个方面进行优化。

1)产品方面

执行货品分层计划,线上除在统一价格管控下售卖公司原有产品外,对标淘系文具品类主要流量入口,开发市场化引流爆款,如"见字如晤""集客拉链本"等富有内容的产品。通过重点产品内容营销及 KOL 达人推广等方式,获取微信粉丝、购买新客,从而提升各个细分品类的流量排名。

2)渠道方面

针对传统线下渠道,挑选 6 个(浙江、北京、上海、江苏、四川、广州)具有高意愿、团队能力和业务能力的一级经销商重点进行线上业务推广。依托其线下的渠道优势,将线下渠道网络在线上进行复制;开设线上的淘系、京东店铺,帮助传统线下渠道开发线上的增量业务,形成晨光第二张渠道优势网络。

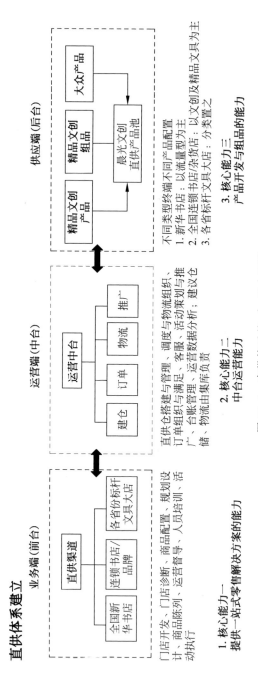

图 10.9　直供体系前、中、后台职能

作为品牌标杆,天猫旗舰店应重点提升"KA""腰部"分销商数量与质量。直营天猫旗舰店则继续围绕用户获取与用户经营,单店进入类目 TOP5。目前旗舰店经营产品覆盖低端文具到中高端文具,为进一步提高客单价,现有产品结构的调整应加大中高端产品占比;同时为加大客流量、站内搜索、专家 KOL、品销宝投入,应将品牌传播和品牌推广紧密结合,进一步提高晨光品牌线上渗透率。另外,公司在营销体系内应开展系统化的电商运营及产品知识培训,推进公司全面实现线下线上、赛道渠道联动。

为完成销售高增长使命,京东直营店铺需优化平台产品结构,大力发展中低端大众产品和以书写工具为主的中高端产品,提高客单价、培育爆款,从而提升运营效率及学生文具市场份额。

针对线上新渠道,未来将继续丰富线上产品阵营,打造多个学生品类爆款,并以精品文创产品为重点品类。此外,快速开发除京东、天猫外的多个线上新渠道,形成线上销售新增量。

10.5.4 办公文具市场渠道优化策略

办公渠道主要为传统渠道和政企、大客户两类。晨光文具办公业务分为传统办公业务及晨光科力普。传统办公业务主要负责晨光办公产品研发,以及传统线下渠道网络开发和布局。科力普是一个综合办公文具平台,主要客户为政企大客户,不仅供应晨光产品,也提供其他品牌办公产品,旨在成为办公行业标杆。

1. 大力发展晨光科力普办公文具平台业务

科力普作为办公用品、办公家具采购一站式服务平台,直接服务办公消费者。其代表性客户主要分为五大类:政府(21 个地级/市级城市政府、9 个省会城市政府、12 个中央省级政府)、央企(如中国中铁、中国联通等)、金融业(中国人寿、渣打银行等)、500 强[DHL(敦豪)、亚马逊等]、中间市场(饿了么、万科等)。

科力普发展多渠道销售模式,包括科力普商城电子商务平台(科力普官网 www.colipu.com,面向 100 人以下小微客户)、合约订购(合约客户专属网站 vip.colipu.com,主要面向集团大型客户)、重大项目投标、目录直邮、400 热线电话、传真及 ERP 系统对接等。未来,科力普将不断提升服务品质、丰富产品种类、加强客户挖掘、建设全国供应链体系,并通过以下四方面实现业务的快速发展。

1）产品开发方面

开发晨光以外的更多供应商，如西门子、宝洁等。提供 15 大核心品类、600 多个小类、70 000 多种优质商品。产品覆盖办公用品、办公耗材、办公设备、IT 数码、办公家具、劳保用品、食品饮料等。确保全部商品厂家直供，承诺无假货，供货稳定、质量可靠、价格具有优势。

2）仓储物流方面

在全国建立超过 13 万平方米超大商品存储空间，确保供货稳定；建立先进的 AS/RS（自动化仓库系统），存储能力超过 60 万箱，出入库吞吐能力达到每日 50 000 箱；建立完备智能化的仓储配送系统，如 WMS、TMS、G7（车辆管理系统）；自建物流车辆——上海 65 辆、北京 15 辆、广州 15 辆，同时实行全国配送，抢占国内综合配送能力行业领先地位。建立华东、华北、北京、华南、深圳、华西、华中、苏州、杭州共 9 个区域仓，核心区域以外地区与第三方物流公司进行战略合作。同时提供半日达和次日达的配送服务，并不断提供个性化增值服务。

3）客户开发方面

加强对政府客户（如中央政府采购电商项目、深圳市政府电商平台招标项目等）、国企客户（如南方电网办公电商项目，中国邮政储蓄四川分公司、江西分公司、上海分公司、河南分公司营销品项目等）和金融企业（如中国邮储银行全国电商集采项目、中国建设银行全国办公邮政集采项目、中邮保险办公采购项目和广州农商银行办公采购项目等）的开发。

4）市场拓展方面

晨光科力普将在全国投入运营 5 个中心仓，覆盖华北、华南、华东、华西、华中五大区域，提高配送效率，提升客户体验，对相应地区的市场拓展起到积极的作用。新设武汉、广州、成都分公司，在杭州、石家庄设立办事处。未来科力普中心仓和办事处的密集程度将继续提高，从而更好地服务客户。

经以上四个方面的业务升级，科力普将具备以下六大核心竞争力：①价格优势，享有晨光全系列产品市场价格优势，规模化采购具有强大的议价能力；②质量优势，100% 原厂正品保障，杜绝假货；③服务优势，13 万平方米仓储空间，核心区域 100% 自建物流，核心区域外与国内顶尖的物流公司合作；④团队优势，建立有多年行业经验及远大理想的专业团队；⑤IT 优势，坚持自建 IT 团队，满足客户对办公采购订购系统的多种需求；⑥阳光优势，推动规范、阳光、透明的采购理念，确保采购流程规范操作，为客户节省成本。

2．建立晨光特色传统办公业务模式

传统办公业务主要职能为开发办公产品及构建晨光办公产品分销网络。主要业务将分为线下办公零售网络、采购平台电商化、线上业务三类。以下为传统办公业务优化目标。

1）产品开发

加强高频办公品类替换推广，自下而上推广季节性小品类；持续进行高单价产品研发，满足更多高质量需求客户的要求；差异化创新产品开发导向，以爆款为牵引，全面做深每一个细分品类，如桌面办公、文件管理、胶黏用品、办公生活、办公用纸、会议展示、专业办公书写工具、本册纸品、办公耗材、办公设备、移动周边等共11类2000款产品，以及办公用纸、桌面办公两个5亿元级品类。

2）加强线下办公零售网络

加强办公会员店、办公店/办公专区店的开发。晨光办公业务较学生业务开展较晚，2015年办公文具销售占比27%左右，但2022年已上升至55%。未来，办公团队将继续通过战斧行动、办公雷霆行动、办公精英训练营等进一步实现晨光办公全年的办公业务节奏，输出专业的门店设计方案、陈列解决方案、全生命周期的产品配置、业务人员支持的全套方案，开发办公店/办公专区店。同时推出办公会员店，在办公店/办公专区店方案的基础上，提供每家店2万元的资源投入，并提供招投标授权等更多的业务支持，争取办公伙伴对办公会员店合作模式及销售提升方案的认可。截至2022年，晨光办公文具营收为14.6亿元，同比增长40.29%，办公文具销售量为10.17亿支，增长率为38.49%。

3）继续推进采购平台电商化业务，建立特色晨光办公业务模式

一方面，作为科力普招投标项目落地商，传统办公业务帮助科力普找到合适的线下渠道为大型招投标大客户供货；另一方面，传统办公业务将通过为线下渠道提供厂家授权、对标产品的选定及报价、标书制作、竞争性谈判支持等服务，赋能线下办公会员店，帮助其完成中小型招投标。借助晨光的品牌背书、资金支持、项目产品的全方位合作等，线下渠道业务发展将更为迅速。

4）发展传统办公线上业务

在晨光科技的扶持下大力发展线上业务，为线下传统渠道提供免费的品牌流量，利用利润保障、专业团队支持、线上专供产品、大小学汛等窗口期等有利资源，帮助其开设天猫专卖店、天猫专营店和淘宝店等，2019年目标销售额突破1亿元。截至2023年，晨光科技实现营收8.6亿元，同比增长30%。

综上,传统办公业务不仅起到货品供应商作用,还能提供店铺设计、商品配置、陈列维护全套开店方案等,以扶持线下客户开展线上业务,同时帮助线下渠道完成中小型招投标或承接大型招投标项目,建立了四项晨光特色办公业务模式。

结语

虽然我国文具行业分散度高,但文具行业市场空间巨大。目前,晨光文具为我国规模最大的文具企业。本章提出的营销渠道策略将指导企业更快速、有效地进行渠道布局,巩固行业龙头地位,为合作伙伴和文具零售终端创造更大的价值,充分实现"伙伴天下"的理念。晨光文具将始终坚持"伙伴天下"的理念,为全国伙伴、文具零售终端不断提供设计、产品配置、道具陈列、运营维护、数据管理等一系列专业服务,通过巩固已有渠道优势及加速新兴渠道模式开发,从而成为中国第一综合文具品牌,更好服务国内外用户。

第4篇

数字化时代营销重构的特定议题

第11章

数字化时代汽车品牌营销传播策划方法

现代商业媒介产生于工业革命。工业革命前,由于生产能力和配送能力的限制,商品销售的时间和空间均有限。工业革命后,大规模标准化生产成为现实,一方面,大量的商品需要更多消费者购买,商品销售必须打破时空限制;另一方面,产品标准化为统一定价提供了条件,也奠定了激发大众需求的基础。同时,随着工业革命后交通运输技术和印刷传播技术的进步,商品通过轮船、火车和汽车投送到世界各地,且媒介的大规模印刷发行及广播电视的声视频传播成为现实。媒介的影响力和覆盖面不断扩大并逐渐发展成为大众媒体,影响大众的消费需求。人们开始思考如何通过在大众媒体中刊登广告而提升商品的知名度,进而促进商品的销售,这两者的结合便产生了基于现代商业媒体的广告传媒行业,这也是现代商业媒介兴起的原因。

现代商业媒介在提升产品知名度、促进产品销售方面的价值被不断挖掘,厂商在商业媒体上的广告投入越来越多。随着越来越多的厂商不断涌入,由于商业媒介有限的时段和版面,广告价格日益高涨,投资回报率逐渐降低。随着数字化时代的到来,不仅媒体形式而且传播方式越来越丰富,对应地,营销推广成本也不断上升,营销推广的投资回报也越来越面临巨大的挑战。面对日益增长的营销投资成本,一些广告主开始思考如何从庞大的营销投资上提升投资回报率,在数字化时代是否有一套系统科学的营销传播策划方法来解决营销传播的投资回报问题。

11.1 营销传播策划演变趋势

1. 传统大众媒体时代媒介传播策划

在大众媒体时代,品牌开展媒介沟通的方式是使用媒介投资预算购买大众媒体的时段或版面,用于发布商品信息,改变消费者对品牌的认知和喜好。受制于大众媒体优质广告资源及品牌传播效果滞后性,媒介传播策划方法主要随着大众媒体自身的量化评估方法演进而演进。这个阶段诞生了基于电视媒体的总收视点(gross rating points,GRP)媒介传播策划逻辑和基于媒介效率的千人成本媒介策划逻辑。其中,前者从媒介沟通信息需要达成的目标入手,认为品牌传播要实现既定的传播目标,必须制定媒介沟通内容的有效到达率,设定有效频次,才能确保经过媒介沟通后改变消费者对品牌的固有认知;后者主要用于在确定媒介大类后,在设定的媒介大类下依据媒介千人成本效率选择媒体或媒体组合。

总体而言,在大众媒体时代,媒介传播策划逻辑围绕"媒体"这个核心展开,由于技术的限制及传播效果衡量的滞后性和困难性,对品牌开展媒介沟通的最终目标关注较少。比如,通过媒介传播后,品牌形象塑造的目标是否达成,需要通过后续的消费调研给出答案;品牌销量的目标是否达成,需要依据后续品牌实际销售完成情况来回答。这种以"媒体"为中心而开发的媒介策划方法,虽然可以确保品牌掌握自身媒介环境的优势和劣势,但不能与品牌营销的最终目标直接关联,因此其有效性受到顾虑和质疑。

2. 互联网时代媒介传播策划

传统大众媒体无法追踪媒介沟通后的消费行为,而互联网媒体作为新兴媒体,其最大优势在于具有互动功能,因此能够跟踪消费者在媒介沟通后的消费行为。基于互联网媒体的这一特性,媒介从业者开发出基于每次点击成本和促成行动成本(cost per action,CPA)的媒介策划逻辑。前者是用户在互联网媒体上点击一次广告所需要花费的媒介投资成本;后者是依据品牌媒介沟通目标,达成一次行动所需要的媒介投资成本,如行动的目标是收集销售线索,则形成销售线索成本(cost per lead,CPL)。这两种媒介策划方法不再以媒体数据为核心,而是将重点放在品牌广告的点击量、品牌广告收集到的销售线索等过程指标上,其传播有效性向品牌的终极营销目标更靠近一步。然而,这类媒介策划方法同样不能直接回答品牌形象建设目标及销售目标是否通过媒介沟通有效达成的问题。

3. 移动互联网时代媒介传播策划

数字化时代移动互联网融合了互联网与移动终端的特点,具有个性化、便捷性、时效性、精准性等特点,深刻改变了品牌传播生态环境。在传统媒体时代,品牌开展媒介以品牌为传播主体、以消费者为受众。进入移动互联网时代,每个消费者都是传播主体,品牌需要思考如何激发消费者的传播欲望,提高消费者在传播过程中的参与感,从而形成多点爆发的传播效果。移动互联网时代催生了基于社会化媒体的粉丝营销媒介传播策略方法、基于信息流和视频广告的千次曝光成本的媒介策划逻辑、基于精准广告的实时竞价(real time bidding,RTB)媒介策划逻辑和基于泛电商平台的流量转化媒介策划逻辑。因此,在移动互联网时代,由于媒体的精细化、专业化发展,媒体传播从"大而全"的整合营销传播向"精而深"的个性化圈层传播转变,媒介策划逻辑也向精细化、专业化方向发展,逐渐形成了针对各类媒体的专门媒介策划方法。

11.2 汽车行业的营销传播策划模式

面对移动互联网时代的信息爆炸和内容升级,大量的线上社交互动和丰富的娱乐资讯内容占据了消费者大量时间。广告信息越发难以占领消费者心智,传统营销逻辑的大前提正在发生转变。随着数字技术的发展及社会化媒体的崛起,品牌所面临的传播环境发生了巨大变化。传统的自上而下、单中心大众媒介传播模式已经不能完全适应品牌营销策划发展需要,品牌必须顺应这个发展趋势,适时作出调整,才能在激烈的市场竞争中脱颖而出、获得先机。对处于新旧势能变革期和充分竞争的汽车行业(特别是乘用车市场)来说也不能例外。当前,中国每年新推出的乘用车系列产品超过100款,营销预算规模超过1 000亿元。随着中国汽车市场的快速发展,乘用车市场已经完全由卖方市场转变为买方市场、由增量市场转变为存量市场。同时,随着新能源造车新势力的不断涌入,汽车行业的核心竞争力已经发生根本改变,不管是传统汽车品牌还是造车新势力,如何在新的竞争环境下,把握媒介环境和消费者需求,尽快建立竞争优势,是每个汽车厂商必须考虑的战略问题。具体到营销层面,各汽车厂商除了做好产品研发、生产、品控、供应保障,最重要的工作就是掌握汽车行业营销传播发展趋势,通过与消费者有效沟通,尽快建立竞争优势、赢得竞争。总体来说,汽车行业的营销传播模式发展呈现的趋势与其他行业呈现的趋势相同,主要表现为两个阶段。

1. 基于大众媒体的自上而下"地毯式"传播方式

营销 4P 时代(产品 product、价格 price、渠道 place、促销 promotion)是卖方主导市场、以产品为核心的营销时代。4P 营销模式偏向于单中心信息告知,即从上而下的信息传递。通常做法是通过大众媒体发布广告,向大众消费者传播产品,从而建立品牌知名度、提高市场占有率、最大限度增加收益。这个阶段营销支撑理论有营销 4P 理论、定位理论、产品卖点理论等,采用的营销传播模式是基于大众媒体的自上而下"地毯式"传播方式。

2. 基于公关或事件打造的社会化媒体等精准营销传播方式

随着汽车行业的发展及社会化媒体的兴起,汽车市场进入买方市场。随着竞争的加剧,汽车行业营销进入以消费者为核心的 2.0 时代。营销 4P 中强调的生产技能及产品优势转变为 2.0 时代的消费者需求,企业制胜的关键不再是其拥有什么样的生产能力、能生产出哪些存在比较优势的产品,而是企业产品能满足消费者需要。不能满足消费者需要的产品,即使存在比较优势,也无法给企业带来价值。在营销 4P 时代,消费者购买产品主要看产品功能及象征价值;在营销 2.0 时代,驱动消费者购买的背后因素是产品理念和价值观。品牌制胜的关键是品牌哲学、世界观与消费者自身的价值观能产生共鸣,品牌的价值内涵成为影响消费者购买、对品牌是否满意的关键因素。这个阶段营销支撑理论主要是营销 4C 理论(消费者 customer、成本 cost、便利 convenience 和沟通 communication),即四个新的市场营销组合要素。基于营销 4C 理论发展而来的汽车行业营销模式主要有场景营销、内容营销、社群营销等全新的营销模式。采用的营销传播策划模式主要是基于公关或事件打造的社会化媒体等精准营销传播方式。

综上所述,营销传播策划沟通模式与媒介传播策划逻辑的关系见图 11.1。

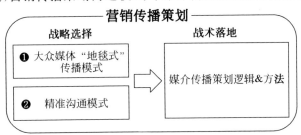

图 11.1 营销传播策划沟通模式与媒介传播策划逻辑的关系

不论是从战略层面的大众媒介"地毯式"沟通与精准沟通之间的权衡选择,还是从战术层面针对各类媒体具体媒介策划逻辑及方法的全新运用,这些基于业务操作层面的营销传播策划方法均不能解决汽车厂商在作出营销投资决策时面临的核心问题。换言之,这些方法在面对更宏观层面的品牌营销环境分析、品牌传播目标制订、品牌年度媒介预算规划、品牌媒介组合设定、品牌的市场优化策略、品牌的传播节奏策略等营销传播策划的核心业务时均效果欠佳。

3. 一汽-大众营销传播策划面临的挑战

一汽-大众营销传播策划需要一套科学系统的分析方法和工具将战略层面营销传播模式的选择与战术层面媒介传播策划逻辑方法的选择有机联系起来。对营销环境的分析、目标的设定、传播信息的规划、传播预算设定、媒体渠道组合、市场选择、传播节奏制定等核心业务需要多依托科学系统的分析方法,减少对营销从业人员个人经验的依赖。如果营销投资决策随意性较大,则营销传播业务的开展会面临极大的执行风险。此外,营销投资效率的低下也将造成大量营销费用的浪费。因此,一汽-大众需要采用有效的营销传播策划方法,系统、全面地应对营销传播策划业务面临的挑战,从而确保企业营销战略目标的实现。

11.3 一汽-大众的营销传播策划方法

11.3.1 营销传播环境分析

一汽-大众旗下子品牌众多,由于各子品牌营销目标不同,其面临的传播环境也不同。基于汽车行业传播环境分析时重点关注内外部环境以寻求更好发展机会的特点,引入战略环境分析的 SWOT 分析方法作为一汽-大众自身的传播环境分析方法。

1. 传播优势与劣势分析

为全面评估一汽-大众各子品牌在当下传播环境下具备的传播优势和面临的传播劣势,一汽-大众主要从产品质量(quality)、产品价格(cost)、产品数量(quantity)、产品技术(technology)、产品的销售能力(sale),即"QCQTS"五个维度综合评估,分别得出各子品牌的竞争优劣势,见表 11.1。

表11.1　一汽-大众竞争优劣势"QCQTS"评估模型

序号	评估维度	说明
1	产品质量	产品质量的外观设计、内饰、空间、装备是否满足消费者需求；产品质量是否获得消费者信赖等
2	产品价格	产品的销售服务价格是否具备竞争优势
3	产品数量	生产能力及效率能力是否满足消费者需求
4	产品技术	产品具备的技术是否具有竞争优势，是否满足消费者需求
5	产品的销售能力	产品的销售网络、销售及售后能力是否具备优势

2. 传播机会与威胁分析

品牌的机会通常是指对品牌发展有促进作用的因素，品牌必须专注这些机会进行扩张。比如，品牌的市场需求强劲增长、品牌进入新细分市场的门槛降低等。品牌的威胁是指外部环境出现不利于品牌发展的趋势。比如，品牌所在的细分市场出现新的进入者、品牌提供的产品已经不能满足消费者需求等，均会给品牌发展带来挑战，如若不调整战略方向，将对品牌竞争优势造成影响。为全面评估一汽-大众各子品牌在当下传播环境中的传播机会和挑战，引入 PEST 分析方法和波特五力模型分析方法。

（1）PSET 分析方法从政策法规（political）、经济（economy）、社会环境（society）、技术（technology）四个方面综合分析品牌拥有的机会和面临的威胁。

（2）波特五力模型分析方法对品牌在竞争环境中的现有竞争者、潜在竞争者、替代品、客户、供应商五股力量进行竞争分析。

综上所述，在内部环境分析中引入"QCQTS 模型"建立一汽-大众竞争优劣势分析方法，在外部环境分析中引入 PEST 分析方法和波特五力模型建立一汽-大众机会与威胁方法，如图 11.2 所示。

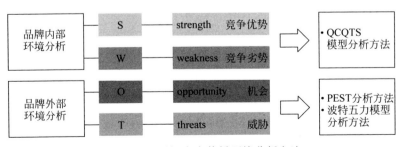

图11.2　一汽-大众传播环境分析方法

通过建立完整、统一的分析工具和方法，一汽-大众在开展任何子品牌传播环境分析时均可使用该工具和方法，并可根据各子品牌的特点在实际工作中进行完善。

11.3.2　确定营销传播目标

品牌营销传播目标主要集中在品牌市场份额目标和形象建设目标两个方面，可进一步分为近期目标和中长期目标等。本节将以一汽-大众2021年3月推出的首款电动车ID.4.Crozz的营销目标确定过程为例，说明确定营销传播目标的方式。

首先通过分析得出ID.4.Crozz品牌的SWOT矩阵，见图11.3。

S	W
• 品牌：领导合资品牌转型。巨人转身具备势能 • 产品：ID.4为一汽-大众电动领域明星产品，基于德国大众全新电动车平台MEB(模块化电驱动平台)打造 • 售后：ID.4有大众积累的体系化的服务和保障，是新势力无法比拟的 • 价格：具备同级别最优的性价比	• 装备：ID.4在电动化领域居于行业领先地位，但与智能互联装备相比还有差距 • 技术：ID.4虽有硬实力，但参数落后，缺乏眼前一亮的黑科技
O	**T**
• 市场：A级SUV(运动型多用途汽车)合资蓝海市场，ID.4目标价格段是消费者的第二潜力市场，消费潜力大 • 政策：政策长期推动电动车市场良性发展，未来两年政策延续	• 认知：特斯拉牢牢把控市场领导地位，大众在纯电动市场品牌力不足 • 竞争：自主、新势力在销量上领先，具备先发优势 • 与上汽大众ID.4产品区隔较小

图11.3　ID.4.Crozz SWOT分析矩阵

然后，依据矩阵内容识别出ID.4.Crozz上市需要解决的核心课题，从而制订ID.4.Crozz上市传播规划。具体思路是识别规避或者化解威胁因素、克服劣势因素、发挥优势因素，同时充分抓住机会因素，运用系统分析方法得出ID.4.Crozz的需要解决的营销课题，见图11.4。

11.3.3　识别目标受众与筛选目标市场

目标受众是营销传播的重点沟通对象，由于目标受众的消费能力和消费意愿在不同级别的市场上存在较大差异，因此，在开展营销传播策划时，必须对各级市场进行筛选，针对不同市场制定不同的营销策略。

1. 识别目标受众

企业在进行目标受众细分时通常存在五种模式，见图11.5。

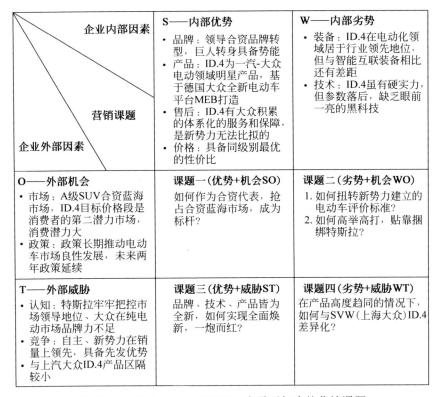

图 11.4　ID.4.Crozz SWOT 上市需要解决的营销课题

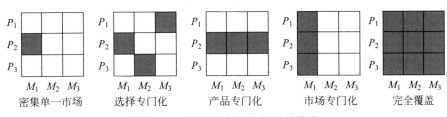

图 11.5　目标受众细分的五种模式

（1）密集单一市场细分模式，指企业专注于单一受众市场，通过在单一受众市场深耕，建立竞争优势。

（2）选择专门化细分模式，指企业选择若干个彼此独立的细分市场，通过在不同细分市场的布局而赢得竞争。

（3）产品专门化细分模式，指企业集中生产一种产品，同时向各类细分市场销售同一种产品的目标受众细分模式。

（4）市场专门化细分模式，指企业专注于单一受众市场，通过在单一受众市场深耕，建立竞争优势。

（5）完全覆盖细分模式，指企业开发各类产品满足各类目标受众的需求，达到覆盖整个消费市场的选择模式。

一汽-大众品牌主攻 A 级、B 级目标受众市场，并在 A 级、B 级细分市场选择完全覆盖市场模式。同时，一汽-大众采用差异化的营销模式，为每个细分市场设计不同的产品，在不同的细分市场与竞争对手展开竞争，见图 11.6。

A级三厢	A级两厢	B级三厢	B级两厢	A级SUV	B级SUV	A级电动车	B级电动车
宝来	高尔夫	迈腾	GTI	探歌			
速腾	蔚领	CC	CC SB	探岳	B-SUV	ID.4.Crozz	ID.6

图 11.6　一汽-大众在各细分市场上的产品布局

为了进一步掌握各产品目标受众的社会地位及其倡导的价值观，本节以社会阶层为纵坐标、以价值观为横坐标建立一个二维坐标模型。在二维坐标模型中，将消费者细分为生活方式、优秀、地位、传统奢华、声誉、欢乐、多功能性、经济八个族群，并引入倾向性指数（target group index，TGI）和销量占比两个指标来度量以上八个族群分别对各产品的倾向程度及销量贡献情况。其中，销售占比计算公式如下：

$$销售占比 = \frac{某产品在某一族群中的销量}{某产品整体销量} \times 100\%$$

倾向性指数计算公式如下：

$$TGI = \frac{某产品在某一族群中的销量 / 细分市场在该族群中的销量}{某产品整体销量 / 细分市场整体销量}$$

以一汽-大众 CC 产品为例，建立其目标受众识别洞察模型，如图 11.7 所示。

由此可见，CC 产品的核心销量主要来自生活方式、优秀、欢乐三个族群，而地位、优秀、生活方式三个族群的倾向性指数得分较高。综合来看，CC 的核心目标受众主要集中在追求生活方式、品质优秀、热爱享乐、具有较高的社会地位这四类人群。使用同样的方法可以识别出一汽-大众其他子品牌的目标受众，由此建立一套系统的目标受众识别与分析方法。

2. 筛选目标市场

目标市场的确定本质上是确定品牌在各级市场上投资的优先顺序，而在

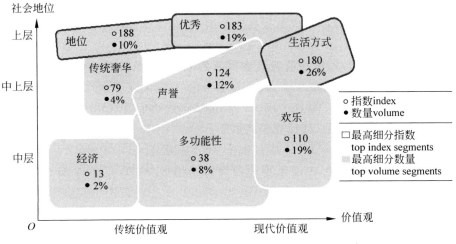

图 11.7 一汽-大众 CC 产品目标人群洞察与识别

各级市场投资的最终目的是提升品牌在各级市场上的销量。因此,目标市场细分本质是分析品牌在各级市场上销售能力和销售潜力的差异,从而匹配不同的营销资源。基于此,一汽-大众从市场销售潜力及各级市场营销资源匹配两个维度建立目标市场的优化选择原则及营销资源分配原则。

1) 目标市场筛选优化

引入市场容积指数来标定一汽-大众各产品在不同级别市场的销售潜力,即通过一汽-大众各产品在各级市场上的销量、该产品所在的细分市场在各级市场的总销量两个因子来计算各级市场的市场容量,得到市场容积指数。其中,一汽-大众各产品在各级市场上的销量标定一汽-大众各产品在各级市场的销售能力,该产品所在细分市场总销售标定该市场细分市场的销售潜力。目前一汽-大众品牌旗下共有 A 级车型和 B 级车型两个大类级别,对不同的级别车型采用不同的影响因子,赋予不同权重计算各级市场的市场容积指数。字母 S 为市场容积指数,K_A 为一汽-大众品牌旗下 A 级车型在该市场销量权重占比,K_{AS} 为 A 级细分市场总销售销量权重占比,K_B 为一汽-大众品牌旗下 B 级车型在该市场销量权重占比,K_{BS} 为 B 级细分市场总销售销量权重占比,字母 A 为一汽-大众 A 级车型在各级市场上的销量贡献指数,字母 B 为一汽-大众 B 级车型在各级市场上的销量贡献指数,字母 S_A 为 A 级车型这个细分品类在各级市场上的销量贡献指数,字母 S_B 为 B 级车型这个细分品类在各级市场上的销量贡献指数。市场容积指数计算公式如下。

对于 A 级车型,着重考虑一汽-大众 A 级车型在各级市场上的贡献指数及 A 级车型这个细分品类贡献指数两个因素,其计算公式如下:

$$S = K_A \cdot A + K_{AS} \cdot S_A$$

对于 B 级车型,考虑到消费升级因素影响,购买 A 级车型的车主在换购时会倾向选择级别更高的车型,除了着重考虑一汽-大众 B 级车型在各级市场上的贡献指数及 B 级车型这个细分品类贡献指数两个因素外,引入 A 级车型这个细分品类贡献指数,其计算公式如下:

$$S = K_B \cdot B + K_{AS} \cdot S_A + K_{BS} \cdot S_B$$

式中:A——一汽-大众 A 级车型在各级市场销量/一汽-大众 A 级车型全国平均销量;

B——一汽-大众 B 级车型在各级市场销量/一汽-大众 A 级车型全国平均销量;

S_A——A 级车型细分品牌在各级市场销量总销量/A 级车型全国平均销量;

S_B——B 级车型细分品牌在各级市场销量总销量/B 级车型全国平均销量。

通过上述计算公式,可以得到一汽-大众不同级别车型在各级市场上的市场容积指数,以此衡量一汽-大众各产品在各级市场上的销售潜力,并依据市场容积指数大小对市场优先级进行排序。

市场容积指数仅表征了各级市场的销售潜力,无法表征品牌在各级市场上的发展情况。一汽-大众旗下产品众多,母品牌和各产品在各级市场上接受程度不一样,因此本节继续引入品牌发展指数(brand development index,BDI)和产品发展指数(product development index,PDI)两个指数。其中,前者表征大众品牌这一母品牌在各级市场上的接受发展情况,后者表征大众品牌旗下各个子产品在各级市场上的发展情况,计算公式如下:

$$BDI = \frac{大众品牌在某市场上的市场份额}{大众品牌在全国的平均市场份额}$$

$$PDI = \frac{一汽-大众品牌在某市场上的市场份额}{一汽-大众品牌在各市场上的平均市场份额}$$

经过计算可以得出各级市场的 BDI 和 PDI 值。以 BDI 为横坐标、PDI 为纵坐标建立直角坐标系,从而获得针对该产品的四类市场,见图 11.8。

(1) BDI、PDI 均大于 1,说明该类市场对一汽-大众这一母品牌和该产品都比较认可,此类市场为一汽-大众的强势市场,具有较高的营销投资回报率。

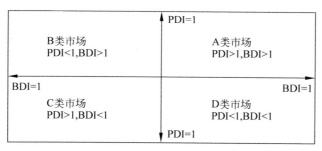

图 11.8 基于 PDI、BDI 划分的市场类型

（2）BDI 大于 1，PDI 小于 1，说明该类市场对一汽-大众品牌比较认可，但对该产品认可度低，此类市场虽为一汽-大众这一母品牌强势市场，却是该产品的问题市场。针对这类市场做营销投资决策时，需要分析问题产品出现的具体原因及改善可能性。如果是因为营销投资不足引起的 PDI 过低，则可以通过增加营销投资快速提升该类市场的 PDI 表现。

（3）BDI 小于 1，PDI 大于 1，说明该类市场对一汽-大众品牌认可度较低，但对该产品认可度较高，此类市场虽为一汽-大众这一母品牌问题市场，却是该产品的优势市场。如该类市场为一汽大众新进入市场，由于消费者都是通过具体的产品认知最终形成对一汽-大众的品牌认知，这类市场普遍具有 BDI 表现弱势、PDI 表现强势的特征，是一汽-大众机会市场。如该类市场已经持续经营多年，这一表现则意味着营销沟通效能不高，一汽-大众亟须综合考虑该类市场具体的消费需求，从产品开发、设计等源头问题上找原因、寻求突破。

（4）BDI、PDI 均小于 1，说明该类市场对一汽-大众品牌和该产品认可度均较低，此类市场为一汽-大众的问题市场。这类市场短期的营销沟通价值较低，长期需要结合一汽-大众进入该类市场的周期及营销投资预算情况具体决策该类市场的投资策略。

但随着汽车行业竞争加剧，汽车厂商在进行促销传播时，除了关注各级市场品牌及产品发展接受程度，也应关注各级市场增速及面临的竞争态势情况。基于这一营销需求，引入本品市场增速及竞品组市场增速两个因子来评估各级市场销售增长潜力。下面以一汽-大众旗下高尔夫产品为例，讨论高尔夫品牌在进行促销传播时，如何基于本品增速和竞品组增速两个因子对各级市场进行划分。字母 G 表示各级市场高尔夫产品的增长率，字母 C 表示高尔夫核心竞品组在各级市场上的增速，从而得到一个二维矩阵，见图 11.9。

（1）G、C 均大于 0，该类市场高尔夫产品及其核心竞品组的市场增速均

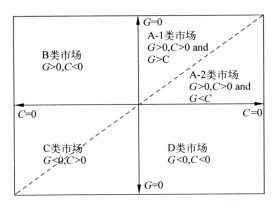

图 11.9 基于品牌增速和竞品组增速的市场优化方法

表现较好,说明该类市场对高尔夫这个品类的产品接受度较高,这类市场为高尔夫最具潜力市场。这类市场往往具有较高的营销投资回报率,是高尔夫产品进行促销传播时需要重点关注的市场。该类市场需要重点关注两个增速值的相对大小问题,应对高尔夫增速小于竞品组增速的市场予以重视。

(2) G 大于 0,C 小于 0,该类市场高尔夫接受度趋势向好,对高尔夫所在的两厢车这一细分市场认可度处于下行趋势。这类市场往往是明日黄花,开展营销投资的主要目标是维持住本品的销量增速、避免销量快速下滑。其长期的营销投资价值需要根据实际市场对细分市场的接受程度动态决定。

(3) G 小于 0,C 大于 0,该类市场高尔夫接受度处于下行趋势,对高尔夫所在的两厢车这个细分市场认可度较高。这类市场理论上可以通过持续的营销沟通逐渐提升高尔夫的市场表现,但在实际操作时需具体分析造成高尔夫市场增速下滑的原因,在排除渠道、产品等其他因素后,对该类市场进行持续的营销投资将起到比较理想的效果。

(4) G 小于 0,C 小于 0,在以上四类市场中,该类市场为高尔夫最不具备营销投资价值的市场,需结合高尔夫进入该类市场的周期来具体决策营销投资策略。

2) 目标市场营销资源分配

在掌握市场容积指数及品牌、产品在各级市场的发展程度后,又该如何做好营销投资决策呢?

(1) 通过市场容积指数对目标市场进行分级,并设定权值。通过市场容积指数对各级市场进行优先级排序后,将排名第 1 至第 10 的市场称为一级市场,排名第 11 至第 20 的市场称为二级市场,排名第 21 至第 50 的市场称为三级市场,排名第 50 以后的市场称为其他市场。不同市场级别设置不同的营销投资权值,确保市场销售潜力越大,获得的营销投资资源越多。

(2) 通过 BDI、PDI 等指数对目标市场投放权值进行修正。依据市场容积指数对市场进行级别划分后,对处于同一级别的市场,赋予相同的营销投资权值。但由于一汽-大众各产品在各级市场上面临的竞争环境不同、销量表现不同,对同一级别市场一视同仁会造成营销资源的浪费。为了确保营销投资效率,需要根据不同阶段的营销策略,针对不同的市场 BDI、PDI 等指数对目标市场投放权值进行修正,确保各市场的媒介投资决策与市场营销策略匹配。以一级市场为例,同一级别市场修正系数的设定方法如表 11.2 所示。需要重点关注的市场,修正权值较大,获得营销资源较多;投资价值不大的市场,修正权值小,获得的营销资源较少。

表 11.2　同一级别市场修正系数的设定方法

市场级别	BDI&PDI	媒介投资权值	修正系数示例
一级市场	BDI>1,PDI>1	1.5	1.1
	BDI>1,PDI<1	1	1
	BDI<1,PDI>1	0.8	1
	BDI<1,PDI<1	0.5	0.8

11.3.4　传播内容设计

一汽-大众在设计传播内容时制定了三个原则。

1. 传播内容需与品牌格调契合

一汽-大众的创意内容在格调与风格上拥有一以贯之的五个品牌特性:真实、人性化、有吸引力、清晰、开放。无论是品牌、车型还是促销信息,格调和风格始终保持一致。每一支广告都应该体现品牌的内涵,任何传播信息的设计与创造都必须坚持这五个原则。

2. 传播内容需满足目标人群消费需求

首先,从消费者月接触广告数量来看,在实际广告数量增多的情况下,各城市级别各代际消费者能够回忆的广告种类数量反而减少。这说明消费者广告记忆度下降,不能满足消费者内容需求的广告内容已经无法让消费者产生记忆,从而打动消费者。

其次,从消费者内容需求来看,消费者内容需求更加主动,不再被动接受平台方的节目安排。随着技术进步及智能电视的普及,消费者在电视上观看点播节目的占比越来越高,其中一线城市的消费者选择观看点播节目的比例已经超过50%。从视频网站付费会员渗透率来看,消费者选择付费观看视频内容的比例越来越高。

再次,消费者内容需求更加明确,鉴别能力增强。通过研究2017年到2019年三年热门综艺节目发现,消费者观看内容的习惯已经发生改变。他们的注意力跟随内容流动,之前消费者是先选择平台,然后在平台上选择自己喜欢的内容"圈地自萌";现在消费者则变成内容的粉丝,随着内容在各平台流动。这说明消费者内容甄别能力增强、内容消费需求明确,品牌在规划设计传播内容时必须时刻考虑消费者的内容需求,才能创造出直击人心的传播内容。

最后,消费者社交影响力增强,成为品牌传播内容的主动创造者。这主要表现在两个方面:一是信息传播社交化,二是消费体验社交化。社交平台已经成为消费者了解商品信息最重要的渠道来源,消费者既通过社交平台主动分享商品信息影响他人,又被社交平台熟人分享的信息影响,彼此形成传播正向循环。同时,消费者在购买同类商品前,通过社交平台了解商品信息、查看评价;购物后分享购物体验并将链接分享给他人。消费意识的崛起是随社会化媒体的发展而引发的,它要求品牌在规划传播内容时,必须以消费者需求为基础,从消费者角度创造内容,从而激发消费者社交参与热情、实现品牌的传播目标。

3. 传播内容需覆盖目标人群全触点

在设计传播内容时,内容规划还需要完整覆盖目标人群触点。一汽-大众与目标人群的触点众多,各触点内容需求不同,因此在规划传播内容时,需要考虑各触点特性,规划与之相匹配的内容,见图11.10。

11.3.5　传播组合设定

确定一次营销传播策划最优的渠道选择与组合需要考虑的因素很多,本节重点考虑消费者媒介接触习惯、品牌传播目标、媒介特性、创意内容、竞争对手媒介组合、传播组合设定六个方面因素。

1. 消费者媒介接触习惯

消费者年龄、职业、收入、文化、性别的差异会导致不同的媒介接触习惯和偏好。品牌需要对此进行分析,选择适宜的媒介渠道与目标消费群体进行沟通,才能最大化提升媒介沟通效率、节省广告预算。

在分析目标消费者媒介接触习惯时,一汽-大众主要使用CNRS(中国城

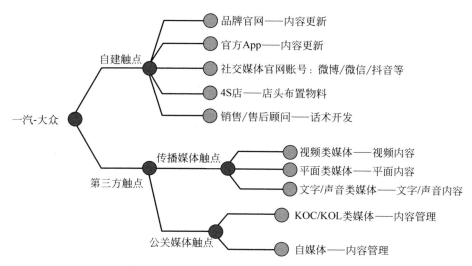

图 11.10　建立全触点管理的内容规划模式

市居民调查）提供的数据，通过目标人群媒介到达率及媒介消费偏好度两个主要指标进行分析。图 11.11 展示了各类媒介渠道针对一汽-大众旗下子品牌宝来目标消费者的不同媒介到达率和媒介消费偏好度。

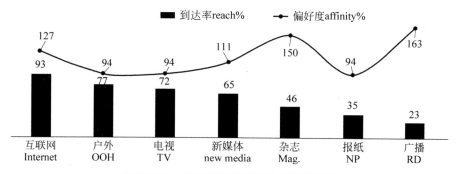

图 11.11　宝来品牌目标消费者接触习惯

如果本次营销传播拟解决知名度问题，那么到达率高的媒介是首选；如果需要解决的问题是品牌喜好，那么倾向性高的媒体则是首选。最终，通过目标消费者媒介接触习惯对媒介渠道进行优先级排序，形成主要使用媒体、次要使用媒体和辅助使用媒体等层级。在预算有限的情况下选择主要媒体，在预算充足的情况下往往使用多种媒体组合。因此，对目标消费者媒介接触习惯的分析有助于初步判断使用的媒介组合。

2. 品牌传播目标

根据品牌销售漏斗理论，不同品牌面临不同的营销课题，如认知度不足、品牌喜好度不高、购买意向转化率低等。为了厘清不同媒体渠道在销售漏斗各环节中的作用，华通明略（Millward Brown）开展了品牌销售漏斗各个阶段媒体对汽车消费者影响力的分析，如图11.12所示。结果发现，在触及目标消费者和建立品牌知名度上，电视媒体、户外媒体具有较大优势；在建立品牌偏好、强化品牌内涵与主张上，具有阅读性或体验性的平面媒体和数字媒体具有较大优势；而对于购买提升和转化、诱发消费者购买方面，及时性较强的广播媒体及商场、社区等新兴户外媒体具有较大优势。所以品牌在做媒介传播策划时需要依据不同的营销目标选择不同的媒介渠道与消费者进行沟通，才能提升媒介沟通效率。

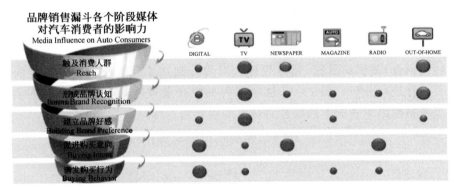

图11.12　品牌销售漏斗各个阶段媒体对汽车消费者的影响力分析

3. 媒介特性

不同媒介由于其媒体属性不同，在传播方式、传播速度等方面有着根本的差异，从而导致媒介在与消费者沟通时存在不同优势和劣势。

（1）电视媒体包括以卫星、微波及以有线形式传播的各类电视频道，在中国市场上有3350多个各类电视频道，主要有央视、卫视及地方电视台，基本覆盖了100%的中国家庭。电视媒体内容丰富、制作质量高，已经成为消费者最重要的资讯娱乐媒体渠道之一。依托电视媒体的商业广告完全承载了电视媒体的优点，具有覆盖广、影响力大、公信力强、内容承载能力强、视听刺激丰富、情景塑造逼真等优点。但由于技术限制，也存在内容检索困难、消费者注意力不高、容易转换频道、电视广告片制作周期长、制作费用贵、广告信息转瞬即逝、广告费用门槛高等缺点。

(2) 广播媒体与电视媒体一样属于电波媒体,全国共有 2 520 个广播频率。由于广播媒体只能承载声音信号,不适合需要借助视频和图片表达的内容创意。因此,依托广播媒体的商业广告具有制作成本低、广告费用低、传播速度快、能点对点高频次沟通等优点,但广播媒体也存在信息转瞬即逝、不易查询、时空受限等缺点。

(3) 平面媒体主要有报纸媒体和杂志媒体两大类,是典型的印刷媒体,仅呈现视觉而没有声音,可以做到图文并茂。依托平面媒体的商业广告具有消费者主动阅读性强、制作成本低、广告费用低、版面编排灵活、易于保存查阅、公信力强,具有较强说服力等优点,以及消费者接收信息强制度低、传播速度慢、互动性差等缺点。随着数字媒体的发展,平面媒体受到数字媒体的冲击较大,纷纷推出各自媒体的电子版,为平面媒体的发展开辟了一条新的路径。

(4) 户外媒体是年代最久远的大众媒体,早期的商店广告牌、机场灯箱媒体、城市市中心的大牌和 LED(发光二极管)媒体都可以称为户外媒体。随着科学技术的进步,很多新兴户外媒体形式出现,户外媒体的定义也从狭义的室外媒体演变为家庭场景外媒体。本节的户外媒体泛指家庭场景外媒体,即除了户外大牌、灯箱等传统户外媒体形式,电梯媒体、院线媒体、高铁媒体、健身房媒体、停车场媒体、地铁媒体等统称为户外媒体。户外媒体与消费生活场景及出行轨迹息息相关,其存在区域性强、广告曝光频次高、氛围营造能力强等优点,同时也存在信息承载能力弱、关注度不够高的缺点。户外媒体多用于对消费者的提醒,适合进行品牌知名度建设而非复杂沟通的传播场景。

(5) 数字媒体是当下发展最快的媒体。相较于传统的电视媒体、广播媒体和平面媒体,数字媒体存在三个巨大优势:第一,数字媒体拥有智能终端,即通过数字媒体品牌可以与消费者进行充分互动。数字媒体兴起后,商业广告从一种纯告知的信息沟通方式变为品牌与消费者之间你来我往的交互式沟通方法,给媒介沟通模式带来了全新变革。第二,消费行为可以被跟踪和记录。对消费者消费行为数据的分析洞察开启了以大数据为核心的精准营销时代。第三,数字媒体去中心化。每一个拥有智能终端的人都可以成为媒体,彻底改变信息传播方式,进入"人人是媒体"的自媒体时代。

媒介策划从业者需要掌握媒体特性,结合品牌的传播需求制定合理的媒体组合,从而提升品牌的媒介沟通效率。各类媒体的优势如表 11.3 所示。

表 11.3 各类媒体的优势

评估因素	电视	广播	报纸	杂志	互联网	大型户外	机场地铁媒体	楼宇媒体	健身房	院线
覆盖广、到达率高	△				△	△	△			
覆盖速度快	△	△			△					
提高品质感/地位				△		△	△		△	△
合理的投入门槛		△	△							
传播深度、理性表现				△	△					
适合活动宣传		△			△					

4. 创意内容

创意内容与媒介组合的关系主要体现在两个方面：一方面，媒体不同内容和风格吸引的是喜爱同类内容与风格的消费者。品牌在做媒介传播策划时，需要选择与自身品牌格调和形象相契合的媒体渠道，从而获得更好的沟通效果。另一方面，各类媒体由于特性不同，所能承载的创意内容及与消费者的沟通形式也不同，所以在选择媒体、确定媒体组合时必须考虑品牌的创意内容。品牌创意诉求不同，所需要匹配的媒体渠道不同。品牌创意诉求与媒介渠道选择的一般性原则如表 11.4 所示。

表 11.4 品牌创意诉求与媒介渠道选择的一般性原则

序号	创意诉求	电视	广播	报纸	杂志	户外	网络	说明
1	权威性诉求	**		***			*	报纸以报道真实为主，印刷媒体的白纸黑字，且信息不会随时间过去而消失，因此具有较高的权威性与信赖度
2	新闻性诉求	**		***			*	报纸以新闻内容为主，对于以新闻题材、新知识、新技术或新发现冠以"新"为题材的创意，具有较佳的承载效果，而电视媒体中的新闻节目也有同样的效果
3	实验证言	***		***	*		*	对于以使用者的经验证言产品的创意，电视和报纸都具有较佳的承载效果，电视的优势来自其声音与动画的呈现，而报纸的优势则来自对文字媒体的依赖度

续表

序号	创意诉求	电视	广播	报纸	杂志	户外	网络	说明
4	使用示范	***					***	电视媒体具有画面与说明功能,最适合"演出性"示范,同时电视可以使用单一画面,在未离开消费者视线的情况下完整地传达商品功能,示范的说服力也较高;网络媒体则在视觉功能上加上阅读性与比较性,因此在使用示范上具有优势
5	活动告知	***	*	***			**	简单的活动信息以电视传达效果较佳,较复杂的信息则以报纸传达效果较佳
6	促使行动	***	**				***	电波媒体在声音上具有较大促使行动(call for action)的驱动力,尤其是电视,而网络在互动上具有较强的功能
7	商品比较	**		**	**		***	网络媒体的功能软件可以将各式商品并列详加比较,电视媒体演出效果较好,印刷媒体信息保存性较好
8	剧情的故事性	***		*	*		**	电视在剧情传达上较完整,网络媒体则在重复接触上具有优势

资料来源:陈俊良.传播媒体策略[M].北京:北京大学出版社,2010:157.

5. 竞争对手媒介组合

各类媒介承载的商业广告既包括本品广告也包括竞品广告,所以在媒介渠道选择上,必须考虑竞争对手媒介投资策略。分析核心竞品全产品生命周期媒介传播组合策略,从而为本品在相同生命周期内的媒介传播策略提供组合范围与比例参考。同时,也可以考虑在竞品使用的媒体上采用阻击竞品策略或者借势营销策略,以期达到更好的传播效果。

汽车行业在做媒介传播规划时一般使用 SOV(share of voice,声量份额)来衡量本品及竞争对手在同一媒体上的竞争态势。同一传播时段,品牌 SOV 越高,说明该品牌在该类媒体上的声量越大,越能获得传播上的比较优势。品牌在做媒介传播规划时,如果预算充足,则可以针对核心竞品采用直接阻击竞争对手的策略,取得传播声量上的绝对优势。如果品牌预算有限,则应针对目标人群媒介接触习惯,深耕核心媒体、缩小作战范围,争取在核心媒体上取得竞争优势。同时,在竞争对手强势的媒体上采用跟随策略开展借势营销,尽最大可能提升自身品牌的曝光率。然而,强大的声量份额意味着庞大的媒介投资预算,如果品牌一味追求在声量上碾压对手,势必造成媒介投资效率的低下。因此,企业需要根据不同的媒介渠道,结合竞争对手媒介渠道策略准确选择媒介沟通渠道。

6. 传播组合设定

品牌在做媒介渠道投资决策时需要结合品牌生命周期和营销目标,针对目标消费者媒介接触习惯、媒介特性、竞争环境、创意内容等因素综合考虑媒介投资组合。营销策划人员需要针对各影响因子的特点,针对不同的品牌生命周期阶段,确定需要重点考虑的影响因子。图 11.13 是一汽-大众依据产品生命周期及传播阶段制定的传播组合设定方法。

	考虑1: 消费者触媒习惯	考虑2: 传播目标	考虑3: 媒体特性及影响力	考虑4: 品牌创新诉求	考虑5: 竞品攻势媒介份额
品牌形象传播期	●	●	◐	●	◐
销售促进期	◑	●	●	●	◐
车型退市期	◔	◐	◐	◑	◐

图 11.13 一汽-大众依据产品生命周期及传播阶段制定的传播组合设定方法

11.3.6 营销沟通节奏设定

媒介沟通节奏设置的基本原则是掌握媒介沟通与消费者对品牌信息的记忆和遗忘规律,从而实现品牌信息沟通节奏及销售节奏的传播目标。

1. 三种基本的营销沟通模式

依据德国心理学家艾宾浩斯信息记忆及遗忘曲线理论,品牌通过媒介与消费者进行沟通时,消费者对信息认知和遗忘的基本过程如下。

(1) 媒介沟通之前,消费者对品牌信息认知为零,随着媒介沟通的进行,消费者开始逐渐建立品牌信息认知。

(2) 随着媒介沟通时间的积累和频次的提升,消费者对品牌信息的认知逐渐提升,开始形成品牌印象。

（3）当消费者对品牌沟通的信息已经完全掌握，媒介沟通效果已经完全达到，此时媒介沟通的目的是维持消费者对品牌信息的记忆。

（4）当媒介沟通结束，此时消费者对信息的遗忘开始占据主导地位，由品牌建立起来的认知开始衰减，并随着时间的流逝慢慢消失殆尽。

因此，营销沟通的空档期越长，消费者对品牌信息的记忆度就越低。基于此，形成了持续式、栏栅式、脉冲式三种主要的营销沟通模式，其优缺点见表11.5。

表 11.5 三种营销沟通模式优缺点分析

营销沟通模式	优　点	缺　点
持续式	持续与消费者沟通，不断累积广告效果，持续刺激消费动机，传播行程覆盖整个购买周期	在预算有限的情况下，持续式会造成广告冲击力不足，竞争品牌容易在重点时段建立竞争优势
栏栅式	品牌可以根据竞争需要，作出有利的媒介沟通，比较容易配合品牌的渠道策略和营销活动进行宣传，可以集中火力在某一时段重点传播	广告空档长，品牌记忆度衰减快，增加认知困难，在空档期，竞争品牌容易切入建立竞争优势
脉冲式	持续累积广告效果，可以根据品牌需要，加大在重点时段的传播力度	资源分散，在脉冲空档期，竞争品牌容易切入建立竞争优势

资料来源：陈俊良.传播媒体策略[M].北京：北京大学出版社，2010：198.

2. 一汽-大众的营销沟通模式

媒介沟通模式的选择受到品牌所处生命周期、产品发展阶段、产品销售节奏、竞争环境等多重因素的影响。

1）品牌生命周期不同，营销沟通策略不同

品牌生命周期由导入期、成长期、成熟期、衰退期四个阶段组成。在品牌的导入期，由于消费者对品牌了解程度比较低，因此需要介绍性质的广告，适宜选择连续式、轻量化的营销沟通节奏。在品牌的成长期，品牌的市场占有率逐渐提高，此时传播重点是强化品牌形象并进一步扩大市场份额。品牌面临较强的市场竞争，此时适宜选择相对集中、具有高低起伏的脉冲式营销沟通节奏，且营销投资力度逐渐加大。处于成熟期的品牌，品牌之间的竞争最为激烈，为维持品牌的市场份额、实现销量目标，适宜选择更为集中的脉冲式媒介沟通策略，且媒介投资力度在此时达到最大以支撑实现品牌的销售目标。处于衰退期的品牌,品牌形象老化、销售下滑。由于品牌即将退出市场,媒介沟通预算受到限制,因此宜选择平滑的、连续式沟通策略,直至品牌退出市场。

2）产品发展阶段不同,媒介沟通策略不同

一汽-大众将产品的发展阶段划分为产品上市期、产品强化期、产品促销期三个阶段。产品上市期,新上市产品急需快速建立市场知名度、提高销量,因此需要密集、持续的媒介沟通节奏。产品强化期,由于消费者对产品已经有了一定认知,可以安排较为宽松的媒介行程配合产品强化期的信息传播。产品促销期的传播内容多为刺激消费者购买的促销信息,由于需要快速确保媒介沟通的成效,在媒介行程上适宜安排时间短、力度大的间歇性媒介沟通节奏。

3）产品销售节奏不同,营销沟通策略不同

媒介沟通最终目的之一是促进销售,而媒介传播节奏与产品销售节奏的配合是实现销售目标的必备条件之一,因此营销行程必须紧密配合产品的销售节奏。另外,在新老产品搭接期,新车型的上市预热广告将严重影响旧车型的销售节奏,造成旧车型销量下滑。此时需要综合新旧车型的销售目标,制定合理的营销沟通流程。

4）竞争环境不同,营销沟通策略不同

针对不同的竞争环境,品牌可以选择进攻型或防守型营销沟通行程。进攻型营销沟通行程体现为在核心竞争对手传播期采用更密集、力度更大的沟通策略。通过声量份额抢占品牌在消费者心智上的份额优势,进而扩大品牌的市场份额。防守型营销沟通行程主要体现在两个方面：一是尽量避免与核心竞争对手直接对抗。防守型营销沟通行程意味着营销资源受限,适宜的营销行程策略是避免与拥有较多媒介资源的核心对手正面对抗,转而在竞争对手传播空档期进行传播,从而获得最大的传播效果。二是以尽量集中的方式与消费者沟通。在无法获得全面竞争优势的情况下,局部优势的获得将是品牌制胜的关键。此时需要集中营销资源快速建立品牌认知,否则品牌将面临竞争对手的长期压制,导致认知度持续低迷、品牌建设失败。

11.3.7 传播预算设定

如何提升营销投资决策能力及营销预算使用效率是一汽-大众提升营销传播效果面临的关键问题。长期以来,一汽-大众营销传播缺少科学系统的分析方法支撑,对营销投资预算的设定主要依托媒介从业人员经验,缺少科学系统的分析方法。为解决这个问题,本节从营销投资预算设定方法入手,建立一套系统的营销投资预算设定方法提升一汽-大众营销投资预算的决策能力,同时为汽车行业进行营销投资决策提供参考。

1. 理论基础

营销投资预算设定方法的理论基础为品牌销售漏斗模型。首先,基于传播学的基本理论,营销沟通的直接目的是形成品牌认知,品牌的营销投资形成品牌在细分市场花费份额(share of spending,SOS),花费份额形成品牌的声量份额,声量份额形成品牌的认知份额(share of mind,SOM)。其次,依据品牌的销售漏斗理论,品牌的认知促成品牌购买,最终体现为品牌的市场份额(market share,MS)。将两者结合,便得到品牌的营销花费份额与品牌市场份额的正相关关系,如图11.14所示。用 Y_{MS} 代表品牌的市场份额,X_{SOS} 代表品牌媒介花费份额,K 代表相关系数,则 Y_{MS},X_{SOS} 存在如下关系:

$$Y_{MS} = K \cdot X_{SOS}$$

图11.14　营销花费份额与品牌市场份额的关系

由于品牌的份额目标 Y_{MS} 对品牌来说是一个设定值,因此品牌媒介花费份额只需通过相关系数 K 进行确定。

2. 营销投资预算的设定

一汽-大众这一母品牌存在一系列子品牌。在同一年份,由于各子品牌所处的生命周期不同,所需实现的营销目标也不同,因此需要依据各子品牌的实际情况设置不同的相关系数 K,如图11.15所示。

对于处于成熟期的子品牌,从确保品牌利润角度出发,设置其相关系数 $K > 1$,表示同样的花费份额应该带来更多的市场份额;

对于处于成长期的品牌,从增加市场份额角度出发,设置其相关系数 $0 < K \leqslant 1$,表示为了促进品牌快速成长,在品牌成长期同样花费份额可以允许小于市场份额;

对于处于衰退期的品牌,由于其媒介投资预算有限,设置其相关系数 $K \geqslant 1$。

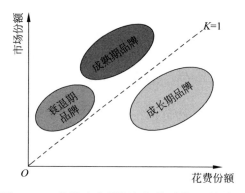

图 11.15　品牌生命周期与相关系数 K 的关系

11.3.8　营销传播效果评估

品牌的营销传播花费本质上是一种商业投资,旨在以较少的资源投资换取较高的收入回馈,即较高的投资回报率。基于此,本节营销传播效果评估方法的研究焦点并不在于讨论媒介计划制订的准确性、媒介购买成本、收视点目标是否实现等媒介执行层面的传播效果评估方法,而是将重点放在品牌建立和销量提升两个品牌商业目标上。

1. 销售导向的营销传播效果评估

基于销售导向的营销传播效果评估主要通过营销总投入效率、传播声量效率、单车成本效率三个关键指标进行。

1）营销总投入效率评估

营销总投入效率表示营销总投入对市场份额的影响,用一汽-大众每取得 1% 的市场份额需要的营销投入金额进行表征。由图 11.16 可知,2016 年实施本章提出的营销传播策划方法之前,由于缺乏营销投入预算方法的指导,每获得 1% 的市场份额,营销投入预算不仅投入水平较高且波动较大。2016 年践行基于市场份额确定营销投入预算的方法后,一汽-大众每获得 1% 的市场份额所需的媒介投入逐年降低,有效提升了一汽-大众营销传播效率。

2）传播声量效率评估

声量份额影响消费者心智份额,消费者心智份额最终影响品牌的市场份额。理论上,假定不考虑其他因素对品牌市场份额的影响,细分市场同样的声量份额必将带来同等数量的市场份额。基于这个底层逻辑,引入传播声量效率指标来评估媒介传播效果。根据图 11.17 所示的声量份额与市场份额的

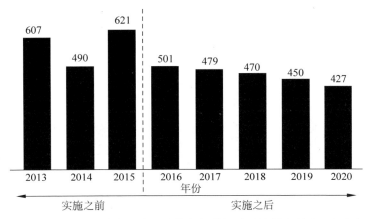

图 11.16　一汽-大众每取得 1% 的市场份额需要的媒介投入（百万元）

对比分析，在实施新的媒介策划方法后，一汽-大众声量份额与市场份额的比值逐年降低，表明媒介投资效率逐年提高，2017 年后一直保持在主流合资厂商前列。

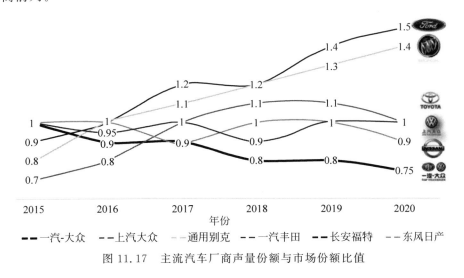

图 11.17　主流汽车厂商声量份额与市场份额比值

3）单车成本效率评估

乘用车的整车零售价包括销售支持、经销商销售佣金、营销费用、管理费用及原材料等各种成本和费用。汽车行业通常用单车营销费用来表征营销效率。为了提升单车利润率，必须合理控制单车营销费用。由图 11.18 可知，在2016年实施营销传播策划方法后,一汽-大众单车营销成本逐年降低,传播效率得到极大提升。

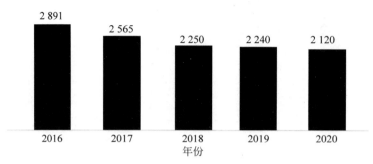

图11.18　一汽-大众2016—2020年单车营销成本(人民币元)

2. 品牌建立的传播效果评估方法

从品牌建立角度提出媒介传播评估方法并检视一汽-大众媒介传播策略方法的有效性和合理性。其中,品牌建立短期目标是通过分阶段的媒介沟通改善品牌漏斗各项指标,长期目标是建立品牌认同、形成品牌挚爱。

1) 短期品牌建立的传播效果评估

品牌形象短期目标是通过改善品牌传播漏斗指标来树立品牌形象,为了综合、客观地标定品牌曝光度、考虑度、活跃度、喜爱度等各项指标建设情况,引入不同维度指标,建立"媒介沟通效果仪表板"来全面、直观地评估媒介传播效果。

为度量一段时间内**品牌曝光度**情况,引入品牌官方平台总访客数、总访问次数、主要投放网站日均曝光量、主要网站投放点位日均点击量四个指标来度量品牌的曝光情况。同时可以通过记录跟踪品牌阶段曝光度指标来评估品牌曝光度情况并跟踪品牌媒介沟通效果。

为度量一段时间内**品牌考虑度**情况,引入百度指数、品牌关键词占百度汽车行业热点关键词比例、单一访客平均浏览页数、平均访问时间四个关键指标来表征品牌的考虑度情况。同时可以通过记录跟踪品牌阶段考虑度指标来评估品牌考虑度情况并跟踪品牌媒介沟通效果。

为度量一段时间内**品牌喜爱度**情况,引入社交网络热度、网络舆情、官方活跃粉丝数、官方微博微信平均评论等指标。同时可以通过记录跟踪品牌阶段喜爱度指标来评估品牌喜爱度情况并跟踪品牌媒介沟通效果。

2）长期品牌建立的传播效果评估

长期传播效果的检视主要运用广告效果追踪调查，为了全面评估媒介沟通效果，德国大众集团开展的广告效果评估（marketing performance monitor）选择在 5 年内购买新车且对为主要决策者的消费者进行调研，研究大众集团旗下各品牌及其主要竞品品牌、产品的健康度。MPM 报告主要输出品牌购买漏斗表现报告和品牌车型形象报告两个核心报告。

品牌购买漏斗体现消费者在购买品牌的过程中流失程度。MPM 报告通过线上和线下两种调研方式定期输出大众品牌及核心竞品消费者在购买过程中的流失情况，用以评估大众品牌媒介传播效果。

品牌形象报告通过定期输出品牌和车型的形象、品牌美誉度、品牌信赖度三个核心指标表现来监测大众品牌和车型健康度，标定品牌形象建设情况。

结语

本章围绕营销传播的销售促进及品牌形象塑造这两个基本目标构建了品牌营销传播策划方法，以便企业提升品牌营销沟通效率，提高营销预算的有效性和合理性。本章构建的品牌营销传播策划方法，一方面为主流汽车品牌的营销投资决策提供了理论分析思路，另一方面也为主流汽车品牌进行营销传播策划提供了系统的分析方法和实践工具。

第12章

中国新兴零售电商平台商业模式

随着经济社会快速发展,我国居民消费规模持续增长。国家统计局数据显示,2023年社会消费品零售总额471 495亿元,比上年增长7.2%。消费已成为拉动经济增长的首要驱动力。根据商务部发布的数据,2023年,我国网上零售额15.42万亿元,增长11%,连续11年成为全球第一大网络零售市场。其中,实物商品网络零售额占社会消费品零售总额比重增至27.6%,创历史新高。电子商务已经成为驱动消费增长的重要一极。

我国电子商务起源于1999年8848和易趣等网站的出现,随着社会生产力跨越式的进步及供应链、仓储物流、移动支付等一系列基础设施的不断完善,电商行业的整体规模水平与经营能力不断提升。与此同时,随着国内互联网用户增速的放缓,线上获客成本持续攀升,传统电商业务遇到天花板,有待寻找新的增量空间。

在消费规模增速放缓的态势下,零售行业也呈现消费分级的特征,出现新的用户细分市场。在互联网环境中,不同阶层客群在消费观念和消费能力等方面的异质性被进一步放大,在中长期消费升级的大趋势下,也存在短期内消费降级的现象。一方面,中产阶级的强势崛起提出了快消品升级换代的诉求。根据瑞信、麦肯锡等机构的测算,我国中产阶层(年收入在15万~35万元人民币)总人数在2.5亿~4亿之间,掘金消费能力较强的城市中产市场成为零售企业的重要方向。近期宏观经济下行造成了居民对未来的预期降低,同时高位房价的挤出效应在一定程度上抑制了潜在消费潜力的释放。另一方面,我国人均收入依然处于较低水平,低价快消品在低线城市与农村地区仍保有较大的市场空间。

此外,数字化技术的快速发展已逐渐成为行业未来增长的核心驱动因素，给零售市场参与者带来新的变革机遇。云计算、大数据、区块链、物联网、人工智能等新兴技术不断与零售业务场景相结合，逐步实现商业化落地，助力零售企业实时收集、存储与处理用户交互数据，提升平台的运营管理效率，同时为用户创造全新的零售消费体验。

2016年10月，阿里巴巴的创始人马云在云栖大会上首次提出新零售的概念，强调运用数字化能力重构"人、货、场"三大零售要素之间的交互关系，推动传统零售业完成数据驱动的互联网化转型，最终升级为线上、线下相融合的新兴零售电商范式。在风投资本的助推下，新零售创业热潮兴起，已属红海的电商市场陆续涌现出生鲜电商、社交电商、社区团购等新兴电商模式，不断挖掘着新客群、新品类和新渠道等垂直领域的商业机会。因此，新的行业地图与竞争格局有待零售业研究者进行梳理。

12.1 新兴零售电商平台商业模式的分析框架和核心要素

结合 Porter(1985)的价值链理论、Osterwalder 和 Pigneur(2010)的商业模式方法论及经济学领域针对双边平台的研究，本章运用图12.1所示的框架来分析零售电商平台的商业模式。以外部环境和核心资源作为企业运作的支持性要素，以价值主张、关键业务与盈利模式作为企业价值实现的基础性活动。

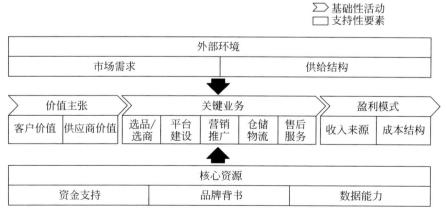

图12.1 零售电商平台商业模式的分析框架

12.1.1 增强对外部环境变化的敏锐程度

在市场需求方面,消费者的价值观念、生活方式、购物习惯等趋势的变化往往催生新的细分市场与消费需求。例如,用户的消费决策会受到地域城市化程度的影响,而移动支付、消费金融等全新结算方式的普及也促使着企业适时调整经营方针,主动发起商业业态变革。

在供给结构方面,当前国内的供给侧改革开启了产业结构优化、自主品牌创新的窗口期,为零售电商反向整合农业与制造业产能提供了历史性机遇,而仓配物流、信用体系等行业基础设施的完善,也为零售业态变革创造了有利条件。

12.1.2 寻求恰当的平台定位与价值主张

在顾客价值方面,企业需要为客户解决此前消费体验中的核心痛点,可围绕价格、新颖性、多样性、便利性等多个方面为用户持续创造价值。

在供应商价值方面,零售电商能帮助供应商打破地域与时间等客观条件的约束,降低对目标用户的搜寻成本;也能降低传统零售链条的流通费用与货物损耗;此外,还能通过缩短供应商回款周期,降低其经营管理风险。

12.1.3 梳理业务流程与运营逻辑

在选择商品和选择供应商方面,零售电商不直接参与生产制造活动,而是根据各自客群定位设置招商选型的标准。其中,自营 B2C 电商需自行负责商品的款型采购,而 C2C 电商则需要全盘考虑平台的招商类目,并对头部商铺(top stores)的产品组合、定价促销等策略提供建议与指引。

在平台建设方面,零售电商主要通过线上渠道触达终端用户,需要精心设计用户准入标准、流量入口布局及核心运营机制,增加线上商城的易用性、吸引度和可靠性,降低用户学习成本,从而更好地实现交易转化。

在营销推广方面,零售电商营销活动围绕品牌广告与效果广告双线展开。前者注重提升平台的市场知名度,典型方式是明星代言、影视冠名等;后者偏重促进交易转化,主要通过价格折扣、拼团(形成购买者规模进行团购)玩法等促销工具刺激用户下单。

在仓储物流方面,零售电商需要在配送费用、响应速度、交付质量、增值保障等物流产品及衍生服务方面不断优化创新,重塑传统零售业的物流体验,进一步打造平台的差异化。

在售后服务方面,零售电商也需要重视退换货、大件商品安装与保修、客服响应速度、订单商品价格保护等环节,通过优质的售后保障来提高核心客群的忠诚度。

12.1.4　选择可持续的盈利模式

在收入来源方面,电商公司的收入包含收费对象、计价方式及现金流结构等多类要素。收入可以来自交易本身,如自营型电商的销售收入或平台型电商的交易抽佣;也可以前置收取入场费,如向供给侧卖方收取保证金或者向消费端客户收取会员费。

在成本结构方面,电商企业开展业务活动需要支付相应的费用。对于自营零售电商,商品采购成本通常是整体费用支出的重要组成部分;对于平台型电商,向买卖双方提供服务支持活动是主营业务成本的核心构成;另外,物流配送、营销推广、研发投入等活动也会产生相应的运营费用。

12.1.5　强化企业核心资源与能力

在资金支持方面,初创电商需要撬动创始团队资产或对外寻求债权、股权融资以获取大笔启动资金,从而保证在商品采购、推广获客等业务环节的前期投入。

在品牌背书方面,新兴电商可借助业已成熟的公司或个人品牌作为信誉支持,向消费者提供产品与服务的增信保障,并撬动同一阵营内新零售战略生态的业务伙伴,打通线上数字资产与线下本地生活,重构传统实体零售。

在数据能力方面,电商企业借助深耕文本分析、图像识别等信息技术手段,深入挖掘多维度、跨平台的上游供应商与下游消费者数据。反哺前端柔性生产的同时实现下游精准营销投放,此外,在线上商城系统运维、消费金融创新、反欺诈风控等多个业务环节加强数字化管理能力。

12.2　案例研究设计

本章以平台交易主体(B2C 与 C2C)为划分维度,将零售电商划分为两类。B2C 是指企业与个人之间的电子商务,商品由企业流向个体消费者。其中,自营 B2C 指商品所有权归属于电商,主要通过交易价差获利,如京东自营;平台 B2C 是指电商平台仅作为代销渠道吸引商家入驻,依靠收取保证金、销售佣金或广告服务费等方式获利,如天猫。C2C 是指个人之间的电子商务，商品由个体工商户或中小商户流向个体消费者，而平台作为撮合交易的媒介渠道，依靠交易抽佣或广告服务盈利，如淘宝。

在案例选择标准方面，首先从鲸准、36Kr、IT 桔子等创投信息披露平台梳理了自 2008 年国内移动互联网［以 3G（第三代移动通信技术）牌照发放为标志］诞生以来成立的、由互联网巨头孵化或独立融资在 B 轮及之后的、至今仍处于运营状态的零售电商平台。其次，确定案例选择的核心原则。第一，该平台具有突出的个体特色，成功为电商市场导入新品类或新玩法；第二，该平台是细分领域电商中的领军者，在商品交易规模、活跃用户人数等客观指标方面都处于行业第一梯队；第三，考虑到案例研究资料的可得性，该平台应具备较高的市场关注度。具体而言，能够收集到充足的公开资料作为案例分析素材，同时也能通过校友资源联系到企业内部员工或外部投资人进行访谈，有助于深入了解平台的运作机制。

基于上述备择列表和核心原则，最终选出网易严选［ODM（original design manufacture，原始设计制造商）新模式］和拼多多（社交新玩法）两家新兴零售电商平台作为本章的分析对象。

在案例资料来源方面，本章案例资料由企业一手信息、二手资料和利益相关者访谈三部分构成。企业一手信息主要通过实地走访，以及经由校友引荐的内部工作人员访谈获知。此外，通过相关 App 的亲身体验，了解企业的最新业务发展动向与战略布局。二手资料包括企业年报、券商分析师专题报告、36Kr 等创投网站深度报道、艾瑞等互联网咨询报告、核心创始成员专访、企业公关稿、头部商业媒体报道等素材。此外，通过校友资源联系企业内部员工或外部投资人进行访谈。以上工作有助于从多个信源对获取的资料进行交叉印证与相互补充，从而从多重视角对两家零售电商平台的商业模式进行观察和解读，保证研究内容的科学性与可靠性。

12.3 案例分析和结论

基于零售电商平台商业模式的分析框架，对网易严选和拼多多这两家代表性平台进行深入分析，归纳不同电商运营模式下的重点业务环节及与之适配的关键因素。

12.3.1 网易严选

严选由网易内部团队孵化，是国内首家以 ODM 模式重塑上游供应链的精品电商平台。2016年4月,严选正式上线,半年内便实现3000万注册用户和6000万元月销售额的成绩。2023年全年,网易严选销售稳步提升,"双11"期间多渠道销售额破亿元,严选Pro会员收入同比增长57%。

1. 外部环境

从市场需求来看,国内宏观经济放缓和住房等大宗消费的挤出效应,使得中产消费者的购物决策由炫耀性奢侈品消费向理性与冷静回归,更加注重产品的性价比;同时随着华为等一系列本土企业的崛起,消费者对国产品牌的认知度持续攀升,原创、品质和体验成为未来推动消费增长的新动能。

从供给结构来看,中国制造业正从低端劳动密集型的代工生产向自主知识产权、智能化作业的智造工厂转型,外贸订单的持续收缩激化了国内代工市场的竞争。在这样的背景下,头部制造商将优质产能向本土品牌释放,由单纯代工转向培育独立的工业设计能力,发力拓宽品种、提升品质乃至于树立品牌。

2. 价值主张

在消费者一侧,网易严选以"好的生活,没那么贵"作为平台宣言,核心服务对象为年龄在25~35岁,身处一、二线城市的学生与白领消费群体。这类客群通常具备稳定的收入来源和较高的消费水平,注重生活仪式感与自我价值实现。

在供应商一侧,网易严选也通过ODM模式为合作厂家创造利好,一方面给制造商分配更高的毛利;另一方面加速代工企业存货周转,降低下游占用货款风险。此外,严选还能汇集用户消费反馈,反向介入产品研发,向供应商提供生产工艺方面的深度辅导。

3. 关键业务

在选品/选商环节,严选启动之初试水家居家纺产品,成功打开市场后转而采用品类拓展策略,以单周60~100款小批量上新的速度,打造多种组合的商品布局,并利用赛马机制进行优胜劣汰。随着口碑发酵,严选开始发力原创设计,逐步改变前期单方面依赖制造商输出工艺的局面。在高频上新(新产品入市)的同时,严选还通过组建百人规模的专业品控团队和开展外检合作,严抓产品质量。另外,严选也充分重视客户的选品意见,开展甄选家活动推动产品组合的优化升级。

在平台建设环节,设计团队精选App用户交互界面的字体、配图、色系等元素组合,打造独特的美学范式和品牌辨识度;同时注重流量入口建设,在线上已入驻考拉、淘宝、京东、拼多多等多家主流电商平台,线下也与亚朵、万科、携程等企业大量跨界合作,开拓多场景的获客通道,实现线上、线下一体化融合。

在营销推广环节,严选初期通过"大牌同厂、好物低价"系列海报快速扩大品牌影响力,并借助"三件生活美学"等打破常规的策划巧思,撬动口碑传播。严选还综合运用各类价格促销工具,以及建立"严究员"和"发现生活小组"等多种形式的社群组织,延长单个用户的生命周期。

在仓储物流环节,严选自建多中心大区仓库,同时坚持与顺丰和京东等国内一流配送效率与服务品质的公司开展合作,优化订单配送路径;为提高单笔订单金额,运营团队会在购物车界面提供精细化的凑单列表;另外,严选在快递包装上别具匠心地融入创意设计,不定期推出定制款外包,为用户收货开箱环节创造惊喜体验。

在售后服务环节,严选自创立之初即实行30天无理由退换货与48小时退款到账的政策,且退货商品不再上架重复售卖,留给用户充分的产品体验与交易决策时间,而电商行业通行的退换货周期仅有7天。2017年10月,严选开放了部分地区顺丰上门取件的售后服务,进一步增强用户退换货品的便捷性。此外,严选还推行产品七天保价政策,确保用户近期订单不受到促销活动影响。

4. 盈利模式

根据网易2023年一季度数据,网易严选各渠道销售稳步增长,网易严选抖快、淘系、京东、综合等各渠道销售额同比增长分别为94%、41%、29%、73%。网易严选宠物、家清、办公家具等品类优势持续凸显,站稳品类头部,霸占多渠道销售榜单。与此同时,根据网易2023年财报数据,总营收1 035亿元,网易创新及其他业务年营收86亿元,得益于网易严选毛利率的提升,创新板块单季毛利率同环比双增至34.4%。这反映出电商已成为游戏业务之外拉动网易业绩的重要力量。从收入结构来看,严选营收主要由产品销售收入和会员订阅费两大部分构成,以前者为主。由于向供应商与消费者让利的定价政策、仓储物流等供应链资源的整合及线下业态合作方面的持续投入,电商板块的毛利则始终维持在10%左右的较低水平,仍需要依赖现金流充沛的游戏业务持续向电商板块输血。

5. 核心资源

在资金支持方面,网易作为以游戏为主营业务的公司,能提供充沛的现金流支持严选发展。基于雄厚的资金实力,严选创立之初就设立低毛利的定价策略以阻止小体量竞争对手的跟进，并设立专项资金为供应商提供优惠的商务合作政策。

在品牌背书方面，"网易出品，必属精品"产品口碑及网易创始人丁磊"科技界头号生活家"的个人品牌均给严选带来了市场曝光。此外，网易邮箱、云音乐等平台在严选起步阶段给予其重要的流量支持，为培育种子用户，助推平台冷启动发挥了关键作用。

在数据能力方面，严选依靠网易公司的数据挖掘能力获取消费者洞察、优化供应商管理及推动产品工艺的改进，不断切细运营颗粒度。例如在品控方面，技术团队可根据后台的评论监控体系自动抓取用户差评，构建产品的缺陷分析机制，快速诊断和记录订单异常原因，并自动生成相关报告，便于商务开发和质量检测团队的同事能够及时与供应商沟通，通力合作提升良品率。

总体而言，网易严选的商业模式如图 12.2 所示。

网易严选定位于服务具备理性消费观念和高级审美追求的年轻城市中产，抓住了家居百货产品低价低品质和高价高品质之间的市场空白。严选团队基于网易公司雄厚的资金实力，通过 ODM 模式反向整合供应链产能，创造出网易严选品牌，将精细化选品设计、创意性营销推广与高品质网购服务相结合，为消费者提供高性价比的网购体验，为供应商提供了高毛利水平等经济价值，成为业内有口皆碑的品质生活电商先行者。

12.3.2 拼多多

拼多多由黄峥于 2015 年 9 月在上海创立，是基于微信生态的社交电商，以低价拼团的模式切入尚未熟悉网络购物的下沉用户蓝海市场。创始人黄峥的职业生涯始于早期谷歌，此后在电商、游戏等领域独立创业，2015 年陆续孵化拼好货、拼多多和拼小站 3 家公司。2016 年 9 月，拼好货与拼多多完成合并。2018 年 7 月，拼多多在纳斯达克上市，成立 34 个月就上市在当时也打破了中国企业登陆国际资本市场的最快纪录。

1. 外部环境

从市场需求来看，随着以红米为代表的低价移动终端普及，大量中低端消费人群触网，由于此前信息不对称、物流交通不畅等因素，他们无法享受电子商务的红利，但他们本身具有通过网购改善生活质量的强烈需求，逐步催生出三线及以下城市的网购利基市场。

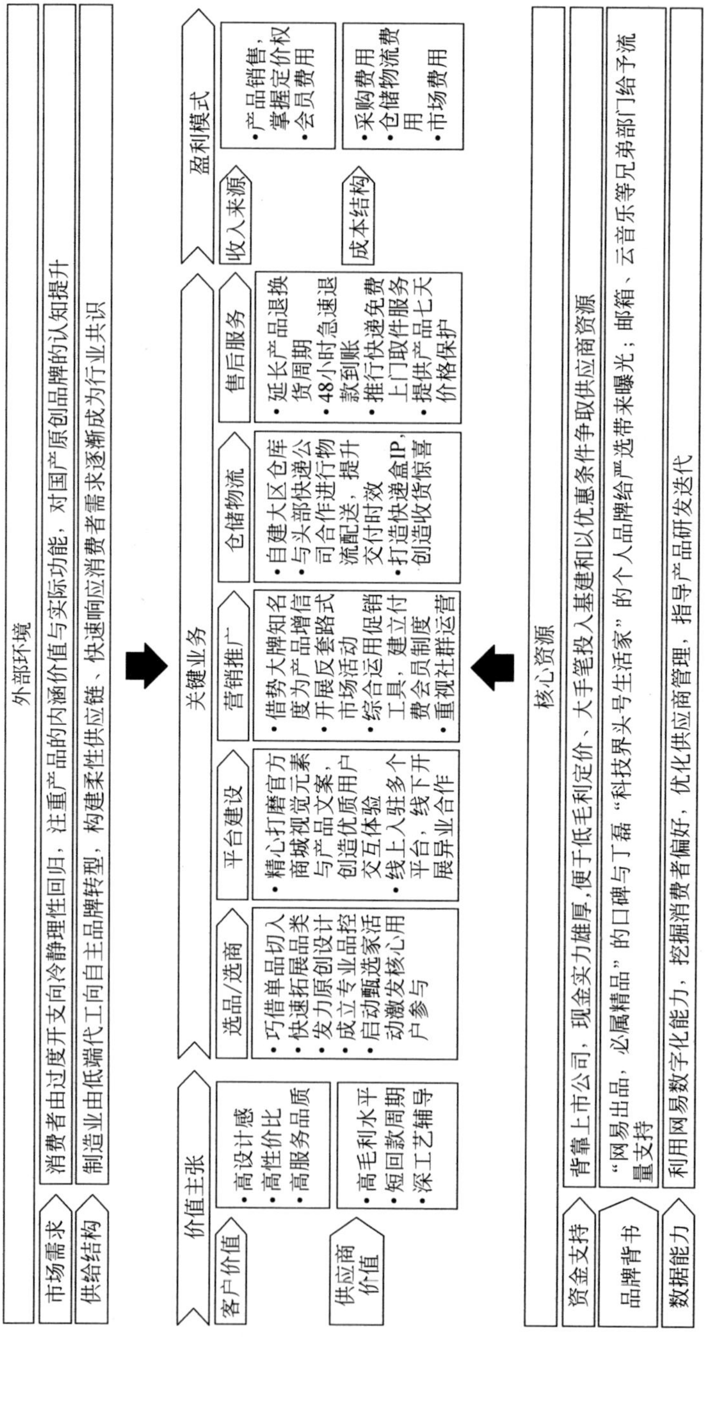

图 12.2 网易严选的商业模式

从供给结构来看,主流零售电商的升级换代,使得国内庞大的仿制性低端产能逐步失去了释放的空间。以淘宝为例,2008年专营大品牌的淘宝商城上线,开始将流量资源向头部品牌倾斜,随着2016年低端团购业务聚划算被划归到天猫旗下,市场需要有新的平台来承接大量从淘宝外溢的中小商家。同时,头部电商公司的业务下沉,推动农村仓配物流不断完善,为服务消费者网购需求奠定了基础。

2. 价值主张

在消费者一侧,拼多多以"多实惠、多乐趣"作为平台宣言,瞄准三线及以下城市的低端消费人群,他们对商品价格高度敏感,但对产品质量与配送速度没有过多要求,拥有大量闲暇并乐于通过娱乐小游戏消磨时间。

在供应商一侧,拼多多通过免入驻费、免交易佣金等优惠条件招商入驻,降低中长尾商户开店成本,减轻业务启动的经济负担。此外,简化商铺运营的操作流程,降低了用户的心智学习成本。另外,也借助社交拼团的方式给中小商户带来了无限的货架空间和去中心化的流量支持。

3. 关键业务

在选品/选商环节,拼多多围绕家居百货和食品等普适性强、复购率高的核心类目开展运营,将线下小商品市场转移到线上,同时在招商时采用价格导向的扶持逻辑,在承接淘宝中低端卖家之外,也从折800、卷皮等折扣网站招商入驻,允诺给予开屏页、商城主页等广告位支持,但要求商户主营跑量爆款。2018年拼多多上市后开始推动全平台品牌升级,一方面吸纳知名品牌入驻;另一方面积极启动新品牌计划,孵化国产品牌。拼多多还持续深化在农业C2M(顾客对工厂)领域的布局,自2016年起推出爱心助农项目,借助预售模式以销定产。

在平台建设方面,拼多多简化开店审核流程,为新手店家创造友好的经营环境,同时也精简购物交易环节,吸引对网购操作不熟悉的下沉用户与高龄客群。在运营思路上,拼多多团队设置了多样化的游戏玩法,通过拼团、砍价等社交裂变机制来完成用户资源的原始积累。

在营销推广方面,2016年底注册用户破亿后,拼多多开始密集地进行品牌推广。比如,线上植入或冠名各类影视剧集及17部综艺,通过病毒式扩散在短时间内树立公众的品牌认知;线下在一、二线城市人流密集的商圈铺设广告,进一步扩大品牌在高价值人群中的曝光。此外,拼多多会每日多次向用户推送优惠信息,利用低价作为核心促销工具来吸引价格敏感性高的用户。

在仓储物流方面,创始人黄峥曾多次明确表示不会自建物流配送体系,由商家自行联系合作快递完成揽件发货,但拼多多会通过管控商家来间接影响物流公司。随着平台订单量快速增长至国内快递业 1/5 的份额,拼多多也开始通过与国美旗下的安迅合作来整合物流,并推出自研电子面单以解决虚假发货等问题。

在售后服务方面,拼多多要求商家保证 7 天无理由退换货,一般由买家承担运费,而商家则可通过承诺支付退货邮费和急速退款到账等优惠条件吸引消费者。用户退换货的需求直接与商家对接,如遇纠纷,则可申请拼多多客服介入。

4. 盈利模式

从收入规模来看,拼多多 2023 年营收为 2 476.39 亿元,较上年同期的 1 305.58 亿元增长 90%;净利润为 600.27 亿元,同比增长 90.33%。从收入业务结构来看,广告(在线营销服务)Q4(第四季度)收入为 486.76 亿元,同比增长 57.19%;交易佣金收入为 402.05 亿元,同比大幅增长 357.05%,交易佣金主要包括多多买菜佣金收入、部分百亿元补贴的佣金及海外电商 Temu 收入。从成本来看,2023 年拼多多各项费用率同比都降幅较大,其中销售费用率为 29.97%,同比降 32.7%;管理费用率为 2.14%,同比降 47.98%;研发费用率为 3.22%,同比降 46.68%。相较于阿里巴巴、京东,拼多多营业成本在总营收中的占比保持最低。

5. 核心资源

在资金支持方面,拼多多创立早期得到了网易丁磊、步步高段永平、顺丰王卫等支持,上市前共通过 4 轮一级市场融资,吸纳约 17 亿美元;2018 年 7 月 IPO(首次公开募股)募集 16 亿美元,成为当年赴美上市融资金额第二的中国公司。上市之后,拼多多在 2019—2020 年总融资金额为 85.1 亿美元。

在品牌背书方面,拼多多于 2015—2016 年的早期冷启动阶段保持了相对独立的发展,2017 年 C 轮融资中引入腾讯担任机构股东,双方逐步在支付解决方案、企业云服务等多领域开展业务合作。

在数据能力方面,创始人黄峥的技术背景为平台注入了数据驱动的创始基因,注重平台数据分析与机器学习等技术的积累,如利用山寨关键词延拓、联想屏蔽、图文识别等技术展开打假,维护平台商业声誉。

拼多多商业模式如图 12.3 所示。

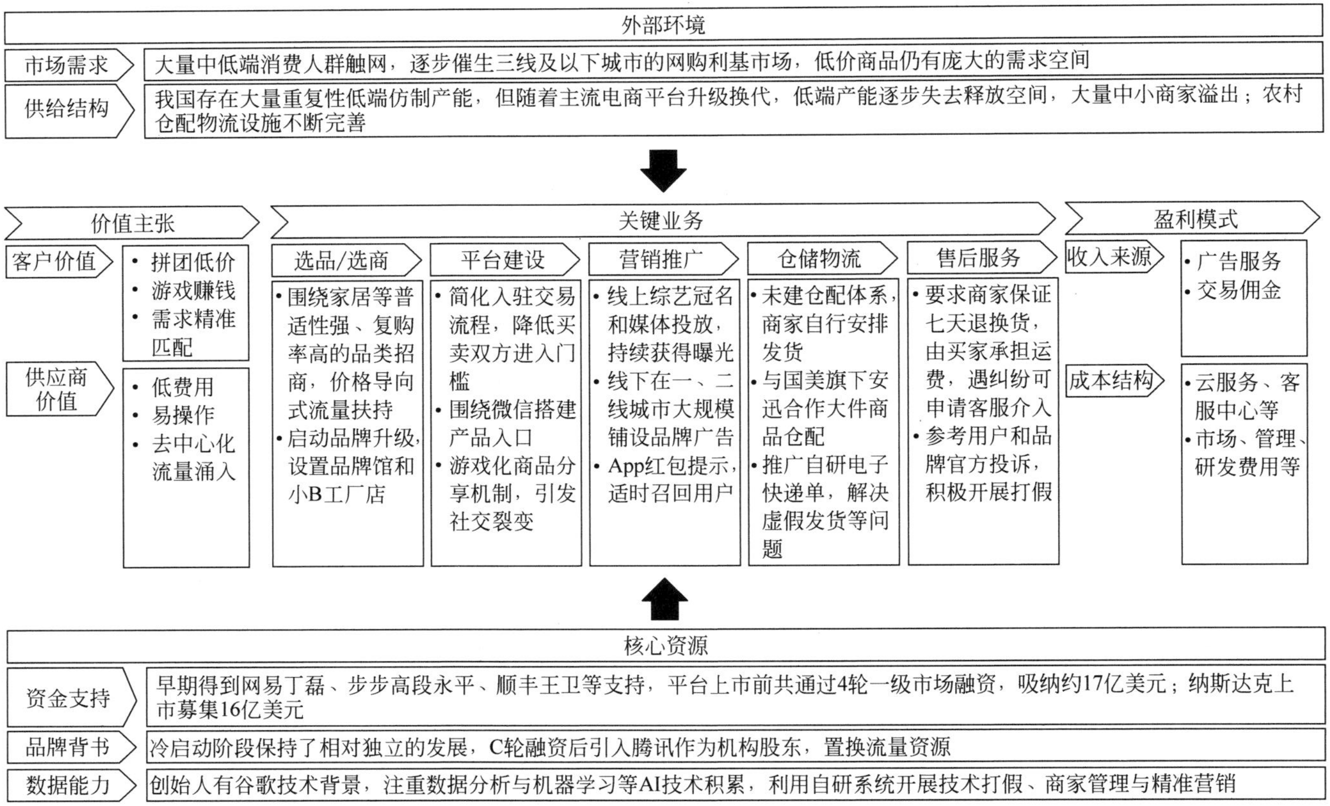

外部环境

- **市场需求**：大量中低端消费人群触网，逐步催生三线及以下城市的网购基础市场，低价商品仍有庞大的需求空间
- **供给结构**：我国存在大量重复性低端仿制产能，低端产能逐步失去升级换代，大量中小商家溢出；农村仓配物流设施不断完善

关键业务

价值主张

- **客户价值**：拼团低价、游戏赚钱、需求精准匹配
- **供应商价值**：低费用、易操作、去中心化、流量涌入

选品/选商
围绕家居等普适性强、复购率高的品类招商，价格导向式流量扶持，启动品牌升级设置品牌馆和小B工厂店

平台建设
简化人驻交易流程，降低买卖双方进入门槛，围绕微信搭建产品入口，游戏化商品分享机制，引发社交裂变

营销推广
线上综艺冠名和媒体投放，持续获得曝光，线下在一、二线城市大规模铺设品牌广告，App红包提示，适时召回用户

仓储物流
未建仓配体系，商家自行安排发货，与迅合美旗下安迅合作大规模商品仓配，推广自研电子快递单，解决虚假发货等问题

售后服务
要求商家保证七天退换货，由买家承担运费，遇纠纷可申请客服介入，参考用户投诉，品牌官方打假，积极开展技术打假

盈利模式

- **收入来源**：广告服务、交易佣金
- **成本结构**：云服务、客服中心等、市场、管理、研发费用等

核心资源

- **资金支持**：早期得到网易丁磊、步步高段永平、顺丰王卫等支持，平台上市前共通过4轮一级市场融资，吸纳约17亿美元；纳斯达克上市募集16亿美元
- **品牌背书**：冷启动阶段保持了相对独立的发展，C轮融资后引入腾讯作为机构股东，置换流量资源
- **数据能力**：创始人有谷歌背景，注重数据分析与机器学习等AI技术积累，利用自研系统开展技术打假、商家管理与精准营销

图12.3 拼多多商业模式

拼多多精准切入了低价智能机普及、通信网络建设和物流仓配进村而催生出的下沉市场,利用从淘宝等传统电商平台外溢的中低端产能,服务三线城市以下中低层收入客群的网购需求。创始团队敏锐地抓住目标客群对价格的高度敏感性和没有朋友圈社交形象包袱、热衷于占便宜的特征,通过在微信这一巨大流量池里构建游戏化的交互机制,借助人以群分的社交网络中用户从众、爱面子等消费心理,以超低价格的高频易耗品作为获客爆款,成功激发出大量非目的性的购物需求。而大量零散需求的汇集产生强大的规模效应,吸引小商家以薄利多销的经营思路进一步降价让利。

12.3.3 对比分析

对上述两家代表性新兴零售电商平台商业模式的分析,有助于为电商行业从业人员及潜在进入者提出合理的经营管理建议。

在通用层面上,从业者必须提升对外部供需环境变化的敏锐程度,并不断强化企业的核心资源能力。在外部环境方面,电商从业者需要密切关注目标客群的人口结构、收入水平、信息传播等需求侧动态发展,同时也要顺应产业结构调整方向,捕捉社会基建红利。在资源能力方面,电商从业者需要修炼内功,在经济新常态的现状下强化造血能力,保证平台在重点投入环节有充足的营运资金储备;同时也需要不断强化数字化基础,积极拥抱新技术来助力产品开发、优化交互流程、管控业务风险,并借助对消费者数字资产的合规挖掘,延长用户生命周期。

此外,在价值链具体业务层面上,不同分类维度下的零售电商也应采取相适应的运作模式,具体如下。

自营 B2C 电商可从某一细分领域切入高价值用户群体,通过强化选品开发能力,与头部供应商开展深度合作,持续向用户输出优质的 SKU(最小存货单位)。同时由于平台掌握中心化的控货能力,持续开拓线下交易场景,拓展潜在消费触点,建设付费会员制度,最终提升核心用户的忠诚度。此外,自营 B2C 电商还可通过优质的仓配与售后服务,实现与一般综合电商的差异化,从而留存高端用户。

C2C 电商更适用于轻资产的运营模式,通过降低用户进入门槛,广泛聚合具备零散交易需求的买卖双方,以精准的交易匹配为"长尾用户"创造价值。随着运营数据的积累,平台可逐步聚焦于交易量大、盈利前景好的品类,通过汇集规模化需求或提供精细化服务,更好地满足买家诉求,从而获取交易佣金或广告等增值服务费用。

结语

本章在国内外有关商业模式、价值链、双边平台和零售电商相关学术理论与研究成果的基础上,从多案例视角分析近期中国本土零售业态的创新商业模式,归纳总结新兴零售电商平台的关键因素,并从实践角度为零售从业者的经营管理活动提供一定的经验参考与战略指引。

第13章

数字化驱动加速企业国际化进程

在全球市场数字化转型的大背景下，许多中国企业为应对国内市场竞争加剧，开始进军跨境电商领域，寻求更广阔的市场和更多的机会。然而，由于文化差异、市场环境的多样性及运营策略的不适应，这些企业中的许多并未能在国际市场上取得预期成效，部分甚至遭遇失败。在这种复杂情境下，SHEIN凭借其数字化平台，以及广泛的产品线、高效的物流系统和个性化的消费体验，成功进入全球市场，并在激烈的竞争中脱颖而出，迅速成长为全球年轻人关注的快时尚品牌。

SHEIN成立于2008年。公司最初就将数字化技术应用于产品设计和生产，随后建立了数字化供应链体系和管理系统。2019年，SHEIN又进一步优化了其组织架构，构建了围绕业务线的扁平化组织。借助IT框架和大数据分析，SHEIN构筑了一个全面的数字化生态系统。这种深度的数字化转型不仅提高了其运营效率，而且在文化多样性和市场需求快速变化的国际环境中显示出适应性和灵活性。2022年，SHEIN的用户数量达到1.5亿，覆盖了超150个国家和地区。市场分析机构data.ai发布的《2024移动市场报告》数据显示，2023年，SHEIN再度斩获全球购物类App下载量冠军，超越分别位于第二位、第三位和第九位的Temu、Amazon、AliExpress。截至2022年，SHEIN的营收达到227亿美元。在这一发展过程中，SHEIN如何通过数字化战略，有效地实现了快速国际化，并成功应对了市场的复杂性和多变性呢？

13.1　SHEIN 的国际化发展阶段

国际化过程理论认为,企业国际化的发展过程呈渐进式线性发展规律,即先在国内积累资源和经验,然后渐渐扩展到心理距离近的国际市场,最终到心理距离远的市场。相对于渐进式模式,天生国际化企业遵循的是跳跃式模式,即在刚成立或成立不久就进入全球市场,不局限于心理距离和地理距离,甚至同时进入多个海外市场,通过抓住市场机会和竞争要素快速获取国际竞争优势。这类企业通常具有国际化的管理者、强大的关系网络和快速学习能力。尽管学界尚未形成统一的量化标准,但一般认为这些天生国际化企业往往是中小型企业,且在成立初期就有相当比例的出口业务。

SHEIN 不走寻常路,背靠中国稳定的供应链基础,从成立开始就瞄准海外业务,具有天生国际化企业的特征。在激烈的海外市场竞争中,SHEIN 通过国际化经营快速成长为大型企业,不仅打破了传统以中小企业为对象的天生国际化企业发展模式,而且国际化业务范围和品牌知名度等都实现了高效增长。纵观 SHEIN 的国际化过程,数字化管理和应用一直扮演着重要角色。十几年来,SHEIN 通过不断提升数字化技术水平和管理水平,协调和优化供应链、销售渠道、市场推广等方面的运营,为不同国家和地区的顾客提供个性化的服务。

本章基于 SHEIN 的国际化战略变化关键节点,结合国际化阶段相关理论和阶段划分原则与方法,从国际化业务规模和数字化管理水平两个维度,将 SHEIN 国际化成长过程划分为初始布局阶段(2008—2013 年)、积累提效阶段(2014—2019 年)和爆发增长阶段(2020 年至今)。其中,业务水平主要以用户注册人数、GMV 为参照标准,企业数字化水平主要通过 SHEIN 的数字化技术、数字化管理和数字化平台来体现。无论是业务水平还是数字化水平,SHEIN 在三个阶段都有明显的区分和表现,如图 13.1 和表 13.1 所示。

214 ◆ 中国企业的数字化营销重构

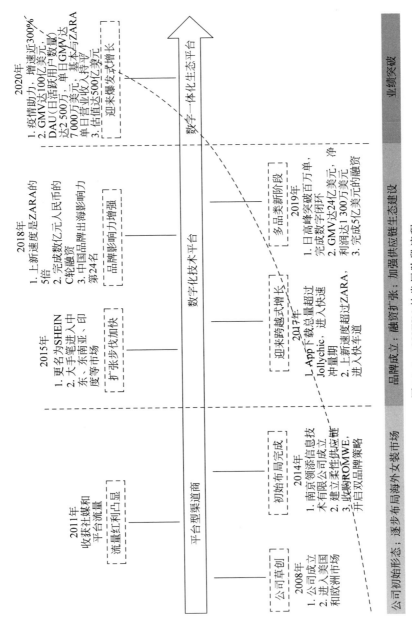

图 13.1 SHEIN 的发展阶段流程

表 13.1　SHEIN 的国际化发展阶段

阶段名称	初始布局阶段 （2008—2013 年）	积累提效阶段 （2014—2019 年）	爆发增长阶段 （2020 年至今）
战略动态	2012 年以前（业务起点）：原线上外贸公司 SEO（搜索引擎优化），创立南京点唯信息技术有限公司，开展跨境婚纱业务 2012 年（战略转变）：公司放弃跨境婚纱业务，收购域名 SHEINside.com，开始跨境女装业务；成立 SHEINside 独立站	2014 年（品牌成立）：与第三方平台网红合作、建立供应链中心、搭建仓储系统、注册用户达 1 000 万 2015 年（融资扩张）：将广州供应链中心搬到番禺；布局中东，开放小语种市场 2016 年（进入中东）：中东市场实现销售额 2 亿元，全球销售额破 10 亿元 2017 年（供应链整合）：整合了以番禺为中心的供应商，2017 年开始出现年收入在 2 000 万元左右的供应商；实现数字化供应链管理 2019 年（营收破百亿元）：连续 5 年收入每年增长 100%；全球活跃用户数超 2 000 万；搭建扁平化组织框架	2020 年：经营利润率 8%、EBIT（息税前利润）利润率 6%、收入每年增长（同比）308% 2021 年：推出美妆独立站 SHEGLAM；推出 MOTF Premium 系列
国家（地区）布局	2012 年以前：西班牙站点 2012 年：法国站点 2013 年：俄罗斯站点、德国站点	2014 年：意大利站点 2015 年：阿拉伯、澳大利亚、中东、印度站点 2016 年：正式进入中东 2017 年：业务覆盖 224 个国家和地区	2023 年：第三方平台模式先后在巴西、美国、墨西哥站点上线；将继续在波兰、德国、西班牙、法国、意大利推出

续表

阶段名称		初始布局阶段 （2008—2013 年）	积累提效阶段 （2014—2019 年）	爆发增长阶段 （2020 年至今）
业务水平	注册用户数	—	2017 年 280 万人 2018 年 480 万人 2019 年 560 万人	2020 年 1 550 万人 2021 年 4 370 万人 2022 年 7 470 万人
	销售额	—	2016 年 6.1 亿美元 2017 年 15.5 亿美元 2018 年 19.9 亿美元 2019 年 31.5 亿美元	2020 年 98.1 亿美元 2021 年 157 亿美元 2022 年 227 亿美元
数字化水平		初始级 以数字化技术的运用为主	流程级 数字化管理赋能关键业务	生态级 数字化链接赋能和全过程管理

13.1.1　初始布局阶段（2008—2013 年）——平台型渠道商

平台型渠道商是指通过线上平台将供应商和消费者有效连接，为买家提供多个卖家的选择，而为卖家提供更广泛的买家接触。平台不直接参与商品的生产或销售，而是提供交易的场所和服务，可能通过交易中的佣金或服务费获取收入。SHEIN 在其初始阶段展现了平台型渠道商的初步形态。SHEIN 的创始人许仰天早期就认识到了中国供应链的优势，利用跨境电商模式，通过在线平台销售婚纱，连接中国的供应商与海外的消费者。随着业务的拓展，SHEIN 发现了女装在发达国家的广泛市场前景，并开始转向女装市场。初始阶段，SHEIN 主要从广州的服装批发市场采购商品，随后通过代加工和"厂商直送"（drop shipping）的模式，直接将商品销售给国际顾客，实现了较低的运营成本。2011 年，SHEIN 注册了自己的独立网站 SHEINside.com，作为其主要的销售平台，同时也利用其他社交媒体平台进行产品的推广和营销。SHEIN 在初始布局阶段，通过平台型渠道商发展模式，成功实现了业务增长。

SHEIN 的快速崛起得益于创始人和管理团队丰富的跨境电商运营经验和国际化视野。创始人许仰天及其团队具有深厚的市场洞察能力，能够准确把握国际市场的消费趋势和需求。通过与行业巨头 ZARA 等的策略对标，SHEIN 精准地锁定了欧美市场和 Z 时代（指 1995 年至 2009 年出生的一代人）的消费群体，为公司的国际化战略提供了明确的方向。在最初的战略探索中，SHEIN 积极学习并借鉴了国际知名品牌的成功经验和市场运作模式。特别是对于目标市场的选择和客户定位，SHEIN 通过深入研究和分析，明确了以电商体系较为成熟的欧美市场为首要目标市场，瞄准了 Z 时代的年轻消费人群。这种精准的市场定位不仅为 SHEIN 的产品设计和营销策略提供了清晰的指导，也为公司的持续增长和市场拓展奠定了坚实的基础。

在营销推广方面，SHEIN 早早地认识到了社交媒体平台的推广价值，并积极布局了 Facebook 和 Instagram 等平台。通过与多层次的网红和意见领袖合作，SHEIN 构建了一个庞大的线上推广体系，实现了流量—曝光—转化的有机循环，有效提升了品牌的在线可见度和市场认知度。此外，SHEIN 也运用数据爬取和图片优化等数字化手段，提升了产品页面的点击率和用户体验，从而撬动了更多流量，推动了公司快速发展。这种数字化的营销推广策略不仅降低了营销推广成本，也增强了营销活动的效果和提升了投资回报率(ROI)。

通过运用数字化技术分析时尚趋势，SHEIN 能够快速迭代产品，使其始终保持在时尚前沿，满足目标消费者群体的需求。具体来说，通过运用爬虫技术和 Google Trends Finder 等工具，SHEIN 准确捕捉到欧美等成熟电商市场的时尚需求趋势，并将这些数据洞见传递给设计师，以指导产品的开发和加工生产。这种数据驱动的设计策略不仅大大缩短了产品开发周期，也确保了产品设计的市场敏感性和消费者的需求契合度。

虽然在数字化技术应用方面，SHEIN 在初始阶段可能还处于初级水平，但通过这种合适、有效的数字化策略，SHEIN 成功地利用数字化技术为其快速崛起铺平了道路，为 SHEIN 在初始布局阶段的快速崛起提供了重要的支持，也为其后续的持续增长和市场拓展奠定了坚实的基础。2013 年底，SHEIN 的总毛利润已经达到 6 300 万美元，明显展现了数字化技术在推动公司快速发展中的关键作用。

13.1.2　积累提效阶段(2014—2019 年)——数字化技术平台

随着业务的不断扩大，SHEIN 发现原来依赖于外部供应商和"厂商直送"的模式已不能满足其日益增长的订单需求，因此自 2014 年起开始构建自己的极致柔性的供应链并采用小单快返模式以实现快速增长。同年，SHEIN 还设立了美洲和欧洲的仓储，并上线了 App 和新域名，标志着品牌化的正式启动。2015 年，SHEIN 进一步拓展至中东和其他新市场，而到 2016 年，其全球销量已达到 16.2 亿元人民币，其中中东市场的销量为 2 亿元。2017 年，SHEIN

的业务覆盖至全球 224 个国家和地区，收入比 2016 年翻了一番。2018 年，SHEIN 的 App 成为下载量最高的十大中国跨境出海电商 App 之一，当年收入破百亿元。2019 年"黑五"，SHEIN 日销量突破 476 万件，交易额达 200 亿元。在数字化方面，SHEIN 通过实现供应链一体化和信息流畅通，借助智能化 MES（生产执行系统）和仓储数字化手段，显著提升了发货速度和库存管理效率，进一步推动了业务和销量的增长。SHEIN 在"积累提效阶段"通过构建和优化自身供应链、拓展新市场及实施数字化技术，从而实现了业务的快速增长和效率的显著提升，并且实现了从一个平台渠道商向专业数字化技术平台的转变。

一方面，SHEIN 开始采取多维策略打造自身核心优势以提升其国际竞争力。首先，SHEIN 加速全球布局，针对不同市场实施差异化和本土化策略，如通过为中东市场设计特色产品和优化支付方式来满足当地消费者的需求。其次，SHEIN 强化了与 KOC、KOL 和其他利益相关方的链接交互，从而更好地利用外部资源和能力，同时通过数字化退货政策优化客户体验，进一步扩大了品牌的市场影响力、提升了消费者满意度。同时，SHEIN 对独立站、供应链和流量这三大战略资源进行了强化管理，利用数字化技术和数据分析技术来提升运营效率与客户黏性。尤其在供应链效率方面，SHEIN 通过实现从设计到配送的全流程高效运作，表现出超过 ZARA 的优势（图 13.2），不仅缩短了产品上市时间，也降低了运营成本，为其在全球范围内的快速扩张和市场份额获取提供了有力的支持。这些多维策略的综合运用，不仅进一步强化了 SHEIN 在供应链管理、社交媒体利用和本土化运营方面的核心优势，也为其在激烈的国际竞争环境中持续增长奠定了坚实的基础。

另一方面，SHEIN 通过数字化管理和智能决策战略为 SHEIN 核心竞争力的积累与强化提供了数字化支撑。首先，通过对公司的供应链和物流方面进行数字化改造，SHEIN 系统强化了生产、库存和物流管理的各个环节，缩短了从产品设计到消费者手中的整个周期。具体来说，数字化的仓储物流系统通过自动化技术和数据分析，显著提高了存储、分拣和配送的效率，降低了运营成本，同时也加快了商品的交货速度。其次，在组织管理上，SHEIN 构建了数字化智能决策系统，利用大数据和人工智能算法，实现了组织架构、人力资源和业务流程的动态优化。这不仅提高了企业运营的高效与灵活，同时也提升了响应市场变化的速度，使 SHEIN 更快地适应市场需求和变化，保持了其在激烈竞争的市场环境中的领先地位。通过这些数字化战略，SHEIN 不仅降低了运营成本、提高了效率，还加强了与客户、供应商及其他利益相关方的联

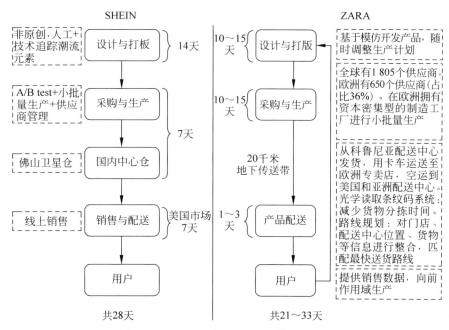

图 13.2 SHEIN 与 ZARA 的供应链对比

资料来源：Bloomberg，Wind，公司公告，《纺织服装周刊》，跨境眼。

动，进一步巩固了其在全球市场的竞争地位。在这一阶段，SHEIN 实现了数字化和智能化技术的广泛应用与全面的数字化转型及智能化升级，从平台渠道商变成数字化技术平台。

13.1.3 爆发增长阶段(2020 年至今)——数字一体化生态平台

自 2020 年起，SHEIN 拓宽产品与品牌类目，通过品牌与品类的进一步升级和平台的扩张与转型，同时着重强化消费者服务体验，借着海外网红经济的风口横空崛起，靠着低廉的价格优势在海外掀起了一波消费狂潮。从中泰证券《品牌出海系列深度·SHEIN 篇》公布的数据来看，SHEIN 在 2020 年全球疫情的助推下，线上销售增量暴涨，销售额达 653 亿元、App 下载量超 1 亿、活跃用户超 2 000 万人。根据 App Annie 提供的数据，2021 年 5 月，SHEIN 在北美 iOS(iPhone 操作系统)购物应用下载量中首次超越亚马逊，成为下载量最高的购物 App，2021 年全年下载量达到 3 200 万次，仅次于亚马逊的 4 000 万次。同时，SHEIN 在超过 60 个国家的购物 App 排行中均位于前五。这表明 SHEIN 从一家普通电商企业转变为全球最受欢迎的在线购物 App 之一。此外，据 Bloomberg 报道，2022 年 4 月，完成新一轮融资的中国快时尚巨头 SHEIN 估值已经突破 1 000 亿美元，超过了 H&M 和 ZARA 的总和，并成为仅次于字节跳动（1 400 亿美元）和 SpaceX（1 003 亿美元）的全球第三大独角兽公司。在 2023 年 9 月发布的《2023 全球独角兽企业 500 强发展报告》中，SHEIN 排名高居第四，并成功跻身中国独角兽企业的前三名。

首先，SHEIN 成功地将其超值性价比的策略延伸至鞋履、宠物、美妆、内衣等多个领域，通过不断扩充商品类别，覆盖了男性、女性及儿童三大用户人群市场，进而衍生出美妆、家居、宠物等相关的产品线。这一战略最终使 SHEIN 发展成为一个全品类、满足所有用户人群购物需求的一站式跨境电商平台。另外，自 2020 年起，SHEIN 通过推出多品牌策略开始区隔中高端市场，首先推出了 SHEIN Premium 系列，后更名为 MOTF，并将其定位为独立的子品牌。通过利用其供应链优势，SHEIN 拓展了多个子品牌，完成了向品牌化的扩张，与其他 DTC（direct to consumer，直接触达消费者）消费品牌展开竞争。基于此，SHEIN 投资打造了属于自己的高质量设计师队伍，以妥善解决设计方面的问题，并保持稳定的高设计水准，从而进一步提升了品牌形象。此外，为了进一步扩张业务并提升市场竞争力，SHEIN 不仅构建了二手电商平台，而且尝试将其独立站转型为第三方电商平台。通过向其他品牌开放自己的独立站，允许它们在 SHEIN 平台上销售商品，并提供物流运输支持，SHEIN 进一步推动了平台化的战略发展。

其次，SHEIN 在品牌营销的过程中，逐渐将焦点转向消费者的体验需求。为此，公司成立了专门的客服部门，统一汇总并输出与客户体验相关的信息，以推进对客户体验的持续改善。通过采取多种手段与消费者实现交互和交融，SHEIN 在用户体验方面取得了显著的效益。为了让消费者更直观地感受产品，SHEIN 尝试在全球多个市场开设长期的线下实体店，旨在满足消费者的试穿体验需求，并为他们提供打卡空间。然而，SHEIN 也面临一系列风险和动荡的管理挑战，如全球疫情的影响、贸易战管制及环保投诉等。针对这些挑战，SHEIN 采取了一系列应对措施，如加强在线电商平台和社交媒体互动，进一步强化供应链的数字化管理，利用大数据分析提高市场响应速度，同时在线上平台公开环保措施来提升透明度和消费者信任。此外，SHEIN 还采用多元化的支付和物流方案，以及 AI 客服系统，以保证业务的灵活性和客户满意度，确保在各种外部风险下稳定运营。这些做法不仅帮助 SHEIN 应对了外部的风险和挑战，还进一步加强了与消费者的互动，为提升消费者体验和品牌忠诚度提供了有力支持。通过综合运用线上线下互动、客服管理和风险应对策略，SHEIN 成功地建立了一个以消费者体验为核心的品牌营销体系，进一步巩固了其在全球市场的竞争地位。

再次，SHEIN 着手构建数字化生态系统，从一个数字技术平台跃升为数字一体化生态平台。自 2020 年构建围绕业务线的扁平化组织框架、通过 IT 框架和大数据分析支撑起整个数字化生态之后，SHEIN 逐步实现了 IT 研发中心、数字智能中心、商品中心和供应链中心的紧密协作与环环相扣。通过对组织架构进行了调整，研发数字化办公平台，并大力营造以结果为导向的组织运营环境，以实现数字化生态的智能化。在这一阶段，SHEIN 通过全面实现与消费者和供应商等生态合作伙伴的连接和赋能，实现了数字新业务和绿色可持续发展等价值效益目标，达到了支持价值共创的数字化生态级水平。这表明 SHEIN 已经从一个基于数字技术的平台，成功转型为一个数字生态一体化平台，其中不仅包括数字化的技术和解决方案，还包括一个完整的、与外部环境相连接的、能够实现多方共赢的数字化生态系统。这种转型为 SHEIN 在全球市场的快速发展和持续竞争提供了强有力的支撑。

SHEIN 的国际化进程与其数字化发展紧密相连，是其数字化战略的直接体现，显示了公司在全球市场扩张中的灵活性和创新能力。在初始布局阶段，SHEIN 作为平台型渠道商，以数字化初创企业的身份开始其国际化征程。公司主要通过数字营销和社交媒体策略来建立其在全球市场的存在感。这包括利用各种在线广告平台、社交媒体影响者及搜索引擎优化策略来扩大其国际客户基础。在这一时期，SHEIN 的重点在于建立品牌认知度和初步渗透在线市场。在积累提效阶段，随着业务的成熟和市场的扩展，SHEIN 作为数字化技术平台，开始将数字化应用扩展到多个业务领域，并加强全球供应链管理。在这一阶段，公司通过推出多语言网站、本地化营销策略和跨境电子商务平台，来巩固其在不同国际市场上的地位。此外，SHEIN 还通过数据分析和客户洞察来优化其产品与服务，以更好地适应不同国家和地区的消费者需求。在爆发增长阶段，SHEIN 的数字化能力已经深入公司的核心运营中，成为数字一体化生态平台。公司不仅在内部实现了完全的数字化转型，还将这种转型扩展到其整条供应链和客户关系管理中。此时，SHEIN 利用先进的数据分析工具来优化全球运营，提高效率，并通过建立更加紧密的合作伙伴关系，加强其在全球市场的竞争优势。这包括与全球供应商、物流合作伙伴和销售渠道紧密整合，以及通过创新的数字技术提升用户体验和市场反应速度，如图 13.3 所示。

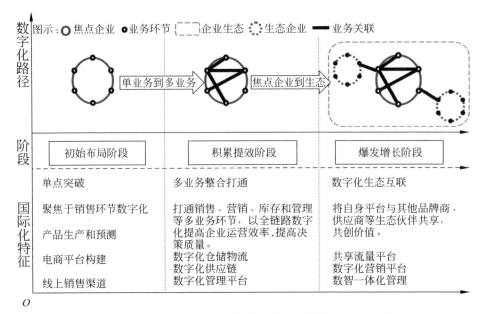

图 13.3　企业国际化阶段与数字化水平的协同发展路径

13.2　数智破局：SHEIN 快速国际化对企业的启示

13.2.1　积极利用数字化打造互动型社交媒体

SHEIN 在实践中，通过加强在线电商平台的功能和与社交媒体的深度融合，显著提升了其对市场动态的响应速度及消费者信任度。此举为其他企业提供了宝贵的借鉴，尤其是在当前数字经济快速发展的背景下，企业可通过强化在线营销策略，积极利用大数据和先进的分析工具深入洞察市场趋势与消费者需求，从而更准确地预测和适应市场变化。同时，利用社交媒体平台进行有效的品牌推广和客户互动，不仅能够扩大品牌知名度，还能在竞争激烈的市场环境中建立起稳固的品牌忠诚度和市场影响力。这种策略的实施，需要企业在技术、营销和客户服务等多方面进行协同与创新，以确保在数字化时代中占据有利地位。

13.2.2　积极利用数字化实现高效率运营管理

在数字化与运营管理的结合方面，SHEIN 通过增强供应链和物流的数字化管理，显著提升了整体运营效率。这一做法为其他企业提供了重要的启示。在当今快速变化的市场环境中，企业可以通过对供应链生态和物流系统进行数字化改革，引入更为先进的数据分析工具，从而实现库存管理和配送效率的优化。此外，通过采纳灵活多变的供应链模式，企业能够更好地适应市场波动，提高对市场变化的敏感度和响应能力。这种策略的实施不仅需要技术层面的升级和创新，还要求企业在管理思维和组织架构上进行相应的调整，以确保数字化转型的有效性和持续性。通过这种全面的数字化改革，企业能够在保持业务连续性的同时，提高市场竞争力和客户满意度。

13.2.3 积极利用数字化提升客户服务质量

在数字化时代，客户服务已经超越了传统交互方式的界限，转向更为复杂且高效的服务模式。借助数据分析、个性化服务及多语言支持等先进手段，企业能够为全球消费者提供一种全链路、高效且高度个性化的购物体验。如通过数据分析，企业可以精准描绘出消费者的购买行为和偏好，从而提供更为定制化的产品推荐服务和购物体验，确保消费者在整个购物周期内感受到贴心和便捷。这种以数字化为核心的客户服务模式，不仅极大地提升了消费者的满意度和忠诚度，也为企业在国际市场上的扩展打下了坚实的基础。

企业数字化策略不仅是对企业现有业务流程的优化，而且要求企业深刻转变战略思维。这一转变体现为对全球化市场动态的敏锐洞察、供应链的灵活适应能力的增强，以及对消费者需求的深入理解和响应。数字化不单是技术层面的创新，也是企业文化和核心价值观向数字化与客户中心化的根本转型。

结语

本章以 SHEIN 为例，探究其通过国际化经营快速成长为大企业的过程中数字化在其国际化各阶段所起的作用，旨在为其他跨国企业如何有效借势数字化推动国际化进程与业务增长提供有益的借鉴和参考。在数字化时代，企业既获得更多机遇也面临更大挑战。企业只有不断适应环境变化与市场需求、善于利用数字化工具与技术，才可能在全球市场中取得成功。作为数字化时代崛起的新型企业，SHEIN 展示了一种全新的天生国际化企业成长模式。

第14章

互联网公益平台生态圈的价值创造与治理方式重构

《中华人民共和国慈善法》的颁布,以及两批受政府认可的互联网募捐信息平台的公布,促使互联网公益平台成为推动我国慈善事业发展的关键力量。互联网的共享性、开放性、交互性和多向连通性为基于平台的公益多边主体跨界合作提供了天然的技术支持。技术和平台组织上的优势使互联网公益平台能够调动各方参与主体的力量与资源,形成巨大的网络聚合效应。互联网公益平台的迅猛发展对基于平台的互联网公益生态圈构建提出了要求。

基于腾讯公益平台,本章对互联网背景下平台型公益生态圈的内部结构、运行机制和治理机制进行了探索与研究。研究发现,平台型公益生态圈由不同公益主体和生态子系统构成,其运行机理依赖于内部各个公益主体和生态子系统的相互作用。同时,平台型公益生态圈的治理机制顺应"个体—关系—系统"层次递进的逻辑。通过这一逻辑,平台型公益生态圈可以实现全面、细致和系统的治理,从而保证生态圈健康、可持续地发展。研究结论在一定程度上填补了互联网公益生态圈理论研究的空白,有助于推动我国互联网公益生态圈建设的实践发展。

14.1 生态圈与公益生态圈

1. 起源及发展

作为快速生长的新生事物,互联网公益涉及范围广、成员多、演化快,具有极强的复杂性(陈一丹,2019)。对于复杂事物而言,从生态学出发将事物置于生态情景下进行研究是最为有效的研究范式之一（张燚等，2013；王兴元，2006；许晖等，2017）。生态圈的概念源自生态学，是指某一区域内有机体与其生存环境所构成的共同体。经济活动中的生态圈是指经济活动中众多主体通过连接、依赖和协作而构成的系统（潘剑英和王重鸣，2012；韩炜和邓渝，2020）。Moore（1996）将商业生态圈界定为"一种由客户、供应商、主要生产商、贸易合作伙伴、标准制定机构、工会、政府、社会公共服务机构和其他利益相关方等具有一定利益关系的组织或群体构成的动态结构系统"。其认为商业系统和社会系统之间没有明确的界限，公益机构和非营利机构等组织都依赖于顾客、管理政策和社会价值观等，都需要适应经济创新并建立竞争优势（Moore，1996；Peltoniemi & Vuori，2004）。因此，社会企业和公益机构也应该构建属于自己的生态系统（Bloom & Dees，2008）。

虽然"公益生态"一词常被提及，但目前学术界对于公益生态的概念和内涵仍然没有明确的界定，相关研究还停留在现象层面（范静，2014；陈鹏，2014）。2014年，国际爱心联盟首次在报告中提出"慈善生态系统"（philanthropy ecosystem）的说法。2019年，中国基金会发展论坛研究报告认为公益生态系统是生态系统在公益慈善领域的表现，是公益慈善活动不同主体经过互动形成的一个有机系统。基于此，本章研究将公益生态圈定义为由政府、受捐者、捐赠者、爱心企业、各类公益组织、社会组织、公共机构等主体构成的公益系统，旨在通过互相影响、合作实现公益价值最大化。公益生态系统具有自组织性、共同进化性、适应性和共创性等商业生态系统的一般特征（Peltoniemi & Vuori，2004；Li & Garnsey，2014）。此外，不同于商业生态系统以追求经济价值最大化为目的，公益生态系统以慈善和关怀为导向，追求公益价值最大化。同时，在互联网环境下，多数慈善活动从线下向线上转移，公益生态系统越来越多地表现为互联网公益生态系统。因此，在研究平台型公益生态圈时，需将一般商业生态系统特征、公益生态系统特征和互联网特征同时纳入其中进行考察。

2. 平台型公益生态圈的内涵

互联网公益平台的诞生源于互联网平台企业对社会责任治理的探索。在平台型经济不断兴起的背景下，平台型企业承担社会责任的范式发生改变。为实现社会责任治理，企业依托自身平台资源搭建公益平台，聚合多种资源共同解决社会问题。当前，互联网公益平台在多边公益合作中发挥着"连接、参与、激活、创新"的重要作用，已逐渐成为除政府、企业、社会组织外的"第四部门"（康晓光和冯利，2018）。

从双边市场视角来看,互联网公益平台改变了传统公益运作模式,不仅将"捐赠方-受捐方"的线性关系改变为"捐赠方-平台-受捐方"的三角关系(龚丽敏和江诗松,2016),而且由于公益平台的社会属性和公共属性,其连接的多边主体相比于纯粹的商业平台而言更加广泛。在平台的连接作用下,传统的捐赠模式由企业或公益机构与受捐方之间分散的线性关系转变为以公司捐赠平台为核心的多边网络捐赠关系。互联网平台、平台发起方、政府、社会组织、企业和公众等主体能够基于这一平台进行资源整合和优势互补(王爱华,2019)。基于此,本章将平台型公益生态圈定义为基于某一特定互联网公益平台成长起来的闭环开放的公益生态系统。具体而言,它是基于互联网平台的一个涉及政府、爱心企业、公益组织、捐赠者、受捐者、社会组织及其他参与者等主体的互相影响和互相嵌套的,旨在追求公益价值最大化的生态系统。鉴于平台型公益生态圈仍处于探索和发展阶段,无论是学术界还是实践界都对其内在结构和运行机制等缺乏统一认识,值得进一步探索。

3. 平台型公益生态圈的治理

在生态系统的运行中,成员可能做出不利于系统资源整合、资源协作和资源互补的机会主义行为,从而对系统可持续发展造成负面影响(肖红军和阳镇,2020)。因此,许多学者都强调应通过治理机制设计对生态系统进行有效治理(Vos,2006;Iansiti & Levin,2004a)。相比于商业生态系统,平台型公益生态圈的治理难度更高、挑战更大。开放的多边合作模式加大了募捐信息审核难度,监管漏洞或疏忽时常发生,网络诈骗和诈捐等现象层出不穷(董佩佩,2019)。同时,网络社交裂变的特性使单一负面事件引发的信任危机可能产生"蝴蝶效应",进而对整个公益生态系统造成危害。虽然平台型公益生态圈治理已经在实践中取得了一定进展,但仍缺乏对其治理机制的系统性提炼与整理。

生态系统的治理是指以生态学中的整体系统观、平衡和谐观及可持续发展观为指引,对事物在发展和运行中所出现的问题进行审视、分析与治理(肖红军和李平,2019)。在互联网背景下,平台型公益生态圈的治理需要在网络环境下结合平台特征,针对生态圈运行中可能存在的问题进行系统性的审视、分析和治理,从而保证系统健康发展。生态治理的核心是维系生态系统的健康。Iansiti 和 Levin(2004b)从系统视角出发,认为应该从生产率、稳健性和利基创造力三个维度维护系统健康。Den 等(2006)主张建立跨层次的健康构建模型,除系统层面的因素外,还应从企业个体视角考量合作伙伴和合作关系的健康。作为一个多边协作的公益合作网络,平台型公益生态圈涉及主体多、影响范围广,因此不能仅停留在对单一主体或单一子系统的治理上,而是需要从宏观视角建立一个系统、完整的治理机制模型。综上所述,本章基于互联网平台情景,试图系统性地解构平台型公益生态圈的内在结构、运行机理和治理机制。

14.2 案例选择及数据处理

中国互联网公益正如火如荼地展开,新现象、新概念和新问题源源不断地涌现。然而,无论是学术界还是实践界,对互联网公益的内部机理和治理机制都尚未进行深入探究,需要采用探索性案例研究方法展开讨论(陈晓萍等,2008)。与此同时,"平台型公益生态圈"也是新出现的概念,为了对这一概念进行系统且深入的研究,需要丰富且细致的案例材料和数据作为支撑。单案例研究可以对某一特定现象和问题进行深入描述与剖析(Yin,2013),有助于提炼解释复杂现象的理论或规律(Eisenhardt & Graebner,2007)。

14.2.1 案例选择

本研究遵循典型性原则(Patton,1987),选取由腾讯集团搭建并运营的腾讯公益平台作为案例研究对象。其主要原因有:第一,平台权威且规模大。腾讯公益平台发起者与运营者是我国最大的互联网公司之一——腾讯企业。其长期致力于利用平台优势建设新时代背景下的互联网公益生态圈。腾讯公益平台是民政部批准的第一批慈善捐赠信息发布平台,是中国最大的互联网公益平台,无论是在国内还是在全球范围内都极具典型性和代表性。第二,生态圈成熟完整。目前,基于腾讯公益平台,已经形成了包括政府、企业、公益机构、捐助人、受益人和其他社会组织等在内的多边公益合作网络。不同主体基于这一网络合作和沟通,实现了公益信息和资源的交换,形成了较为成熟的公益生态圈。第三,生态圈运行稳健。腾讯公益平台注重公益生态的治理,强调公开透明和理性冷静等公益理念,从制度、技术和运营等各个角度对公益平台生态进行监控、管理和调整。综上所述,腾讯公益平台适合作为典型案例,以探究互联网平台型公益生态圈的内部结构和运行机制。

14.2.2 腾讯公益平台介绍及发展历程

腾讯公益平台是由腾讯集团和腾讯基金会搭建与运营的公益平台。2007年,中国互联网网民人数仅1.37亿,腾讯公益慈善基金会(以下简称"腾讯基金会")就已正式成立，这是中国互联网企业设立的第一家公益基金会。腾讯基金会诞生之初，便提出要利用腾讯独特的平台优势和核心资源来设计公益项目，为公众创造有效的参与机制和参与途径，从而提升大众对公益事业的热情。腾讯公益平台于2007年5月正式上线，经过十几年的发展，目前已经成为国内最大、全球领先的互联网公益平台。2016年，腾讯公益平台成为民政部指定的首批互联网募捐信息平台之一。2018年，民政部指定的20家互联网募捐信息平台募集善款超过31.7亿元，其中通过腾讯公益平台募集的善款为17.25亿元，位居第一。2023年"99公益日"数据显示，公众参与人数超过1.2亿，较2022年翻了一番；爱心符号"小红花"互动量超过3亿，公益共创迎来新高潮；公众筹款超过38亿元，接近2/3的善款关注乡村振兴类项目。

腾讯公益平台具有项目发起、捐赠、互动与监督等多种功能，其服务核心是在网络求助、公益机构认领求助、在线筹款、项目反馈、公众监督等方面为网友提供一站式服务，涵盖扶贫、助学、疾病救助、助残、妇女儿童、环境保护、动物保护、传统文化保护、公共建设、人文关怀和社会创新等各个公益慈善领域。个人用户可以通过腾讯公益平台选择自己喜欢的公益慈善项目进行捐款，有筹款需求时也可以在平台上发布求助信息进行筹款。此外，有募捐资格的公募组织也可以通过腾讯公益平台为自己的项目筹款。

移动互联网时代到来后，腾讯公益平台完成了从PC端向移动端的迁移。2014年1月，"腾讯公益"频道正式入驻微信平台，为热衷公益事业的用户提供查询资讯、参加活动和爱心捐赠的便捷渠道。PC端和移动端的互联互通与跨平台融合降低了用户的参与门槛，开启了人人公益的时代。自创立以来，腾讯公益平台坚持利用自身科技优势推动互联网公益创新。在PC互联网时代，腾讯公益平台推出了"月捐""乐捐""QQ公益成长体系"等互联网募捐项目，开发了"QQ公益图标""爱心果"等互联网公益产品。移动互联网时代来临后，腾讯公益则依托微信公益平台开发了"一起捐""微信运动"等移动端公益产品。并且，2015年推出的一年一度全民公益活动"99公益日"，成功让公益走进了广大网民的日常生活。

腾讯公益平台始终以打造公益生态的方式助力公益事业。从2015年9月开始，腾讯牵头推出中国第一个公益节日"99公益日"，到2020年9月已经连续举办五届。在"99公益日"期间，数千家公益机构、超万家企业、几百万用户、几百个明星及其他机构以多种多样的合作方式参与进来，创造了巨大的公益价值。以2018年"99公益日"为例，有2 800万人次通过腾讯公益平台为 5 498 个公益项目捐出善款 8.3 亿元。腾讯"99 公益日"活动是腾讯公益平台生态圈内部运行机制的集中体现,多边主体基于公益合作网络实现了款项、项目、信息、宣传、管理和流量等不同资源的传递与交换。就运行模式而言,腾讯集团向腾讯公益平台提供配捐资金和管理资源;爱心企业和公众向平台提供捐款资金;社会媒体、明星和媒体机构在平台引流宣传中提供协助;公益机构向平台提供公益项目;平台向公益机构输出款项资金、技术、培训、制度和管理等资源;社会组织在其中起到协助作用;最终,平台将收集到的款项资金输出给受捐方。基于各方的合作互动,一个完整自治的公益生态得以形成。

14.2.3 数据收集

本章主要采取了深度访谈、档案资料、文献资料等不同的数据收集方法,确保多种来源的研究信息和资料形成相互补充与交叉验证(Yin,2013),从而构成"三角验证"(Patton,1987),以保证研究的信度与效度。

第一,深度访谈。研究团队对腾讯公益平台负责人进行了多次访谈,并在访谈结束一周内对访谈记录进行整理。研究团队负责人曾多次参与腾讯公益的调研项目,经验较为丰富。基于研究主题,考虑到腾讯公益平台由腾讯基金会牵头管理与运营,部分腾讯集团的产品、市场和公关等部门合作参与,因此本次调研以腾讯基金会负责人员,腾讯集团市场、品牌、公关负责人员为主要访谈对象,如表 14.1 所示。

表 14.1 调研访谈核心内容与人员情况

序号	职位	访谈内容	访谈次数	访谈时长	访谈资料字数
1	基金会负责人	腾讯公益的发展历程、发展理念、组织结构与分工协调等	2	3 小时	49 045
2	研发负责人	腾讯公益技术开发过程与理念	1	1 小时	9 489
3	产品运营负责人	腾讯公益产品的策划与运营	2	2 小时	27 254
4	市场与公关负责人	腾讯公益活动策划与推广	2	2 小时	24 761
5	品牌与公关负责人	腾讯公益品牌维护、声誉管理	2	2 小时	32 009

第二,档案资料。研究团队收集了腾讯企业年报(2004—2019 年),企业社会责任报告(2013—2018 年),民政部网站、腾讯公益基金会网站和"99 公益日"活动页面公开信,腾讯公益负责人公开讲话发言和媒体采访记录等资料。

第三,文献资料。研究团队通过中国知网 CNKI 数据库、基金会网站和其他网站检索下载了相关学术论文、公益慈善白皮书和研究报告;此外,通过搜索引擎获得了第三方媒体报道和评论性文章。案例资料来源及编码见表 14.2。

表 14.2 案例资料来源及编码

数据来源	资料类型	数量	编码
一手资料	深度访谈	5	F1,F2,F3,F4,F5
二手资料	腾讯企业社会责任报告	4	S1
	腾讯基金会、腾讯公益平台、"99公益日"官方网站、民政部网站	5	S2
	公开媒体报道	17	S3
	公开发言讲话	15	S4
	研究报告与文献、书籍	6	S5

14.2.4 数据分析策略

在数据编码过程中,根据资料来源对案例数据进行了一级编码。鉴于本研究包含两个主要研究问题:一是厘清内部运行机制;二是构建治理机制模型,研究人员则分别进行编码。具体而言,针对内部运行机制,从"宏观环境系统—核心平台系统—供应链系统—环境支持系统—行业系统"这一基础系统结构识别出政府、自然环境、技术、社会、公益平台等关键主体,并以此为框架对不同主体的相互作用机制进行了概念化编码,如表 14.3 所示。

针对治理机制这一研究问题,基于"个体—关系—系统"这一从微观到宏观的逻辑视角,识别出每一层次的治理维度。其中,个体层面的治理决定了互联网公益生态圈在微观层面的健康度;关系层面的治理是维护合作关系健康的关键,保证公益活动的跨界合作能够持续且深入进行;而系统层面的治理则保证了公益生态系统在整体上健康、稳定、可持续地发展,如表 14.4 所示。

表14.3 内部运行机制相关构念及典型证据援引

系统	主体	作用机制	典型证据举例	来源
宏观环境系统	政府	制度支持	民政部认可20家募集信息平台；民政部将会同中央网信办等部门，进一步建立健全促进互联网公益慈善发展的政策措施和监管体系；发布两批指定的公益机构互联网信息平台名单	S3
		规则制定	《中华人民共和国慈善法》《慈善组织互联网公开募捐信息平台基本管理规范》《慈善组织互联网公开募捐信息平台基本技术规范》相继出台，引导个人大病求助互联网平台加强规范，指导爱心筹、轻松筹、水滴筹等三家平台签署发布了《个人大病求助互联网服务平台自律公约》	S2
		监督管理	约谈平台18次，全面巡检2次，发出责令整改通知书7份、改进建议书9份，要求提交书面说明和整改材料7次；对20家平台2018年度工作及运营情况进行了评审和质询	S2
	自然环境	外部刺激	这个契机就是在2008年，在汶川地震的时候一个月期间2 000多万元筹款，在那个时间节点上，其实是超出我们预期的；2008年的汶川地震成为中国互联网公益快速成长的起点，也是互联网企业深度融入公益行业的开始	F1
	技术	运营效率	便捷的支付能力、社交能力、信息传播能力无限开放，正进一步提高公益的运营效率；微信、手机QQ、手机支付等移动互联网社交工具让公益门槛更低、更加便利地直观呈现	S5
		信息透明	分布式账本和不可篡改的特性可以保证每一个记在区块链上的捐赠记录都真实可见；使用互联网进行信息披露大大降低了信息披露的成本，提高了信息披露的效率	S3，S4，S5

续表

系统	主体	作用机制	典型证据举例	来源
宏观环境系统	技术	扩张动力	移动支付的兴起,包括微信支付快速地发展,用户其实就真的很便利了;2012年前后移动互联网与电子支付的结合,解决了传统公益信息传播不易和小额捐赠障碍的问题,将互联网公益推上了"快车道";微信、手机QQ等移动互联网社交工具让公益门槛更低、更加便利	F1,S3
		创新实现	借助互联网的传播力量,创新的模式可进行快速复制,好的创意被无限放大;数字现实技术的出现,可能为受众营造出"身临其境"甚至"超越现实"的体验,扩展数字世界的可能性	S4
	社会	习惯培养	微信的出现让社交更便捷,大家已经习惯社交,习惯用微信、朋友圈,有自己的好友,已经形成了社交环境	F1
		理念渗透	公众的公益参与习惯还有待进一步引导和培养;公益要超越情感,需要理智,有效最重要;我们希望引导捐赠者抛弃施舍的心态,在有限的现实条件与道德的高要求之间找到平衡	F1,S1,S5
核心供应链系统	互联网公益平台	理念引领	我们有一个初衷,我们是互联网公司,我们一定要发挥互联网和科技的作用,怎么让我们做得更有价值;我们希望平台沉淀各种能力,从公益合作伙伴开始,帮助中国公益行业成为一个可持续发展的公益生态;我们希望利用互联网的优势,推动公益行业的发展	F1,S3,S4
		连接整合	当时我们觉得腾讯公益应该在这个领域怎么样连接大众这个领域,其实我们应该花更多工夫做更多的事情,在这个地方带动更多的人加入公益里;我们也积极探索与各方合作,以社会价值引领科技应用的方向	F1
		激励机制	腾讯新增了1亿元的非限定性配捐,拟奖励"99公益日"里表现出色的公益组织,同时,腾讯也在进一步设计新规,拟吸引更多爱心企业参与	S3

续表

系统	主体	作用机制	典型证据举例	来源
核心供应链系统	互联网公益平台	服务支持	腾讯公益宣布向公益伙伴开放三大方向的能力,新增1亿元作为支持机构的成长基金,同时开放企业微信、云、广告、大数据、区块链等TOB能力……帮助其提升运作效率;持续为公益伙伴提供资讯、技术、管理、资金和资源的全方位支持;实时公示募捐总额和总次数……	S3
		监督管理	他们每个月写进展,这其实是件很困难的事情,因为公益机构没有这样的,在那个年代;2021年"99公益日"提出了"财务披露+独立审计+随机抽检"的透明度规范要求	F1,S3
	公益机构	提供项目	最开始没有太多的公益机构上我们这个平台;截至2020年7月,腾讯公益平台上已有超5万个公益项目、近万家慈善组织入驻	F1
	捐助人	捐出善款	截止到2020年7月,已经有超过3.4亿人次在腾讯公益平台上捐出善款近87亿元,款项已经帮助超过1万家社会组织的5万多个公益项目	S2
	爱心企业	捐出善款	2019年"99公益日"期间,超过2 500家企业配捐3.07亿元;299位企业家伙伴携手腾讯千万网友为爱发声	S2,S3
	受捐者	获得善款	截止到2020年7月,腾讯公益平台已累计募集善款近87亿元,款项已经帮助超过1万家社会组织的5万多个公益项目;受助人不仅改变了生存环境还赚到了钱,经济的改变带动了很多在外打工的中青年陆续返回了家乡,2023年"99公益日"公众筹款超过38亿元	S2,S3

续表

系统	主体	作用机制	典型证据举例	来源
环境支持系统	社会组织	服务支持	长春心语社会组织创新发展中心组织了2019年"99公益日"培训,30多家机构60多名公益伙伴参加;由安徽省妇女儿童发展基金会、安徽益和公益服务中心联合举办的"99公益日"……	S3
	明星名人	宣传支持	"推一把,一起爱"——从9月初开始,30多位明星艺人在各自的微博上陆续分享了一条形式近似却又颇具创意的小视频,表达了各自以微小的善行去推行公益行动的大爱之心……	S3
	合作机构	服务外包	顶级创意传播机构参与"99公益日"活动;腾讯公益引入专业第三方德勤,帮助公益伙伴高效做好"专业披露、透明呈现";30多家媒体机构加入"99公益日"的宣传活动中来	S3
	社交媒体	信息传播	随着微博、微信公众号等新兴媒介日益成熟,中小型的NGO(非政府组织)也能够通过第三方平台积极披露财务、管理信息,实现信息的公开、透明	S2,S5
行业系统	其他公益平台	共赢	许多网络募捐平台如雨后春笋般涌现,互联网公益就此进入2.0时代……不仅仅是BAT(百度、阿里巴巴、腾讯)等大平台的努力,民间"草根公益"也得以兴起……	S3
		竞争	不同的公益领域、不同的公益模式、不同的公益机构之间都会存在竞争,这种竞争是由公益活动资源再分配的本质所决定的	S5

表 14.4　治理机制相关构念及典型证据援引

形成基础	一级编码	二级编码	典型证据举例	来源
个体治理		资源投入力	在线上,腾讯系众多产品如腾讯视频、腾讯新闻等也纷纷调动产品能力,深度参与"99公益日";腾讯公益充分调动连接和社交能力,让创意和行动得到更充分的激励;超200万件小红花物料、10亿曝光人次的线上＋线下广告资源、非限定性激励金……我们一直都在坚持用最优质的资源来做公益。在全平台公益理念的驱动下,我们精"益"求精,致力集结全产品、携手全行业、推动全社会参与全民公益的生态建设	F1,S3,S4
		透明度实现	此外,理性公益也进一步鼓励了公益机构提高自我透明度:过去的一年间,腾讯公益平台上披露财报的项目与总次数涨幅均为2倍以上;腾讯公益引入专业第三方德勤,帮助公益伙伴高效做好"专业披露、透明呈现";越来越多的机构加强对公益项目的审核,做好"专业披露、透明呈现",建立起扎实的信任口碑	S2,S3,S4
		理念和习惯	人们把热情转化为习惯,把感动转化为信任,把一时之举转化为长期连接,一个理性的公益生态系统正在我们的共同努力下不断完善;腾讯清醒地认识到科技的"双刃剑"效应,主动呼吁重视科技伦理,并大力倡导"科技向善";运用商业思维方式运营公益产品,希望公益机构、企业等各方都能参与	F1,S3,S4
关系治理	关系数量	伙伴数量	截止到2019年4月,已经有超过2.2亿人次在腾讯公益平台上捐出善款近53亿元,款项已经帮助1万家社会组织的5万多个公益项目;2019年"99公益日"期间,累计有3585家机构参与并举办了1万多场线下活动,覆盖超过200＋城市的社区商圈;4800万人次爱心网友通过腾讯公益平台捐出善款17.83亿元;迈入第五年的"99公益日",参与的慈善组织超过1万家,参与的企业也超过1万家	S2,S4
		伙伴多样性	2015年9月,腾讯公益联合数百家公益机构、知名企业、明星名人、顶级创意传播机构共同发起首届"99公益日";长春心语社会组织创新发展中心组织"99公益日"培训;2018年,"99公益日"进一步"开源化",邀请上百名专家、学者、媒体人员、律师等行业内外的伙伴进行规则共建;腾讯公益引入专业第三方德勤,帮助公益伙伴高效做好"专业披露、透明呈现";政府民政部门加入"99公益日"的培训	S3,S4,S5

续表

形成基础	一级编码	二级编码	典型证据举例	来源
关系治理	关系质量	伙伴参与性	2019年"99公益日"期间，4 800万人次爱心网友通过腾讯公益平台捐出善款17.83亿元，超过2 500家企业配捐3.07亿元；截止到2020年7月，已经有超过3.4亿人次在腾讯公益平台上捐出善款近87亿元，已经帮助超过1万家社会组织5万多个公益项目；"99公益日"开门取经，让各方参与者一起制定规则，共推互联网公益健康发展	S2，S3
		互动成长性	当这个透明已经形成了公益机构本身，他认为那是他的生命线的时候，其实我觉得大众也在提升；腾讯公益宣布向公益伙伴开放三大方向的能力……帮助其提升运作效率；引入专业的第三方审计机构，帮助机构伙伴进一步提升透明度；四年间，"99公益日"经历带动一代网民的公益理念实现了"由指尖到心间"的转变；理性公益实施一年以来，已经获得公益机构和用户的双重认可	F1，S3，S4
		关系公平性	"随机金额＋固定时间段"配套的安排，腾讯或将利用算法把配捐额在时间上做更均匀的分布；在规则上，2021年"99公益日"开门取经，让各方参与者一起制定规则，共推互联网公益健康发展	S3，S5
系统治理	生产率	价值积累	截止到2020年7月，已经有超过3.4亿人次在腾讯公益平台上捐出善款近87亿元，款项已经帮助超过1万家社会组织5万多个公益项目；2019年"99公益日"期间，4 800万人次爱心网友通过腾讯公益平台捐出善款17.83亿元，超过2 500家企业配捐3.07亿元，加上腾讯基金会提供的3.999 9亿元配捐，本次"99公益日"总共募得善款24.9亿元	S2，S3
		价值增长	近年来，中国通过互联网募集的善款，每年都增长20%以上；2019年，腾讯公益平台举办的"99公益日"活动创下了4 800万的捐款人次、17.8亿元捐款的新纪录；2018年3月，"冷静器"正式上线后一年内，人均募捐额、平均单笔捐赠额均有明显上涨，2019年第一季度复捐率为24.56%，同比2018年增加9.78%。这说明理性公益不仅没有抑制用户的捐款热情，还收获了更多持久性的捐款意向	S1，S3

续表

形成基础	一级编码	二级编码	典型证据举例	来源
系统治理	生产率	创新实现	腾讯公益推出创益计划,推动广告从业者及广大社会公众为公益慈善提供创意支持;腾讯公益"益行家"项目发起线上捐步,借助新颖的理念和创新的产品设计取得了巨大的成功;2021年,增加家乡公益、爱心加倍卡、集小红花、捐行为公益、明星短视频互动等新功能;一起捐、运动捐步、家乡公益、捐款冷静器等创新,得到民政部高度肯定	F1, S1, S3, S5
	稳健性	扩展性	腾讯从2016年,即第二届"99公益日"开始引入爱心企业的配捐,从"腾讯一家配捐"到"腾讯搭台领捐+联动多家企业配捐";爱心企业在腾讯公益平台上配捐的金额呈现出快速增长的态势;倡导去中心化,每个用户都可以在平台上发起求助	F1, S3
		可持续性	希望引导捐赠者抛弃施舍的心态,在有限的现实条件与道德的高要求之间找到平衡;2018年3月,腾讯公益平台上线了"冷静器"功能。用户在对项目进行捐赠前,平台会弹出一个"透明度提示"的消息框,方便用户查看这一公益项目的立项时间、执行情况、捐款去向。"冷静器"上线后的一年内,腾讯公益后台显示的人均募捐额、平均单笔捐赠额均有明显上涨	F1, S1, S3, S4
		约束性	"99公益日"提出了"财务披露+独立审计+随机抽检"的透明度规范要求;我们不断查缺补漏,固化点滴成果,使之成为制度性安排;2018年,腾讯公益首度提出"理性公益"的倡导;腾讯于2018年3月正式推出"冷静器"产品,引导用户详细了解项目情况后再做捐款决策;《中华人民共和国慈善法》《慈善组织互联网公开募捐信息平台基本管理规范》《慈善组织互联网公开募捐信息平台基本技术规范》相继出台	S3, S4
		连续性	从"公益2.0"到"理性公益",腾讯公益不断推动理念和实践的创新。过去20年,腾讯自身也不断成长,通过技术应用、信任构建和文化沉淀,为中国的脱贫攻坚与公益事业的可持续发展提供助力	S1, S4

续表

形成基础	一级编码	二级编码	典型证据举例	来源
系统治理	创造力	多样性	腾讯公益充分调动连接和社交能力,让创意和行动得到更充分的激励:超200万件小红花物料、10亿曝光人次的线上+线下广告资源、非限定性激励金……腾讯系众多产品也纷纷调动产品能力,深度参与"99公益日";在腾讯公益上,超过90%的项目与扶贫相关,涵盖了教育扶贫、健康扶贫、生态扶贫、救灾扶贫等	S2,S4
		创新性	增加家乡公益、爱心加倍卡、集小红花、捐行为公益、明星短视频互动等新功能。"99公益日"把公益融入原生场景里,从衣食住行出发,将公益和人们日常休闲场景相结合,让公益就在身边;我们携手家长和教师共建"成长守护平台",帮助青少年建立健康的游戏观;我们为故宫、敦煌和长城等提供数字化解决方案,传承和发扬中华文化自信	F1,S4
	外部认可	信任度	民政部首批认定的互联网募捐信息平台;腾讯公益平台,捐款人次超过3.4亿,捐款总额超过87亿元,被民政部肯定为网络募捐的"中国样本";腾讯公益平台已经是全球最大的网络募捐平台;一起捐、运动捐步、家乡公益、捐款"冷静器"等创新,得到民政部高度肯定	S2,S3,S4
		透明度	理性公益也进一步鼓励了公益机构提高自我透明度:2018年腾讯公益平台上披露财报的项目与总次数涨幅均为2倍以上;2019年"99公益日"提出了"财务披露+独立审计+随机抽检"的透明度规范要求;腾讯公益引入专业第三方德勤,帮助公益伙伴高效做好"专业披露、透明呈现"	S2,S4

编码工作先由两位工作人员分别进行,之后进行核对和商讨,最后保留达成一致的编码结果。这种编码方式可以有效保证所获取的信息完整性,能降低由于个人偏见和主观性而导致的结论片面性(毛基业和张霞,2008)。

14.3 平台型公益生态圈的内部结构

商业生态系统由宏观环境系统、核心供应链系统、环境支持系统和竞争系统几个子系统组成(Moore,1996)。借鉴这一理论基础,基于表14.3的编码过程,本章得出了平台型公益生态圈的内部结构,如图14.1所示。

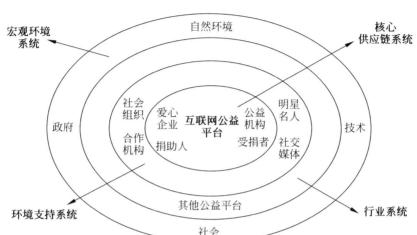

图 14.1 平台型公益生态圈的内部结构

整个生态圈以互联网公益平台为中心,从内到外由核心供应链系统、环境支持系统、行业系统和宏观环境系统四个子系统构成。

核心供应链系统包括互联网公益平台、公益机构、爱心企业、捐助人和受捐者等主体,是互联网公益活动中将公益资源和公益服务提供给最终受捐者的上下游各方形成的网链结构。环境支持系统涵盖社会组织、合作机构、明星名人、社交媒体等主体,该子系统向公益活动提供了宣传、咨询、审计等服务,为核心供应链系统的运作提供了支持。行业系统是指由其他公益平台搭建的公益生态,与特定的平台型公益生态圈之间存在共生、共演关系。宏观环境系统由自然环境、政府、技术和社会等主体组成,是整个公益系统运行的土壤和基础。

基于上述研究,平台型公益生态圈具有如下特征。

1. 自组织性

互联网公益平台生态圈的运行具有鲜明的自组织性,即当一个组织在不存在外部指令的情况下,内部系统会按照某种互相默契的规则,各尽其责,协调自动地形成有序结构(苏亮,2020)。从互联网公益平台的发展来看,政府并未进行过多干预。当核心平台企业搭建公益平台后,各不同公益主体在相同价值观、爱心、公益需求、职责义务的驱动下主动参与公益事业的建设。各公益主体在没有政府和相关组织的主导下,自觉在生态系统中找到自身生态位并根据环境变化进行自我调适,从最初的无序状态发展成为一个有序自洽的结构。同时,公益资源在公益网络中实现了自然流动,规模大小不同的公益主体都能获得成长,从而建立起了系统性的竞争优势。

2. 自成长性

互联网公益平台生态圈具有强大的自我迭代能力,在发展过程中呈现出较强的自成长性。互联网公益平台生态圈是一个闭环开放的系统。在科学技术驱动下,公益平台能够将不同公益主体不断地纳入公益合作网络中,以扩大公益网络规模。在持续扩张的公益合作网络中,多样化的公益主体相互聚集、连接、依赖和协作,形成了强大的创新能力和自我迭代能力。同时,公益生态系统中的宏观环境等子系统都处于不断变化中,各个主体通过对自身行为的动态调整,适应内外部环境的发展变化。在系统的自我迭代作用下,公益生态圈最终实现了整体强化和升级。

3. 自修复性

互联网公益平台生态圈在自组织运行下也呈现出较强的自修复性。信任感是平台型公益生态圈的生命线,一旦人们的信任感遭到破坏,生态圈将会面临灭亡风险。因此,处于核心位置的公益平台在社会责任和外部监管的压力下主动制定规则,引导其他公益主体在遵守透明、规范的原则的前提下开展公益活动。在利益驱使下,各公益主体为了维系用户信任、获得外部认可,将会自动参与公益生态圈的健康治理,促使互联网公益平台生态圈在遇到生态健康威胁时自动进行修复和重构。共同参与、相互推进的自修复机制得以形成。

4. 溢出性

互联网公益平台生态圈还具有强大的溢出效应。其创造的公益价值不仅存在于生态圈内部,还存在于对社会经济运行的潜在影响上。互联网公益平台生态圈培养了人们的公益习惯,塑造了以关怀为导向的价值观。在互联网技术的推动下,公益理念快速在人群、组织、机构中渗透,形成了良好的社会氛围和社会风气。留守儿童、极度贫困、不均衡的教育资源等诸多社会问题得到缓解,极大地促进了社会文明的进步与发展。

14.4 平台型公益生态圈的运行机制

平台型公益生态圈的内部结构是其运行机制的基础。根据宏观环境系统、核心供应链系统、环境支持系统和行业系统的结构对网络公益平台生态系统的内部运行机制展开分析。通过系统的编码(表 14.3),互联网公益平台生态圈内部各子系统之间的作用机制如图 14.2 所示。

由图 14.2 可知,互联网公益平台生态圈由宏观环境系统、核心供应链系统、环境支持系统和行业系统等子系统构成。其中,宏观环境系统由自然环境、政府、技术和社会等组成;核心供应链系统由爱心企业、公益机构、捐助人和受捐者等组成;环境支持系统由社会组织、合作机构、明星名人和社交媒体等组成。互联网公益平台生态圈的运行依赖于其内部各个生态子系统和各个公益主体的相互作用。宏观环境系统为核心供应链系统提供了外部刺激、制度支持、推动促进和理念渗透等帮助,同时促进着环境支持系统和行业系统的进步与演化。环境支持系统为核心供应链系统的运作提供帮助与支持,核心供应链系统与行业系统既相互竞争又共同演化。在核心供应链系统中,互联网公益平台为其他公益主体提供公益服务,各公益主体也参与平台的公益运作。互联网公益平台在核心供应链系统和整个公益生态圈中扮演了核心角色,起到了理念引领、监督管理、连接整合和建立激励机制等作用。主体与主体间、主体与子系统间、子系统与子系统间通过长期的合作和相互作用,构成了一个稳定运行的互联网公益生态圈,具体而言包括以下三个方面。

1. 宏观环境系统中的自然环境对互联网公益生态的发展起到了催化剂作用

比如,汶川地震的发生直接推动了互联网捐赠公益平台的快速发展。政府通过规则制定和监督管理等为公益平台系统的发展提供了全面支持。例如,政府颁布了针对性的法律法规,公开认可 20 家公益平台,对平台进行约谈、巡检和指导。在科技驱动下,公益平台运营效率和公益信息透明度得以提高,公益系统扩张动力得以增强。社会对公益生态的作用体现在公众公益习惯的培养和公益理念的渗透上。同时,宏观环境系统、行业系统、环境支持系统之间也存在相互促进关系。

2. 环境支持系统为核心供应链系统的运作提供了外部帮助与支持

社会组织、合作机构、明星名人和社交媒体等主体为核心供应链系统提供了宣传、咨询、审计、协助等服务支持。在腾讯"99 公益日"活动中,创意传播机构提供了创意咨询服务,第三方审计机构提供了审计服务,明星名人和社交媒体提供了流量引导。行业系统与互联网公益平台之间存在着竞争与共赢的关系。一方面,不同类型募捐平台的出现引领中国互联网公益走入新

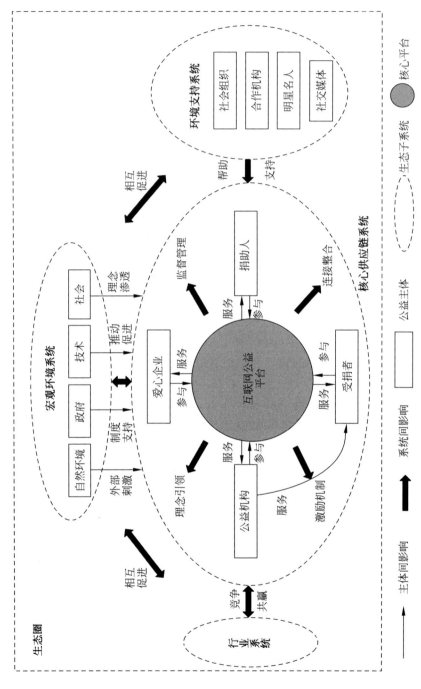

图 14.2 互联网公益平台生态圈内部各子系统之间的作用机制

阶段,共同构建了良好的互联网公益发展环境。另一方面,公益资源再分配的本质决定了不同公益平台、公益模式、公益机构之间都存在竞争。这种竞争与共赢关系使得整个互联网公益平台生态系统不断成长与演化,充满活力。

3. 互联网公益平台是平台型公益生态圈运行的发动机,在生态圈中起核心引领作用,是生态圈中最主要的"生物"

互联网公益平台为公益机构、爱心企业、捐助人和受捐者等主体提供多样、丰富的公益服务,这些主体也深度参与公益平台发起和运作的公益活动。公益平台和主体在合作中实现了公益产品、公益信息和公益善款等公益资源的交换。其中,某一特定的互联网公益平台由内部不同的机构和部门构成,如基金会、产品部门、技术部门和宣传部门等。互联网公益平台在生态圈中起到了理念引领、连接与整合、建立激励机制、提供服务支持、进行监督管理五大作用。

14.5 平台型公益生态圈的治理机制

基于"个体—关系—系统"的层次递进逻辑,同时借鉴"生产率—稳健性—利基创造力—伙伴健康—网络健康"的跨层次健康模型(Den et al.,2006),本节从微观到宏观识别出每一层次的评价维度和评价指标,并对腾讯公益的案例资料进行编码(表14.4),形成了系统、完整的治理机制模型,如图14.3所示。

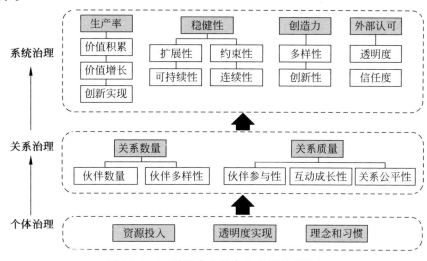

图14.3 互联网公益平台生态圈治理机制

平台型公益生态圈按照"治理问题—治理行动—治理目标"的思路展开，在治理机制上符合"个体—关系—系统"的层次递进逻辑，同时与"生产率—稳健性—利基创造力—伙伴健康—网络健康"这一跨层次健康模型相一致。

个体层面的治理决定了微观层面的健康度，包含资源投入、透明度实现、理念和习惯三方面。关系层面的治理决定了公益合作网络是否能健康、长久存续，具体涉及关系数量和关系质量的治理。在关系数量上应保证较多数量的公益伙伴和较高的伙伴多样性。在关系质量上应保证有较高的伙伴参与性、互动成长性和关系公平性。最后，系统层面治理的目的是保证公益生态系统在整体层面上健康、稳定、可持续发展。因此，在治理方式上，首先要提高生产率，保证高价值的公益积累、高速的价值增长和较多的创新实现；其次要保障系统运行的稳健性，提高系统的扩展性、可持续性、约束性和连续性；再次要保持系统较强的创造力，保证公益活动的多样性和创新性；最后要强化公益生态圈的外部认可，即保证捐赠活动的透明度，增强外部主体对公益生态的信任。总体而言，通过个体、关系和系统三个层次的治理，实现互联网公益平台生态圈细致、全面和系统的治理，从而保证系统健康、可持续的生存发展。

1. 个体治理

平台型公益生态圈个体层面的治理主要从资源投入、透明度实现、理念和习惯三个方面进行。资源投入是互联网公益发展的前提，资源投入缺乏会使生态圈发展乏力。平台、企业、慈善机构及用户等公益主体在组织和参与公益活动时应加大资源投入，如加大捐款额度，从而保证生态圈在资源充足的前提下发展。透明度的治理需要平台和机构在捐款活动中实现，如公示公益捐款信息等。理念和习惯的治理是指培养和提升平台、机构及用户等对公益活动的习惯与理念。

2. 关系治理

关系治理体现在维护关系数量和保证关系质量两方面。关系数量包含伙伴数量和伙伴多样性两个维度。以腾讯公益平台生态圈为例，生态圈涵盖了大量不同的参与伙伴，如几亿人次的用户参与、几千家企业参与配捐、上万家社会组织等。同时，参与伙伴还具有极高的多样性，涉及公益机构、知名企业、明星名人、创意传播机构、媒体、专家学者、社会组织、民政部门、第三方审计机构等。伙伴类型的多样性大大增强了公益生态圈物种的多样性，保证了生态圈的健康发展。关系质量包含伙伴参与性、互动成长性和关系公平性三个维度。公益平台在制定活动规则时努力让各方参与进来，提高了参与度。

互动成长性体现为各公益主体在公益理念、公益习惯、透明度和成长资源等方面的互相影响、促进与支持。关系公平性体现为腾讯平台让各方参与者共同设定维护公平性的制度。

3. 系统治理

系统治理主要聚焦于生产率、稳健性、创造力和外部认可四个方面。公益生态系统的生产率可通过使用者从中受益的程度来衡量，是生态系统将原材料转变为生命有机体的效能，体现在价值积累、价值增长和创新实现三个方面。其中，价值积累主要是指通过公益生态圈创造的公益价值。腾讯公益平台在积累巨大公益价值的同时也保持了较高的价值增长率。此外，腾讯公益平台在发展过程中坚持创新，体现了公益生态较高的创新能力。在每年的"99公益日"活动中，腾讯都会增加新功能、新形式和新场景。众多创新的完成使公益生态系统能够利用新的利基市场创造更大的公益价值。稳健性的治理则需要增强公益生态系统应对环境干扰和冲击的能力，包括公益生态的扩展性、可持续性、约束性和连续性。腾讯公益生态圈的扩展性体现为该生态圈自创立以来便不断吸引新的公益伙伴加入，使得生态圈保持着较好的成长性。可持续性体现为腾讯公益坚持对公益伙伴理性、冷静和透明等理念的引领，使公益生态圈能够可持续发展。约束性体现为公益平台对公益机构的透明度和规范性有严格要求，比如对用户的捐款行为提出理性要求，对捐款平台进行严格管理等。连续性体现为腾讯公益生态有较长的发展历史，系统成长不存在中断等情况。公益生态圈的创造力重在增强生态系统的活力，包括多样性和创新性。前者是指公益活动和公益资源的多样性，后者是指公益合作网络各个环节体现出的创新性。最后，公益生态圈的外部认可体现为生态圈整体的信息透明度和外界对该生态圈的信任度。公益平台坚持严格的审核制度和信息透明、规范，可以使整个生态系统具有较高的透明度，进而得到公众、政府和生态圈外竞争对手的肯定与尊重。

结语

本章在生态圈、商业生态圈和公益生态相关理论的基础上，提出了互联网公益平台生态圈的概念内涵、内部结构、运行机制和治理机制，呈现了全局视角下一个完整的互联网公益生态圈。本章研究清晰呈现了商业生态系统规则在公益系统中的应用，演绎了商业生态系统在社会系统中的延伸。与此同时，建立跨层次的互联网公益生态圈治理机制模型，为学者们开展公益生态治理研究提供了全新的理论视角。此外,进一步明晰平台型企业履行社会责任的路径和范式。在平台经济快速发展的时代背景下,生态化治理成为企业治理新的有效范式。本研究展现了以腾讯为代表的互联网公益平台在实现社会责任治理时的运行机制和治理模式,为相关研究提供了补充和支撑。

  本研究致力于为互联网公益生态系统中的政府、企业和公益机构等提供层次分明、可操作性强的运作模式与管理模式。对政府而言,可以通过了解互联网公益生态系统的内部结构和运行机制提供更加有效的政策支持,进行更加精准、规范的管理。对于公益平台的核心运作者而言,可以根据本章总结的跨层次公益生态圈治理模型,从个体、关系、系统三个层面着手,针对每一层次的具体维度采取针对性的治理措施。对于公益机构而言,认识公益生态圈的运行机制和治理机制有助于其更好地开展与生态圈内不同公益伙伴的合作,更有针对性地提高自身的公益服务水平,通过参与互联网公益生态圈的建设获得持续性发展。总体而言,本研究成果对于互联网公益生态圈的建设、管理和健康治理等有着极强的指导意义,有助于互联网公益在我国慈善事业中发挥更大的作用,进一步推动社会文明建设。

参 考 文 献

[1] ALPER S,TJOSVOLD D,LAW K S. Conflict management, efficacy, and performance in organizational teams[J]. Personnel psychology,2000,53(3):625-642.

[2] BLOOM P N,DEES G. Cultivate your ecosystem[J]. Stanford social innovation review,2008,6(1):47-53.

[3] BRYNJOLFSSON E,HU Y J,RAHMAN M S. Competing in the age of omnichannel retailing[J]. MIT sloan management review,2013,54(4):23-29.

[4] CAO Q,GEDAJLOVIC E,ZHANG H. Unpacking organizational ambidexterity: dimensions, contingencies, and synergistic effects[J]. Organization science,2009,20(4):781-796.

[5] CAVALIERE V,LOMBARDI S. Exploring different cultural configurations: how do they affect subsidiaries' knowledge sharing behaviors[J]. Journal of knowledge management,2015,19(2):141-163.

[6] CHI M,ZHAO J,GEORGE J F, et al. The influence of inter-firm IT governance strategies on relational performance: the moderation effect of information technology ambidexterity[J]. International journal of information management,2017,37(2):43-53.

[7] CHRISTENSEN C M,The innovation's dilemma: when new technologies cause great firms to fail[M]. Boston,MA:Harvard Business School Press,1997.

[8] DEN HARTIGH E,TOL M,VISSCHER W. The health measurement of a business ecosystem[C]//CCON,2006 Annual Meeting,2006.

[9] DU Y,CUI M,SU J. Implementation processes of online and offline channel conflict management strategies in manufacturing enterprises: a resource orchestration perspective[J]. International journal of information management,2018(39):136-145.

[10] EISENHARDT K M,GRAEBNER M E. Theory building from cases: opportunities and challenges[J]. Academy of management journal,2007,50(1):25-32.

[11] FLYNN B B,HUO B,ZHAO X. The impact of supply chain integration on performance: a contingency and configuration approach[J]. Journal of operations management,2010,28(1):58-71.

[12] GEYSKENS I,GIELENS K,DEKIMPE M G. The market valuation of internet channel additions[J]. Journal of marketing,2002,66(2):102-119.

[13] GÜTTEL W H,KONLECHNER S W. Continuously hanging by a thread: managing contextually ambidextrous organizations[J]. Schmalenbach business

review,2009,10(2):150-172.

[14] HILL S A,BIRKINSHAW J. Ambidexterity and survival in corporate venture units[J]. Journal of management: official journal of the southern management association,2014,40(7):1899-1931.

[15] IANSITI M,LEVIEN R. Strategy as ecology[J]. Harvard business review,2004,34(3):68-78.

[16] IANSITI M,LEVIEN R. The keystone advantage: what the new dynamics of business ecosystem mean for strategy, innovation, and sustainability[M]. Boston, MA: Harvard Business School Press,2004.

[17] IM G,RAI A. Knowledge sharing ambidexterity in long-term interorganizational relationships[J]. Management science,2008,54(7):1281-1296.

[18] JANSEN J J P, KOSTOPOULOS K C, MIHALACHE O R, et al. A socio-psychological perspective on team ambidexterity: the contingency role of supportive leadership behaviours[J]. Journal of management studies,2016,53(6):939-965.

[19] JANSEN J J P,SIMSEK Z,CAO Q. Ambidexterity and performance in multiunit contexts: cross-level moderating effects of structural and resource attributes[J]. Strategic management journal,2012,33(11):1286-1303.

[20] KORTMANN S. The relationship between organizational structure and organizational ambidexterity[M]. Wiesbaden: Gabler Verlag,2012.

[21] KUMAR V VENKATESAN R. Who are the multichannel shoppers and how do they perform? Correlates of multichannel shopping behavior[J]. Journal of interactive marketing,2005,19(2):44-62.

[22] LI J F,GARNSEY E. Building joint value: ecosystem support for global health innovations',collaboration and competition in business ecosystems[J]. Advances in strategic management,2014,30:69-96.

[23] MARCH J G. Exploration and exploitation in organizational learning[J]. Organization science,1991,2(1):71-87.

[24] MENON A. Antecedents and consequences of marketing strategy making: a model and a test[J]. Journal of marketing,1999,62(4):19-41.

[25] MIRSCII T,LEHRER C, JUNG R. Channel integration towards omnichannel management: a literature review[C]//Proceeding of the 20th Pacific Asia Conference on Information Systems,2016.

[26] MOORE J F. The death of competition: leadership and strategy in the age of business ecosystems[M]. New York: Harper Paperbacks,1996.

[27] NESLIN S A,SHANKAR V. Key issues in multichannel customer management: current knowledge and future directions[J]. Journal of interactive marketing,2009,23(1):70-81.

[28] NICHOLSON C Y,COMPEAU L D,SETHI R. The role of interpersonal liking in

building trust in long-term channel relationships[J]. Journal of the academy of marketing science,2001,29(1): 3-15.

[29] O'REILLY Ⅲ C A, TUSHMAN M L. Ambidexterity as a dynamic capability: resolving the innovator's dilemma[J]. Research in organizational behavior,2008(28): 185-206.

[30] O'REILLY Ⅲ C A, TUSHMAN M L. Organizational ambidexterity in action: how managers explore and exploit[J]. California management review,2011,53(4): 5-22.

[31] O'REILLY Ⅲ C A, TUSHMAN M L. Organizational ambidexterity: past, present, and future[J]. Academy of management perspectives,2013,27(4): 324-338.

[32] OSTERWALDER A, PIGNEUR Y. Business model generation: a handbook for visionaries, game changers, and challengers [M]. Hoboken, NJ: John Wiley & Sons,2010.

[33] PAN X, ZANG S H. The effect of Guanxi Orientation on boundary spanners behavior and subsequent influence on inter-firm relationship quality[J]. African journal of marketing management,2017,9(8): 120-132.

[34] PATTON M Q. How to use qualitative methods in evaluation[M]. Newbury Park, CA: Sage Publications,1987.

[35] PELTONIEMI M, VUORI E K. Business ecosystem as the new approach to complex adaptive business environments[C]//Frontier of e-business research,2004: 1-34.

[36] PORTER M E. Competitive advantage: creating and sustaining superior performance [M]. New York: The Free Press,1985.

[37] PRANGE C, SCHLEGELMILCH B B. The role of ambidexterity in marketing strategy implementation: resolving the exploration-exploitation dilemma[J]. Business research, 2009,2(2): 215-240.

[38] RIGBY D. The future of shopping[J]. Harvard business review,2011,89(12): 65-76.

[39] ROTHAERMEL F T, ALEXANDRE M T. Ambidexterity in technology sourcing: the moderating role of absorptive capacity[J]. Organization science,2009,20(4): 759-780.

[40] SAGHIRI S, WILDING R, MENA C, et al. Toward a three-dimensional framework for omni-channel[J]. Journal of business research,2017(77): 53-67.

[41] SCHOENHERR T, SWINK M. Revisiting the arcs of integration: cross-validations and extensions[J]. Journal of operations management,2012,30(1-2): 99-115.

[42] SIMSEK Z. Organizational ambidexterity: towards a multilevel understanding[J]. Journal of management studies,2009,46(4): 597-624.

[43] VERHOEF P C, KANNAN P K, INMAN J J. From multi-channel retailing to omni-channel retailing: introduction to the special issue on multi-channel retailing

[J]. Journal of retailing,2015,91(2):174-181.
[44] VOS E. Business ecosystems:simulating ecosystem governance[D]. Delf:Delf University of Technology,2006.
[45] WATHNE K H, HEIDE J B. Opportunism in interfirm relationships:forms, outcomes,and solutions[J]. Journal of marketing,2000,64(4):36-51.
[46] YIN R K. Case study research:design and methods[M]. 5th ed. London,Beverly Hills,CA:Sage Publications,2013.
[47] ZHANG J,FARRIS P W, IRVIN J W, et al. Crafting integrated multichannel retailing strategies[J]. Journal of interactive marketing,2010,24(2):168-180.
[48] ZHANG C,HU Z, GU F F. Intra and inter firm coordination of export manufacturers:a cluster analysis of indigenous Chinese exporters[J]. Journal of international marketing,2008,16(3):108-135.
[49] ZHANG J,FARRIS P W, IRVIN J W, et al. Crafting integrated multichannel retailing strategies[J]. Journal of interactive marketing,2010,24(2):168-180.
[50] 陈鹏.打造社会组织"产业链"和"生态圈"——以上海浦东公益示范基地为例[J].学会,2014(6):18-22.
[51] 陈晓萍,徐淑英,樊景立.组织与管理研究的实证方法[M].2版.北京:北京大学出版社,2008.
[52] 陈一丹.中国互联网公益[M].北京:中国人民大学出版社,2019.
[53] 董佩佩.利益相关者理论视角下网络公益问责研究[D].南京:南京航空航天大学,2019.
[54] 董小英,晏梦灵,余艳.企业创新中探索与利用活动的分离-集成机制——领先企业双元能力构建研究[J].中国软科学,2015(12):103-119.
[55] 范静.社区公益生态圈在居家养老中的探析——以"一刻钟便民服务圈"为例[J].理论观察,2014(2):55-56.
[56] 龚丽敏,江诗松.平台型商业生态系统战略管理研究前沿:视角和对象[J].外国经济与管理,2016,38(6):38-50.
[57] 韩炜,邓渝.商业生态系统研究述评与展望[J].南开管理评论,2020,23(3):14-27.
[58] 蒋忆培.双元能力视角下的零售企业线上线下融合模式研究[D].北京:清华大学,2017.
[59] 康晓光,冯利.中国第三部门观察报告[M].北京:社会科学文献出版社,2018.
[60] 李平,曹仰锋.案例研究方法:理论与范例——凯瑟琳·艾森哈特论文集[M].北京:北京大学出版社,2012.
[61] 波特.竞争战略[M].陈小悦,译.北京:华夏出版社,2005.
[62] 毛基业,张霞.案例研究方法的规范性及现状评估——中国企业管理案例论坛(2007)综述[J].管理世界,2008(4):115-121.
[63] 欧阳桃花,崔争艳,张迪,等.多层级双元能力的组合促进高科技企业战略转型研究——以联想移动为案例[J].管理评论,2016,28(1):219-228.

[64] 潘剑英,王重鸣.商业生态系统理论模型回顾与研究展望[J].外国经济与管理,2012,34(9):51-58.

[65] 彭新敏,郑素丽,吴晓波,等.后发企业如何从追赶到前沿——双元性学习的视角[J].管理世界,2017(2):142-158.

[66] 沈鲸.双元组织能力的研究综述,评析与展望[J].中国科技论坛,2011(7):114-121.

[67] 苏亮.自组织理论在公共治理制度完善和组织管理的应用问题[J].中小企业管理与科技(中旬刊),2020(3):89-91.

[68] 汪旭晖,赵博,刘志.从多渠道到全渠道:互联网背景下传统零售企业转型升级路径——基于银泰百货和永辉超市的双案例研究[J].北京工商大学学报(社会科学版),2018,33(4):22-32.

[69] 王爱华.基于互联网平台的公益跨界合作:过程、机制与风险——以腾讯"99公益日"为例[J].公共管理与政策评论,2019,8(1):68-77.

[70] 王晓锋.重构"人、货、场"的零售新逻辑[J].中欧商业评论,2018(11):42-49.

[71] 王兴元.品牌生态系统结构及其适应复杂性探讨[J].科技进步与对策,2006(2):85-88.

[72] 肖红军,李平.平台型企业社会责任的生态化治理[J].管理世界,2019,35(4):120-144,196.

[73] 肖红军,阳镇.平台型企业社会责任治理:理论分野与研究展望[J].西安交通大学学报(社会科学版),2020,40(1):57-68.

[74] 谢康,吴瑶,肖静华,等.组织变革中的战略风险控制——基于企业互联网转型的多案例研究[J].管理世界,2016(2):133-148.

[75] 许晖,邓伟升,冯永春,等.品牌生态圈成长路径及其机理研究——云南白药1999—2015年纵向案例研究[J].管理世界,2017(6):122-140.

[76] 晏梦灵,董小英,余艳.多层次组织学习与企业研发双元能力构建[J].研究与发展管理,2016,28(4):72-86.

[77] 张燚,张锐,刘进平.品牌生态理论与管理方法研究[M].北京:中国经济出版社,2013.

[78] 赵付春,凌鸿.IT对组织流程双元性的影响研究[J].研究与发展管理,2011,23(2):85-94.

[79] 庄贵军.营销渠道管理[M].2版.北京:北京大学出版社,2012.

附录

缩略语列表

缩 略 语	全 称	中 文 释 义
VR	virtual reality	虚拟现实
AR	augmented reality	增强现实
AI	artificial intelligence	人工智能
POS	point of sale	销售终端、销售点
BGC	brand generated content	品牌生成内容
PGC	professional generated content	专业者生成内容
UGC	user generated content	用户生成内容
AGC	AI generated content	人工智能生成的内容
KOL	key opinion leader	关键意见领袖
KOC	key opinion customer	关键意见顾客
IBS	interest based service	基于兴趣的服务
LBS	location based service	基于位置的服务
CLV	customer lifetime value	顾客终身价值
SOC	share of customer	顾客份额
RFID	radio frequency identification	射频识别
C2B	customer to business	消费者到企业
TMS	transportation management system	运输管理系统
WMS	warehouse management system	仓储管理系统
GDP	gross domestic product	国内生产总值
ICT	information and communications technology	信息与通信技术
Vlog	videl blog	视频博客
O2O	online to offline	线上到线下

续表

缩略语	全称	中文释义
CPM	cost per mille	千人成本
CPC	cost per click	按点击付费
CTR	click through rate	点击率
GD	guaranteed delivery	信息流合约投放
CPT	cost per time	按展示时长计费
OMG	online media group	网络媒体事业部
AMS	advertising and marketing services	广告营销服务线
SOP	standard operating procedure	标准作业程序
MCN	multi-channel network	多频道网络
PET	polyethylene terephthalate	聚对苯二甲酸乙二醇酯
GMV	gross merchandise volume	商品交易总额
B2C	business-to-customer	企业到顾客
B2B	business-to-business	企业与企业之间
SAP	System Applications and Products	企业管理解决方案
ERP	enterprise resource planning	企业资源计划
CRM	customer relationship management	客户关系管理
ISV	independent software vendors	独立软件开发商
SI	system integrator	系统集成商
MBO	management by objective	目标管理
KCP	key control point	关键控制点
KPI	key performance indicator	关键绩效指标
OEM	original equipment manufacturer	原始设备制造商
ODM	original design manufacturer	原始设计制造商
OA	office automation	办公自动化
GRP	gross rating points	基于电视媒体的总收视点
CPA	cost per action	促成行动成本
CPL	cost per lead	销售线索成本
RTB	real time bidding	实时竞价
TGI	target group index	倾向性指数
BDI	brand development index	品牌发展指数
PDI	product development index	产品发展指数
SOV	share of voice	声量份额

续表

缩略语	全称	中文释义
SOS	share of spending	花费份额
SOM	share of mind	认知份额
MS	market share	市场份额
MPM	marketing performance monitor	广告效果评估
C2M	customer to manufactory	顾客对工厂
ROI	return on investment	投资回报率
DTC	direct to consumer	直接触达消费者
3C	computer,communication,consumer	指计算机类、通信类和消费类电子产品